Maria J. Krück von Poturzyn

Das Mädchen Jeanne d'Arc

MARIA J. KRÜCK VON POTURZYN

Das Mädchen Jeanne d'Arc

Roman

VERLAG FREIES GEISTESLEBEN

ISBN 3-7725-1938-5

1. Auflage der Neuausgabe 2000
Verlag Freies Geistesleben
Landhausstraße 82, 70190 Stuttgart
Internet: www.geistesleben.com

Die erste Ausgabe erschien 1961 unter dem Titel
Die Sendung des Mädchens Jeanne d'Arc.
Ein fotomechanischer Nachdruck erschien 1983 im Verlag Urachhaus
unter dem Titel *Jeanne d'Arc. Historischer Roman.*

Einbandmotiv: Jean Jacques Scherrer, *Entrée de Jeanne d'Arc à Orléans.*
Musée des Beaux-Arts Orléans, © G. Dagli Orti, Paris
Gesamtherstellung: Wiener Verlag, Himberg bei Wien

Inhalt

Vorwort

Es ist nur ein Mal vorgekommen, dass ein neunzehnjähriges Mädchen die Geschicke zweier Länder, ja des ganzen Kontinents, entscheidend beeinflusst hat, so wie es auch einmalig ist, dass der Lebenslauf einer jungen Bäuerin in allen Einzelheiten zutage kam. Feinde und Freunde, Ritter, Soldaten, Kleriker und Bauern haben auf das Evangelium geschworen, die Wahrheit über Jeanne d'Arc auszusagen, sie selbst wurde von 30 Doktoren der Theologie, 40 Juristen und 7 Medizinern verhört; die Akten ihrer beiden Prozesse sind in den 40er Jahren des 19. Jahrhunderts veröffentlicht worden. Dennoch ist dieses Leben ein Rätsel geblieben, obwohl man sich immer aufs Neue um die Lösung bemühte. Die Veröffentlichungen über das Mädchen von Orléans zählen nach Tausenden und unter den Autoren befinden sich, um nur einige gegensätzliche zu nennen, der Materialist Anatole France und der katholische Theologe Ayroles, der englische Kriminalschriftsteller Conan Doyle, der Amerikaner Mark Twain, Kardinal Touchet, Bischof von Orléans, und der Feldherr des Ersten Weltkrieges, Marschall Foch.

Das Mädchen aus Domrémy ist in jedem Jahrhundert aufs Neue verurteilt und wieder gerechtfertigt worden, nicht nur dass ein französisches kirchliches Tribunal sie am 30. Mai 1431 als Gotteslästerin und Teufelsanbeterin verbrennen ließ und Papst Benedikt XV. sie 1920 heilig sprach. Als Schiller seine «Jungfrau von Orléans» dem Weimarer Theater anbot – es war das Weimar Goethes – wagte man nicht, sein Stück aufzuführen, weil Voltaire, die Autorität der Aufklärungszeit, das Mädchen als Soldatendirne dargestellt hatte. Unter der Jakobinerherrschaft war sogar das Denkmal Jeanne d'Arcs in Orléans zerstört worden. Doch Leipzig entschloss sich 1801 zur Uraufführung von Schillers ehrenrettendem Drama, das bereits ein Jahr danach ins Französische übersetzt wurde. Inzwischen war in Frankreich kein Geringerer als Napoleon für Johanna eingetreten, allerdings nur für ihr «militärisches Genie». Damals waren die Prozessakten noch unbekannt. Nach deren Veröffentlichung wagte freilich niemand mehr, die moralische Höhe des Mädchens zu bezweifeln, doch nun kamen die Angriffe von anderer Seite. In einer Züricher medizinischen Doktordissertation aus dem Jahre 1896 hieß es, Jeanne d'Arc habe zwar hohen sittlichen Wert und moralische Stärke bewiesen, doch gehöre ihre spontane Halluzination in das Gebiet der Pathologie des Genies, und ein New Yorker Psychiater befasste sich zur gleichen Zeit mit ihr «vom Standpunkt der Irrenheilkunde». Anatole France, Johannas berühmter Landsmann, behauptete kurzerhand, dass ihre Inspirationen auf die Einflüsterungen der Beichtväter zurückzuführen seien, wobei freilich die Frage offen bleibt, wieso Theologen mitten in Gefechten beraten und besser Bescheid wissen konnten als sämtliche Marschälle von Frankreich und England.

Die Schriftsteller des 20. Jahrhunderts, meist tolerant und skeptisch, zogen vor, das Rätsel dieser Erscheinung offen zu lassen. Die englische Autorin Sackville-West erklärt, jeder möge Johannas Wundertaten nach seiner Art glauben oder leugnen, denn zu erklären seien sie schlechthin nicht. In dieser außerordentlich exakten Biografie wird der Schluss gezogen, Johannas Verstand sei gleich Null, doch ihr Genie groß gewesen. Andere meinen, Johannas eigenes Gewissen habe sie inspiriert, was die Fragen ins Unterbewusste verschiebt, ohne sie zu erklären. Der Schotte John Lamond, der als Soldat des Ersten Weltkrieges auf Johannas Spuren stieß und zu ihrem bewundernden Biografen wurde, hat zwar bekannt, ein Mädchen, ohne das die Geschichte Frankreichs, Englands und der Vereinigten Staaten anders verlaufen wäre, sei nur unter dem Gesichtspunkt von Hellsicht und Hellhörigkeit zu erklären, doch wünsche er, dass dieses Rätsel noch weitere Jahrhunderte verhüllt bleibe für jene, die nicht weise genug seien, darüber nachzudenken. Bernard Shaw, dessen «Heilige Johanna» unserem Zeitgeschmack weit mehr entsprach als Schillers «Jungfrau», schrieb 1924, er glaube, dass Johanna zwar geistig überaus hervorragend gewesen sei, aber er könne nicht glauben, dass drei dem Auge sichtbare, gut gekleidete Persönlichkeiten: die heilige Katharina, die heilige Margareta und der Erzengel Michael nacheinander vom Himmel herabgestiegen seien, um ihr Weisungen zu überbringen. In Glaubenssachen gebe es Moden, und da die seine viktorianisch und protestantisch sei, sehe er sich außerstande, Johannas Visionen objektive Beweiskraft zuzusprechen.

Auch Anouilh und Brecht haben das seltsame Mädchen, angezogen von der einmaligen Gestalt, auf die Bühne gebracht. Anouilh baut Jeanne, selbstherrlich schaltend mit Zeit, Schicksalen und Historie, in seine Comédie humaine ein, seine Vorstellung vom Welttheater der Menschen – Jeanne, «die Lerche, die hell in Frankreichs Himmel singt, hoch über den Köpfen der Soldaten». Brecht transponierte Johanna um 1930 in unsere Zeit: ein junges, opferbereites Mitglied der «schwarzen Strohhüte» – die der Heilsarmee gleichen – vermittelt in kindlich-liebenswerter Weltfremdheit zwischen ausgesperrten Arbeitern der Schlachthöfe von Chicago und den spekulierenden «Fleischkönigen». Sie stirbt an Tuberkulose und wird danach zur Heiligen ausgerufen. Einige Jahre nach seiner «Heiligen Johanna der Schlachthöfe» hat Brecht ein zweites Stück, laut Angabe nach einem Hörspiel von Anna Seghers, geschrieben: «Der Prozess der Jeanne d'Arc zu Rouen 1431», in dem Johannas Aussagen zum großen Teil historisch wiedergegeben sind. Anouilh und Brecht haben die metaphysischen Hintergründe von Johannas Wirksamkeit, jeder nach seiner Weltanschauung, abgetan. Anouilh lässt das Mädchen auf eine Frage «Wer macht die Stimmen» antworten: «Ich natürlich!» Und am Schluss senkt sich der Vorhang «über diesem schönen Bild aus einem Lesebuch für Schüler». Für Brecht sind Johannas «Stimmen» die Stimmen des unterdrückten Volkes, dem sie angehört.

In einer der neuesten Publikationen, 1961 auf englisch unter dem Titel «Operation Shepherdess», Unternehmen Schäferin, erschienen, bemühen sich André Guérin und Jack Palmer, Johanna als illegitime Tochter des Herzogs von Orléans und somit Halbschwester ihres Königs zu erweisen. Diese Theorie ist bereits im letzten Jahrhundert vereinzelt aufgetaucht, neu aber scheint die Behauptung, dass ein anderes Mädchen stellvertretend verbrannt wurde und Johanna als brave lothringische Ehefrau gestorben sei. Dazu meint ein deutscher Kritiker, nun werde an Johannas Statt die Legende – trotz ihrer historischen Wahrheit – den Flammen übergeben.

Edouard Schuré, der bekannte Verfasser der «Großen Eingeweihten», hatte 1908 in Paris einen Vortrag über Jeanne d'Arc gehalten und sie «die letzte Priesterin» genannt, die der keltische Volksgeist gesandt habe. Einige Zeit darauf führte er ein Gespräch mit Rudolf Steiner, das er späterhin bruchstückweise überlieferte. «Da nahm mich Rudolf Steiner gleichsam bei der Hand und führte mich den Weg, den er auch in der Anthroposophie die Menschen führt: zur christlichen Esoterik. ‹Denn›, so fragte Rudolf Steiner, ‹wie ist die Erscheinung der Jungfrau von Orléans mit dem Christusimpuls zu verbinden?› Er sagte mir dann Dinge, die ich immer behalten habe. Die Mission der Jungfrau war für ihn viel deutlicher umrissen. Sie handelte im Namen des Erzengels Michael, für den es galt, die luziferischen Kräfte des Zeitalters zu bekämpfen. Jeanne d'Arc war dessen Kämpferin im christlichen Sinn, so wie es bei der Gründung Roms Egeria, die Seherin des Königs Numa, im heidnischen Sinne war.» – 1910 und mitten im Ersten Weltkrieg erneut hat Rudolf Steiner ausführlich vor seinen Hörern über die Jungfrau gesprochen als von einer Erscheinung, durch die «rein äußerlich das Walten übersinnlicher Mächte in der Geschichte» zu ersehen ist. Ohne das Walten dieser Mächte, deren Werkzeug sie war, hätte im 15. Jahrhundert Frankreich, ja ganz Europa eine andere Gestalt bekommen müssen. «Damals ging alles, was sich abspielte in den Willensimpulsen, in den Gehirnen der physischen Köpfe, dahin, Europa sozusagen zu überziehen durch alle Staaten hindurch mit einer die Völkerindividualitäten ausstreichenden und auslöschenden allgemeinen Staatsauffassung, und unter deren Einfluss wäre ganz gewiss unendlich viel von dem unmöglich geworden, was sich in den letzten Jahrhunderten durch das Ineinanderspiel der europäischen Völkerindividualitäten innerhalb Europas herausgebildet hat ... Was hat damals eingegriffen in den Gang der historischen Entwicklung? Doch niemand anders als die Angehörigen der höheren Hierarchien. Das Mädchen von Orléans war ein Werkzeug dieser Wesenheiten und sie, diese Wesenheiten der höheren Hierarchien, haben die Taten der Geschichte gelenkt.»

*

Es mag überflüssig erscheinen, die einzigartige Gestalt Johannas aufs Neue nachzuzeichnen, denn ganz gewiss sind die Akten ihres Verurteilungsprozesses und die Zeugenaussagen der Zeitgenossen im Rehabilitierungsverfahren, wie sie Jules Quichérat durch ein langes Forscherleben sammelte und herausgab, die überzeugendste Lektüre. Doch handelt es sich um ein vielbändiges Werk, und nur wenige haben es gelesen. Man kann es Wagnis nennen, die Gestalten, die das Mädchen auf ihrer zweijährigen geschichtlichen Laufbahn begleiteten oder bekämpften, aus den vorhandenen Dokumenten so weit zu ergänzen, dass sie dem Leser ein Bild ergeben. Darüber hinaus besteht die Möglichkeit, missverstanden zu werden: als sei die kindhafte Einfachheit von Johannas übersinnlichem Erleben noch heute erreichbar und erstrebenswert oder eine ähnliche Wirksamkeit in unserer Welt der Intellektualität und Technik in gleicher Weise denkbar. Die Forderungen des 20. Jahrhunderts sind nicht die des fünfzehnten. Doch der Mut und die Treue, mit der Jeanne d'Arc ihrer Sendung diente, sind jedes Wagnis wert.

Der Abend in Chinon

Seit achtzig Jahren lag ein schweres Schicksal über Frankreich, Krieg, Brudermord, Seuchen, Hunger und allgemeines Sterben. König Philipp, den sie den Schönen nannten, hatte eines Tages, als er vor seinen unzufriedenen Parisern Zuflucht im Kapitelhaus der Templer suchte, die Schätze des Ordens gesehen. Seither fraß die Gier nach Gold an seinem Herzen. Sechsundfünzig Templer starben auf dem Scheiterhaufen, angeklagt wegen Ketzertum und Hexerei; die Schätze fielen an des Königs Kasse. Aber ein Jahr später verunglückte Philipp auf der Jagd, und drei seiner Söhne starben hintereinander ohne Erben. Zwei englische Bischöfe erschienen am Hof zu Paris und legten dar, dass ihr Herr und kein anderer die Krone Frankreichs zu tragen berechtigt sei, kraft seiner Heirat mit der Tochter Philipps des Schönen. Schon sah man in London zwei Lilien im Wappen Eduards III. Darüber entbrannte der Krieg, der hundertjährige. Alles sei die Strafe für den Mord an den Templern, hieß es im Volk. 33 Jahre nachdem diese auf dem Scheiterhaufen gestanden, wurde die Blüte der französischen Ritterschaft, der ersten des Abendlandes, vernichtet, 66 Jahre nach Philipps des Schönen Tod saßen ein wahnsinniger König und eine verrückte Königin auf dem französischen Thron, beide erklärten den eigenen Sohn als Bastard und vermachten das Land dem Engländer. Wieder 33 Jahre später war Paris englisch und Heinrich V. von England wurde dort zum König ausgerufen. Das war im Jahr 1413, und damals machte ein einjähriges Mädchen, die Tochter des Bauern d'Arc im lothringischen Dorf Domrémy, die ersten Gehversuche.

Da die Normandie im Westen, alle Provinzen von Nantes bis an die Pyrenäen englisch waren, Flandern im Norden wie Burgund im Osten sich den Engländern ergeben hatten, gehörte nur noch ein Rest Karl dem Siebten von Valois, der sich zu Recht nicht König nennen konnte, weil er selbst nicht sicher war, ob er den verstorbenen König Vater nennen durfte. Er zog seit sieben Jahren von Schloss zu Schloss, ohne Residenz, ohne Regierung, bettelarm, willen- und tatenlos. Als der Winter über dem Land an der Loire weichen wollte, bewohnte er Schloss Chinon, in dessen festem Turm einst das Haupt der verbrannten Templer, Jakob von Molay, gefangen gehalten worden, mit dessen grausamem Tode das Verhängnis über Frankreich hereingebrochen war.

*

«Ob ich Recht tat, sie heute Abend ins Schloss kommen zu lassen, was meint Ihr, Bischof? Der Zug ist an Euch.»

Karl saß an dem kunstvoll eingelegten Schachtisch, einen spitzen Ellbogen aufgestützt, die Augenbrauen hochgezogen. Blinzelnd betrachtete er seinen Partner, gelangweilt und ein wenig ratlos. Im offenen Feuer des Kamins knallte ein großes Eichenscheit und fing prasselnd zu brennen an.

Langsam griff eine beringte Hand nach dem Läufer am linken Eck des Schachbretts, eine volle Stimme räusperte sich. «Ihr seht wohl, Sire, dass ich Euch mit einem Zug matt setzen kann. Nehmt den Bauern zurück. Ihr habt an anderes gedacht.», Reginald, dem Titel nach Kanzler von Frankreich, war auch Erzbischof von Reims, doch hatte er sein Bistum nie gesehen, weil die alte Krönungsstadt auf englischem Gebiete lag. Er faltete die Hände über dem violetten Tuch seiner Sutane, während Karl mit verlegenem Griff den Bauern zurücknahm und einen Turm vorschob.

«Dieser Zug war der einzig Mögliche, Sire. Er nötigt mich, meine Königin zu verteidigen … Was das Bauernmädchen anbelangt, nun, Ihr wisst, ich war weder dafür noch dagegen, dass Ihr sie empfangt.

Aber da sie seit zwei Tagen in der Stadt unten sitzt und nur auf die Einladung wartet, scheint es mir etwas spät zur Überlegung.»

Karl sah auf das Schachbrett nieder und brütete über dem Spiel, aber da Reginald mit seinem Zug zögerte, stand er auf, ging mit langen Beinen, die in der eng anliegenden Tuchhose kümmerlich mager erschienen, ans Fenster und sah in den Regen hinaus, der über knospende Bäume und die grauen Zinnen der Schlossmauer fiel.

«Ihr habt heute wohl wenig Lust zum Spiel, Sire.» Väterlich lächelte es aus dem wohlgefärbten, trotz der Jahre noch straffen Gesicht des Erzbischofs. Als Karl sich vom Fenster wandte und an den Tisch zurückkehrte, senkte Reginald die Augen, die er rasch und prüfend gehoben hatte.

«Wozu soll ich noch Lust haben? Seit drei Wochen hat mein Schatzmeister sich von meinen Köchen das Geld vorstrecken lassen. Die Fische sind unbezahlt, die wir essen, und da, seht her, meine Ärmel –»

Karl hielt den Arm unter des Bischofs unbewegtes Gesicht. Kunstvoll war ein viereckiger Fleck auf jene Stelle des samtenen Wamses genäht, die sein Ellbogen durchbohrt hatte. Mit ärgerlicher Bewegung schob er das Schachbrett von sich. «König von Frankreich soll ich mich nennen und bin es bis heute nicht. Wisst Ihr, was mir gestern ein Untertan schrieb?» Seine Stimme wurde dünn, als säßen ihm Tränen an der Kehle. «Ihr, der Ihr Euch König von Frankreich nennt!»

Reginald wusste, dass Karl noch weit dreistere Briefe erhielt, und leider waren sie nicht nur Verleumdung: er verstecke sich auf seinen Schlössern und an üblen Orten und höre sich nie die Klagen seines armen Volkes an. «Warum rügt Ihr nicht solche Unziemlichkeiten?», fragte er.

«Weil die ganze Welt weiß, dass meine eigene Mutter geschworen hat, ich sei nicht der Sohn meines Vaters, weil niemand an mich glaubt, und weil es besser wäre, ich würde nach Aragonien fliehen. Seit sieben Jahren bete ich zu Gott um Klarheit, aber er gibt mir keine Antwort und bald wird es zu spät sein. Wenn der König von

Aragonien keine Hilfstruppen schickt, bleibt mir nur noch die Flucht nach Schottland.»

Reginald sitzt reglos, als höre er die Beichte, er wartet geduldig und aufmerksam, ob der Mann, den er König nennt, ihm noch mehr anvertraut. Doch Karl spricht nicht weiter, er brütet dumpf vor sich hin, hebt dazwischen eine Schachfigur in die Höhe und setzt sie wieder an den alten Platz zurück.

«Ich weiß das alles, Sire. Doch Gott kann ein Wunder wirken, und für ein Wunder ist es nie zu spät.»

Durch Karls zusammengesunkenen Körper geht ein Zucken, er hebt den Kopf und sieht dem Bischof beschwörend ins Gesicht. «Ist es nicht ein Wunder, wenn ein Bauernmädchen von Lothringen herkommt, um mich aufzusuchen? Wenn es genau am 12. Februar weiß, dass wir die Schlacht von Rouvray verloren haben? Wenn es sagt, es müsse zu mir kommen, auch wenn es sich die Beine bis ans Knie abläuft, weil Gott sie schicke, unseren Krieg zu beenden?»

«Nehmen wir an, sie hat eine Eingebung gehabt. Aber Eingebungen können auch vom Teufel kommen.»

Karl fällt ihm ins Wort, er ist aufgesprungen, jetzt erst sieht man, dass er noch keine dreißig Jahre alt ist. «Der Pfarrer von Beauvais hat das Kreuz über ihr geschlagen und Weihwasser über sie gesprengt, er hat sie geprüft und für würdig befunden.»

«Beauvais ist ein kleiner Ort, Sire, und des Teufels Listen sind größer, als die Gelehrsamkeit eines Dorfpfarrers sich vorstellen mag. Ich habe das Mädchen beobachten lassen, seit sie in der Stadtschenke wohnt. Sie trägt Hosen und geschnittenes Haar.»

«Muss sich nicht ein Mädchen als Knabe verkleiden, wenn es durch Kriegsland reitet, ganz allein mit zwei Männern? Wird sie nicht Räubern und Soldaten begegnet sein? Hat sie nicht auf der Landstraße übernachten müssen?»

«Das eben meine ich, Sire. Wenn Gott ein Wunder wirken soll, könnte es nur durch eine reine Jungfrau geschehen. Und dieses Mädchen – wenn es ein Mädchen ist –»

Eine Tür knarrt, ein Gobelinvorhang hebt sich. «Der Herr Herzog von Trémouille», flüstert ein Page fragend, doch ehe Karl Erlaubnis nickt, steht ein starkknochiger Mann im Raum und verneigt sich leicht gegen den König. Dieser Mann wäre erster Minister, wenn es an solchem Hof Ministertitel gäbe.

«Nun, Trémouille, was macht sie?», fragt Karl vorgebeugt.

«Leider weigert sich die Gottgesandte, mit mir zu sprechen, und die brave Wirtin ist unbestechlich. Aus den zwei Männern, die mit ihr kamen, ist nichts herauszuholen als albernes Zeug. Jedenfalls stecken die drei unter einer Decke. Sie behaupten, das Mädchen bete und enthalte sich noch mehr als sonst der Speisen.» Trémouille streift Reginald zwinkernden Auges. «Es ist ja wohl Fastenzeit, nicht wahr, Herr Bischof? Ob sie sich auch anderer Dinge enthält, vermag ich nicht zu beurteilen. Vermutlich ist der Rettungsengel hässlich.»

Karl streicht sich missmutig über das glattrasierte Kinn, indes Bischof Reginald ungeduldig murmelt, auch die Hässlichkeit könne von Gott stammen, und im Augenblick gehe es um weit wichtigere Dinge. Seine Erkundigungen hatten längst herausgebracht, dass jenes Mädchen aus Domrémy weder hässlich noch derb, ja sogar lieblich war, mit sanfter Stimme sprach und das einzige Gastbett des Wirtshauses mit einer ehrbaren Frau teilte.

«Jedenfalls ist sie erpicht darauf, mit dir allein – pardon, ich meine mit Euch, Sire, zu sprechen. Sie ließ auf meine Fragen antworten, wenn man im Schloss ausgerichtet habe, dass sie angekommen sei, würde –» Trémouille macht eine kleine Pause und betont, die Bosheit seiner Anrede genießend –, «würde der Dauphin sie bestimmt empfangen.»

Der Dauphin … nicht der König! Karl schluckt an dem Wort wie an einer bitteren Pille, aber Reginald bemerkt in unerschütterlicher Sicherheit, gegen diese Benennung sei von Rechts wegen nichts einzuwenden, solange der Erbe Frankreichs nicht die Weihe in Reims empfangen habe.

«Ich bin entschlossen, sie heute Abend vor versammeltem Hof zu empfangen», sagt Karl mit störrischer Betonung.

Trémouille sitzt rittlings auf einem Stuhl und wirft spielerisch einen prallen Beutel in die Luft, dass es klimpert. «Seine Majestät Karl der Siebte von Frankreich empfängt in allen Ehren ein Bauernmädchen, das zweihundert Meilen geritten ist, um ihm zu sagen, dass es von ihm träumt.»

«Dreihundert Meilen», verbessert Karl beleidigt.

Reginald sieht zum Fenster hinaus, deutlich zeigend, dass er Trémouilles Worte, ja dessen ganze wohlgenährte Person übersieht. Ruhig, in abgemessener Sicherheit kommen die Worte. «Euer königlicher Vater, Sire, hat zuweilen Männer, ja auch Jungfrauen empfangen, die ihm Geheimnisse mitteilen wollten, weil er behauptete, König Johann der Gute habe es mit Niederlage und Gefangenschaft büßen müssen, dass er einem Mann aus dem Volke nicht geglaubt hatte, der an einem bestimmten Tag vom Kampfe abriet. Es ehrt Euch, dass Ihr dieses Beispiel Eures Vaters nicht missachten wollt.»

«Welches Vaters, wenn man fragen darf?», murmelt Trémouille, aber Reginald spricht weiter, als habe er nichts gehört.

«Wenn Ihr Johanna empfangt, rate ich Euch zu fordern, dass sie ein Geheimnis Eurer Seele offenbart, das nur Ihr allein wissen könnt, ein Gebet vielleicht oder ein Gelübde. Sie soll Euch ein Zeichen ihrer Sendung geben.»

«Ein Zeichen?»

Der Bischof nickt. Jetzt sieht er sehr ernst aus. Und dann bittet er, sich verabschieden zu dürfen.

Trémouille steht auf und hält die Tür, bis der Page kommt, um sie hinter dem Bischof zu schließen.

«Der alte Knabe ist wohl eifersüchtig, dass sie dich und nicht ihn sehen will?» Wenn sie allein sind, duzt Trémouille seinen Herrn.

«Ich möchte nicht, dass du in dieser Weise vom Erzbischof sprichst.» Karl sieht mit seinen kleinen Augen über der langen Nase trübselig vor sich hin. Eben noch hat er zu hoffen gewagt, jetzt verdirbt ihm Trémouille alle Freude.

«Pardon ... Wird es nicht besser sein, du trägst deinen Mantel, wenn das Mädchen zu dir kommt?» Trémouille mustert die spitzen Knie, die muskellosen Waden des Königs. «Gewiss warst du in ihren Träumen ein wunderschöner Mann. Am besten ist, wir stellen sie gleich auf die Probe. Wenn sie in den Saal gebracht wird, sagen wir, ich sei der König.»

«Wenn sie sich aber täuschen lässt?»

«Parbleu, glaubst du, ich weiß nichts mit einem Mädel anzufangen, wenn sie keine Heilige ist und keinen Buckel hat? Außerdem ist mir ein Geschäft gelungen, im Augenblick ist mein Beutel voll. Falls du etwas brauchst, hier, nimm. Es ist noch gutes Geld, nicht das falsche aus deiner Münze.»

Karl hebt den Kopf, seine Stirn wird glatt, er klopft auf Trémouilles mächtige Schulter. «Du bist doch mein Freund, obwohl ich manchmal denke, auch du zweifelst an mir. Ja, ich brauche Geld. Heute Abend der Empfang – und dann hat vorhin der Schuster meine neuen Stiefel wieder mitgenommen, weil der Schatzmeister sie nicht zahlen konnte.»

Trémouille lacht, er tut, als sei es ein Scherz, obwohl er weiß, dass es bitterer Ernst ist, und dann fragt er, was die Königin zu dem Mädchen sage?

«Sie ist neugierig. Die Damen freuen sich alle auf den Empfang. Und wir werden meine Frau fragen, wie der heutige Abend arrangiert werden soll.»

Fünfzig Fackeln erleuchteten den großen Festsaal des Schlosses zu Chinon an jenem Märzabend im Jahre 1429. Ihr rötliches Licht schien auf Brokat und Samt und die weiße Haut der Frauen. In eng anliegenden Wämsern um schlanke und gedunsene Gestalten, mit wallenden Mänteln, die beinahe bis an die Knöchel reichten, warteten Herzöge, Ritter und Kammerherren an den langen Wänden unter den Wappenschildern von Frankreichs höchstem Adel, Kleriker mengten sich unter sie mit kostbaren Kreuzen auf der Brust. Die Damen in ihren knappen Taillen und gebauschten Röcken lächelten unter hohen Hauben, die kunstvoll gebunden und gefaltet waren und vor allem kein Härchen sehen lassen durften, denn die Mode schien sich der Frauenhaare zu schämen. Die wogende, wenn auch zerschlissene Farbenpracht, der Geruch von Sandelholz und das Neigen und Flüstern sorglos scheinender Menschen ließen vergessen, dass Frankreich ringsum im Elend lebte und dass Gold nur noch jener besaß, dessen Diener auf den Landstraßen herumlungerten, um Freund oder Feind zu überfallen. Endlich würde es eine Abwechslung geben an diesem Hof, der außer Trunk und Spiel nur Schulden und Sorgen kannte. Wenn es ein Betrug war, dem man zum Opfer fiel, würde es doch für diesen einen Abend Kurzweil bedeuten. Sogar die Königin hatte ein kleines Lächeln auf dem farblosen, versorgten jungen Gesicht, mit schmaler Hand griff sie liebkosend nach den Edelsteinen an ihrem Hals, den letzten, die noch nicht verpfändet waren.

«Ist sie hübsch?», fragten sich die jungen Ritter über die Schultern hinweg. «Was wird sie wohl für Kleider tragen?», lächelten spöttisch die Damen. Unmöglich konnte das Mädchen im roten Bäuerinnenrock vor den König treten, noch weniger aber in den Hosen, mit denen sie in Chinon eingeritten war. Welchen Plunder mochte sie sich zugelegt haben?

Ein Horn blies im Hof, Pagen erschienen an der Flügeltür und traten rechts und links zur Seite. Ludwig von Bourbon, Graf von Vendôme, trat sporenklirrend, mit wallendem Mantel in den Saal. Und dann stand ein Wesen im flackernden Licht vor hundert starrenden Augen, ein Wesen in schwarzer Reiterhose und grauem Wams. Der kleine runde Filzhut saß über einem betörend jungen Gesicht, blanke Augen sahen sich suchend um.

Totenstille im Saal, nur die Fackeln knisterten.

«Dort ist Seine Majestät, der König», verkündete eine Männerstimme und eine Hand deutete auf Trémouille. Der hob die breite

Brust über seiner nicht eben schlanken Taille und lächelte siegesgewiss. Bei Gott, der Spaß konnte größer werden, als man sich vorgestellt hatte.

Aber Johanna blieb immer noch stehen, die Augen wanderten still durch den Saal. «Versucht nicht, mich zu täuschen», hörte man eine sanfte Stimme sagen.

Nun trat Karl durch eine Seitentür, mit seinen kleinen, hilflosen Augen und der gedunsenen Nase sah er so unköniglich aus wie kaum einer in der Runde. Ein Lächeln glitt über Johannas Gesicht. Behutsam, leise und doch ohne Zögern schritt sie durch den Saal. Wie ein kleiner Bauernjunge, wenn er auf dem Feld seinem Herrn begegnet, zog sie den Hut und beugte ein Knie.

«Edler Dauphin, ich bin das Mädchen Johanna. Gott schickt mich zu Euch mit der Botschaft, dass Ihr in Reims gekrönt werden sollt.»

Die Stimme klang kindlich, andächtig beinahe, und doch war etwas in ihr, das nicht Furcht noch Zweifel kannte. Was nur bildete sich diese Bäuerin ein? Wenn Blicke stechen könnten, wäre Johanna von Pfeilen bespickt worden wie einstens der heilige Sebastian.

Karl blinzelte erst, dann huschte der Abglanz dieses strahlenden Mädchengesichts über ihn, doch mit einem Blick auf Trémouille und einer scheuen Biegung des Körpers beeilte er sich abzuwehren. «Nicht ich bin der König, sondern dieser dort.»

Johanna rührte sich nicht. «Im Namen Gottes, edler Dauphin, Ihr seid es und kein anderer. Gott möge Euch ein langes Leben schenken. Ich bin das Mädchen Johanna. Dreihundert Meilen weit bin ich gereist, um dem Königreich und Euch Hilfe zu bringen. Ihr seid vom König des Himmels ausersehen, in Reims gesalbt zu werden, Ihr seid das Werkzeug Gottes, der Frankreichs wahrer Herr ist. Lasst mich Euch helfen, edler Herr, und das Vaterland wird bald gerettet sein.»

Durch den Saal ging ein kaum hörbares Murmeln, Karl schwieg. Es war, als ob er etwas sagen wollte, die Stimme setzte an und versagte. Seine Hand tastete nach dem Mädchen, um es aufzuheben, und dann, ehe man recht wusste, wie es geschah, war er mit ihr durch eine Seitentür verschwunden.

Die Damen standen in Gruppen beisammen, ihre Stimmen waren nicht mehr gedämpft, die Männer nahmen geschäftig eilenden Pagen silberne Becher aus den Händen und tranken den schweren Saft in langen Zügen. Der Wein tat gut, wenn man nicht wusste, was sagen, und da und dort nur einer tuschelte: «Ist er noch immer mit ihr allein?» Konnte man nicht bald zur Tafel gehen? Die Spannung hatte einen leeren Magen zurückgelassen, und wenn der König glaubte, dass er jetzt gerettet wurde, mochte es heute Abend mehr zu essen geben als sonst an seiner Tafel.

In einer Nische stand Reginald, der Erzbischof, mit Raoul de Gaucourt, dem Gouverneur von Chinon, und Gilles de Rais, mit seinen 23 Jahren einziger Erbe zahlreicher Ländereien, die der Krieg noch verschonte, ein Neffe des Ministers Trémouille.

«Nun, was sagt Ihr?», fragte Gaucourt. Der Bischof schloss halb die Augen und hob den Kopf, als sehe er über den ganzen Saal und alle Zeit hinweg. Da er schwieg, sprach Gaucourt weiter. «Wir haben aus Orléans Botschaft bekommen. Die Engländer haben zwei weitere Brückenbefestigungen fertig gestellt, somit ist die Stadt auch nach Süden eingeschlossen. 2500 Mann frische Truppen haben sie erhalten, die sich in Richtung Blois verschanzen. Acht Kirchen wurden von den Godons geschleift.» Godon war das französische Schimpfwort für die Engländer, weil man diese mit «Goddam», fluchen hörte, was so viel besagte wie Gottverdammich.

«Neun Kirchen», verbesserte Reginald.

«Und alle zu Festungen ausgebaut. Es sind nun dreizehn Bollwerke im Umkreis von Orléans. Im Januar ist es noch gelungen, fünfhundert Schweine durch das Osttor zu schaffen, aber von nun an, fürchte ich, wird Orléans hungern müssen. Was meint Ihr, Gilles de Rais?»

Der Angeredete stand mit verschränkten Armen neben dem Bischof, die Augen sind verschleiert, selten gelingt es, seinen Blick zu erhaschen. Aber wenn er schärfer zusieht unter den langen, tiefschwarzen Wimpern, dann bleibt kein Frauenantlitz gleichgültig, und kein Mann bestreitet, dass Gilles de Rais der schönste Ritter ist am Hofe Karls des Siebten.

«Nun, Gilles, wie lange noch hält sich Orléans? Und gibt es noch einen Halt, wenn es sich ergeben muss?»

Gilles de Rais schien immer noch nicht zu hören, dafür schob sich sein Oheim vor, achselzuckend und vom Wein gerötet. «Wer noch nicht sieht, dass wir verloren sind, wenn nicht Hilfstruppen aus Aragonien kommen, dem mag Gott helfen. Gilles, du bist wohl auf den Mund gefallen? Oder hat dich das Mädchen Johanna behext? Dann könnte der König mir Leid tun.»

Nun endlich hob Gilles den Kopf mit dem blauschwarzen Haar. «Habt Ihr die Augen des Mädchens gesehen?», fragte er langsam und versonnen.

Ein rascher Blick aus Reginalds schmalen Augenschlitzen fiel auf den jungen Mann. «Es steht noch nicht fest, ob dieses Geschöpf ein Weib ist. Und wenn sie es ist, ob man sie Jungfrau nennen kann. Das alles wird Gegenstand der Untersuchung sein müssen.»

«Und wer verlangt diese Untersuchung?», fragte Gilles de Rais mit gerunzelten Brauen.

«Wir. Aber seht, der König kommt.»

Man wich zur Seite, dass Mäntel und Röcke wallten, die Stimmen sanken zum Geflüster. Karl stand allein im Saal, ohne das Mädchen. Würdig schritt Reginald auf ihn zu, trippelnd und eifrig folgte die Königin, die ängstlich an seinen Lippen hing, gewöhnt, nur neues Unheil von dem Mann zu hören, der die Wiege für ihr erstes Kind hatte leihen müssen, der seit sieben Jahren in ihre Ohren stammelte, nur der Tod könne ihn retten. Doch jetzt, in diesem Augenblick, sah sie mit der untrüglichen Sicherheit einer geprüften Frau, dass ein tiefes Leuchten über ihm lag, dass er nicht mehr der müde, greisenhafte Knabe war, sondern ein Mann. Ein Mann, der an Gott und die eigene Kraft glaubte.

«Sie hat mir Dinge gesagt, die außer mir kein Sterblicher wissen konnte», sagte Karl. «Kommt, auch ihr sollt mit ihr sprechen.»

Sie gingen nacheinander in das kleine Kabinett, in dem Johanna wartete, keiner wollte sich die Neuigkeiten entgehen lassen. Es dauerte lange, bis an das Mahl gedacht werden konnte, und ehe es begann, war Johanna zurückgegangen in ihre Herberge in der Stadt.

*

Kaum eine andere Frage hat so sehr die Gemüter erregt wie jene, was im königlichen Kabinett vorgegangen war – damals, weil die Frage der Krone und ihrer Legitimität die Zukunft von England und Frankreich entschied; heute, weil es um jene andere Hälfte in des Mädchens Leben geht, die ein Rätsel blieb. Tatsache ist, dass fünfzig Jahre später ein Kammerdiener berichtete, der in jenen Märztagen 1429 nach der Sitte der Zeit das kostbare Möbel eines Bettes mit Karl dem Siebten teilte, sein Herr habe zu Allerheiligen gebetet, wenn er der wahre Erbe des Königreichs sei, möge Gott ihm helfen; wenn nicht, solle Gott ihn strafen, so großes Leid über Frankreich zu bringen. Niemand habe um das Gebet gewusst, doch Johanna habe es ihm enthüllt. Dann gibt es einen Brief von Alain Chartier, dem königlichen Sekretär, an einen ausländischen Prinzen, in dem es heißt, Karl habe nach seiner geheimen Unterredung mit Jeanne vor Freude gestrahlt, als sei er soeben vom Heiligen Geiste besucht worden. «Ich sage Euch im Namen unseres Herrn, dass Ihr der wahre Erbe Frankreichs und der Sohn des Königs seid», habe das Mädchen ihm gesagt. Johanna selbst erklärte späterhin nach wochenlangem Verhör und beharrlichem Schweigen, ein Engel sei im königlichen Kabinett erschienen, habe Karl eine Krone überbracht und sie habe ihm gesagt: «Sire, hier ist Euer Zeichen, nehmt es entgegen.» Sie glaube, dass nicht nur Karl, sondern auch andere Herren den Engel gesehen hätten, einige allerdings nur die Krone. Jeannes Aussagen über diesen Punkt sind, ganz entgegen ihrer sonstigen Art, undeutlich und voneinander abweichend überliefert, als habe jeder etwas anderes gehört.

In jenen Tagen, als Jeanne, die man daheim Jeanette genannt hatte, nach ihrem Ritt quer durch ein verwüstetes, von Räubern und Soldaten bedrohtes Land nach Chinon kam, war sie siebzehn Jahre und zwei Monate alt. Sie hatte nie über Lothringen hinausgesehen und nirgendwo anders als daheim in Domrémy auf dem Strohsack geschlafen, die Monate abgerechnet, da das ganze Dorf vor den brandschatzenden Burgundern hatte ins Nachbardorf fliehen müssen; schließlich von jenen kurzen Wochen abgesehen, als sie in Greux bei Verwandten im Haushalt geholfen hatte. In Greux war es, von wo sie sich zum Statthalter von Vaucouleurs aufmachte, um ihm zu erklären, dass die Franzosen nicht Engländer werden sollten, dass sie zum König müsse, um ihm Hilfe zu bringen, und dass Gott ihr dies befohlen habe. Auch den Pfarrer musste sie überzeugen, und das alles war wirklich nicht einfach. Aber endlich bekam sie ein Pferd und zwei ehrliche Begleiter und man kam, genau wie es ihr gesagt worden war, noch zur Fastenzeit nach Chinon. Doch nun musste sie warten, niemand glaubte ihr, wie sehr die Zeit dränge.

*

Johanna konnte die Schwalben sehen von dem kleinen runden Turm, den der König ihr im Schlossgebiet angewiesen hatte, genau seit Mariä Verkündigung ließen sie ihr eifriges Zwitschern hören. Die Sonne kam nur gegen Abend zu kurzem Besuch ins Zimmer, denn das Fenster war klein und die Mauer dick. Am Abhang des Schlossberges, Johanna roch und spürte es, standen die Kirschbäume in Blüte, und drunten über den flachen Hügeln trocknete das Tauwasser von den Feldern. Sonst war sie um diese Zeit mit den Kühen auf die Weide gegangen und hatte sich an den neugeborenen Lämmlein gefreut, die wie kleine Kinder nach der Mutter riefen. Jetzt mochte die eigene

Mutter weinen, weil die Tochter fortgelaufen war, ohne zu sagen wohin. Vielleicht würde Gott sie eines Tages dafür strafen. Aber Gott sah auch in ihr Herz und wusste, dass es so viel schöner daheim war, auf den Wiesen und bei den Tieren oder am Spinnrad im Elternhaus. Er wusste, dass der große Engel sie führte, Sankt Michael, der befahl, Frankreich zu retten, ach, an die drei Jahre schon. Auch hier im Turm war sein Licht, wenn sie auf dem Schemel kniete und ihn rief, morgens und abends und manchmal des Tags. So deutlich wie des Dauphins Stimme hörte sie seine Worte: «Johanna, du sollst Soldaten erbitten und Orléans zu Hilfe kommen. Du sollst den Dauphin nach Reims führen. Es ist keine Zeit zu verlieren. Ein Jahr ist dir gegeben und ein klein wenig darüber.»

Sie wiederholte die Worte dem Dauphin, warum glaubte er ihr nicht? An jenem Abend vor einer Woche, als sie ins Schloss gekommen war, hatten da nicht seine eigenen Augen die Lichtgestalt gesehen? War nicht Mut und Freude in sein Herz gekommen? Aber seither griff der böse Zweifel der anderen nach ihm und er tat, was sie wollten. Warum sonst schickte er Frauen, die Unziemliches verlangten, warum ließ er sie täglich aufs Neue von seinen Herren ausfragen? Sie durfte doch nicht mehr sprechen, als was längst gesagt war. Bald würden die Bäume verblüht sein, und die Menschen in Orléans hungerten.

Es war nur je ein rundes Gelass in den zwei Stockwerken des Turmes, über eine Wendeltreppe brachte ihr Louis de Comtes, ein rotbackiger Page, das Essen. Er wollte wissen, warum sie nicht schöne Röcke und glänzende Steine trage wie die anderen Damen am Hof, und warum ihre Augen dann und wann rot seien, als habe sie geweint? Wenn es Abend wurde, musste er in die Stadt hinunter nach Hause gehen, dann fragten zwei Frauen nach ihren Wünschen. Sie hatte keine außer dem einen, den nächst Gott nur der Dauphin erfüllen konnte.

Karfreitag war heute. Es gab keine Messe und kein Abendmahl, keine Glocke klang von der Stadt herauf, nur die Fastenratschen klapperten schon zum dritten Mal. Tiefer als sonst versank Johanna auf dem schmalen Schemel in Andacht. Sie sah die drei Kreuze auf Golgatha und das Gottesblut, das niederträufelte auf die bebende Erde. Es ist Maria, die da steht, und Johannes, der sie stützt. Dann kommt ein langer Zug von bunten Gestalten, sie ziehen zum Grab am Felsenspalt …

«Herrin, ich habe Euer Abendbrot gebracht, Herrin, hört Ihr nicht?» Louis de Comtes stellt ein Krüglein und einen vollen Teller auf den wackligen Tisch. Er steht schon eine Weile und hätte zu gern gewusst, was Johannas Lippen sprachen, die sich im Gebet bewegten. Aber die Jungfrau rührt sich nicht, wie eine der heiligen Statuen in der Kirche kniet sie da. Er tastet mit vorsichtigen Fingern nach ihrem Arm, dann rüttelt und kneift er ein wenig. Ihre Hände sind warm und die Wangen rot, dem Himmel sei Dank. Aber als sie die Augen aufschlägt, rinnt eine Träne übers Gesicht.

«Es gibt heute gar fetten Fisch, Herrin, ich habe ihn in der Küche gekostet, er schmeckt gut.»

«Danke», lächelt Johanna. «Es ist doch Karfreitag heute.»

«Fische sind zu essen erlaubt, man hat eben für den Herrn Erzbischof drei Forellen geholt. Sein Diener wollte wissen, wie viel Stück Ihr esst, und konnte es nicht glauben, als ich sagte, den ganzen Tag über hättet Ihr nur ein wenig Brot gehabt.»

Wie sie ihn jetzt ansieht, findet Louis sie sehr schön, bis auf die geschnittenen Haare. Sie sollte eine Haube tragen wie die vornehmen Damen, denkt er, schade, dass er ihr keine kaufen kann.

«Musst du alles weitererzählen, Louis?», fragt sie kopfschüttelnd.

«Freilich, Herrin, alle sollen wissen, wie gut Ihr seid. Und dann darf ich auch nicht vergessen auszurichten: der Herr König erwartet die Jungfrau Johanna morgen nach der Andacht zur Besprechung. Ich werde Euch geleiten. Gute Nacht.» Er macht eine feierlich tiefe Verbeugung, sehr bedacht, mit dem Rücken zuerst zur Tür hinauszugehen, wie es sich gehört für einen wohlerzogenen Pagen.

*

Madame de Gaucourt, die Frau des Statthalters von Chinon, und die neunzehnjährige Frau des Kanzlers Lemaçon hatten zwar, «nachdem sie alles gesehen, was in dieser Hinsicht zu sehen war», ausgesagt, Johannas Geschlecht und Jungfrauschaft ständen außer Frage, zu rügen sei nur, dass sie sich weigere, Frauenkleider anzuziehen, doch Erzbischof Reginald erklärte, solcher Befund könne lediglich als Grundlage angesehen werden, auf der man zu weiteren Prüfungen vorschreite. Jeden Morgen, wenn der König in seiner Kapelle die Messe gehört hatte, musste das Mädchen aufs Neue vor ihm und den Herren des Hofes erscheinen, als ob man nichts anderes zu tun hätte. Trémouille langweilten die Aussprachen, von denen jeder im voraus wusste, wie sie verliefen: Karl fragte Johanna, was sie glaube, dass man tun müsse; sie ihrerseits sprach von Orléans und Reims, und wenn ihr Schwierigkeiten entgegengehalten wurden, konnte sie predigen wie ein Pfaffe, nur, das musste man ihr lassen, mit so sparsamen Worten, dass Trémouille trotz allem an ihrem Geschlecht zweifelte, denn bei allen Heiligen, er kannte die Schwatzhaftigkeit der Frauen. Der «edle Dauphin» möge sein Reich Gott übergeben, um es aus seinen Händen zurückzuempfangen, sagte sie, er solle sein Leben läutern, die Gefangenen freigeben und für die Armen sorgen. Dies allein schon zeugte von ihrem kindischen Unverstand angesichts eines Hofes, an dem Trunk und Spiel und Weibertausch einziges Vergnügen und Plündern Handwerk war. Dennoch setzte sich Trémouille, wann immer es ging, ins Zimmer des Königs. Die wenigen Vernünftigen, die übrig blieben, mussten auf der Hut sein, sonst übergab Karl eines Tages noch den letzten Rest von Frankreich in die Hände einer Bäuerin.

Wenn Johanna sagte: «Sire, Ihr haltet so lange Beratungen ab, und ich habe doch nur so wenig Zeit, ein Jahr und ein klein wenig darüber» – so hätte Trémouille ihr gern den Kopf gewaschen und erwidert, warum sie nicht daheim geblieben sei, wenn die Zeit am Hof sie gereue. Aber Karl vertrug nicht, dass man mit dem Mädchen deutlich sprach. Pierre, der Astrologe, las bereits in den Sternen, dass eine Schäferin aus Lothringen bestimmt sei, die Godons zu vertreiben. Gut, dass Reginald vernünftig blieb und von Aberglauben sprach, der aufsprieße wie das Unkraut im Weizen, oder von gutem Menschenverstand, der dahinschwimme gleich Butter an der Sonne. Das stimmte. Schon fingen Märchen an, sich geschäftig um das Mädchen zu spinnen, bald würde der Heiligenschein fertig sein. So sollte ein Kriegsmann, der gegen das Mädchen frech geworden war, in den Stadtgraben gefallen und tot herausgezogen worden sein, zwei Stunden nachdem Johanna ihm den Tod vorhergesagt hatte. Es war umsonst, dass man die Leute aufklärte, wahrscheinlich sei der Mann betrunken gewesen, sie wussten es besser: Johanna konnte in die Zukunft sehen. Und täglich entdeckte man neue Gläubige. Gestern hatte der Bastard von Orléans, der die belagerte Stadt befehligte, zwei Edelleute geschickt, eigens um sich nach besagter Jungfrau zu erkundigen. Selbst sein eigener Neffe Gilles wurde sonderbar unruhig vor ihr, schweigend, mit schimmernden Augen, konnte er sie von ferne verfolgen, indes sie zu ihm um kein Haar freundlicher war als zu dem hässlichsten Graukopf. Und dann war da Johann von Alençon …

Alençon hatte an dem Tag, da Johanna ins Schloss gekommen war, in den Sümpfen der Umgebung Wachteln geschossen. Tags darauf in aller Früh erschien er im Schloss, er war ein Vetter des Königs, und jede Tür musste sich vor ihm öffnen.

«Dieses ist der Herzog von Alençon», sagte Karl zu Johanna.

Sie beugte den Kopf und lächelte. «Ihr seid willkommen, Herr Herzog. Je mehr Ritter aus königlichem Blut beisammen sind, um so besser.» Es war ein Empfang, wie eine Königin ihn einem bevorzugten Untertanen bereiten mag, nicht eine Bäuerin dem Spross des Königshauses. Die beiden sahen sich an, als seien die Schranken von Stand und Rang dahingeschwunden, keinem entging, dass sie sich gefielen. «Mein schöner Herzog», sagte Johanna fortan und meinte damit nicht den Lockenkopf Gilles de Rais, sondern Johann von Alençon.

Als Ostern vorüber war, die Wiesen sich smaragdgrün färbten, die Sonne golden am Himmel hing, die Schwalben mit spitzen Flügeln durch die klare Luft schossen, ritten Johanna und der Herzog von Alençon ins Freie. Auf einer sanften Mulde hinter den Weinbergen übten sie sich um die Wette im Lanzenwerfen. Er freute sich, dass sie so gut ins Ziel treffen konnte wie er selbst, und bewunderte, wie leicht und sicher sie im Sattel saß. Ihr Pferd war sein zweites und letztes, auch er war arm geworden durch den Krieg. Aber am dritten Tag, als sie es streichelte, bevor sie aufsaß, sagte er: «Behaltet es doch, es gehört Euch.» Und dazu war er rot geworden bis an die junge Stirn.

Einmal ritt er mit ihr nach Saint Florent, seinem Stammschloss, und stellte sie seiner Frau und seiner Mutter vor. Die junge Herzogin war freundlich, nur klagte sie, dass der Krieg nie ein Ende finde, dass sie alle Ländereien habe verpfänden müssen, um das Lösegeld für ihren Gemahl aufzubringen, als er in englische Hände gefallen war, man spotte bereits, Alençon sei der ärmste Mann in Frankreich. Und nun müsse er am Ende vielleicht noch fallen.

Johanna schüttelte ernsthaft den Kopf und sprach, als sei sie Alençons mütterliche Beschützerin und nicht erst siebzehn Jahre alt, um ein gutes Stück jünger als die Herzogin.

«Madame, fürchtet Euch nicht, ich bringe ihn Euch so gesund zurück, wie er jetzt vor Euch steht, vielleicht noch gesünder.» Von all denen, die herumstanden und die Worte hörten, ahnte keiner, wie getreu sie ihr Versprechen halten sollte.

Glücklich wie zwei Kinder ritten sie nach Chinon zurück. Nur einen Augenblick lang wurde Johanna böse, weil Alençon von den täglichen Beratungen im Schlosse sprach und dabei fluchte wie ein alter Kriegsmann. Solche Rede sei unschicklich, belehrte ihn Johanna, und Alençon versprach eilig, sich zu bessern. Nach einer Weile erklärte das Mädchen, mit einer Hand voll Männern, wie er einer sei, könnte man Orléans in ein paar Tagen retten. Dann strahlte er über das ganze Gesicht.

Im Schlosshof hielt Alençon ihr die Zügel, und Johanna winkte ihrem «schönen Herzog» mit glücklichem Lächeln eine gute Nacht. Es war, als seien sie Geschwister aus uralter Zeit, der junge Erbe eines großen Namens und die Bäuerin aus dem fernen Lothringen. Von Alençon sollte sie später sagen, auch er habe den Engel gesehen, der dem Dauphin die Krone brachte.

Trémouille blickte von einem Schlossfenster auf die beiden herunter. Wie schade, dass Alençon ein Dummkopf war, man hätte ihn gut gebrauchen können, um die neue Legende zu zerstören. Stattdessen war er plötzlich fromm wie ein Mönch. Aber wer konnte es wissen, vielleicht wurde das Mädchen bald sterblich, dann war der ganze Zauber vorbei. Oder der Aragonier schickte die Söldner, die Trémouille schon seit vier Wochen erbeten hatte.

Ein Geräusch hieß ihn sich umwenden. Sein Neffe Gilles stand mit aufgerissenen Augen hinter ihm und sah in den Schlosshof hinunter.

«Nun, Gilles, warum rührst du dich nicht? Du solltest mit dem Mädchen ausreiten, nicht der Alençon.»

«Das ist kein Mädchen, sondern ein Kind», sagte Gilles mit der Wichtigkeit einer Entdeckung.

«Um so schlimmer. Mir scheint, sie macht auch unsere Männer zu Kindsköpfen.»

Durch das Dämmerlicht des Gemachs ging Gilles mit gesenktem Kopf. «Wenn ich ihr Rätsel ergründen könnte, würde ich mich gerne von ihr befehligen lassen.»

Trémouille lachte dröhnend auf. «Weht daher der Wind? Ich rate dir, geh heute Abend in die Stadt und gönne dir eine amüsante Nacht, ehe dir die Sache zu Kopf steigt.»

«Vielleicht hast du Recht», meinte Gilles.

Trémouille hob die Hand, um ihm derb und onkelhaft auf die Schulter zu klopfen, aber Gilles war ihm in unwilliger Drehung entglitten.

Die Prüfung vor den Theologen

Es war ein gutes Stück Arbeit gewesen, Karl beizubringen, dass man in einem Augenblick, wo das Land, das Königtum, ja Freiheit und Leben jedes Franzosen auf dem Spiele stand, nicht alles auf eine Karte setzen durfte, eine Karte, von der niemand mit Bestimmtheit wusste, ob sie Trumpf oder Verhängnis bedeuten würde. Dass ferner kein Edelmann, kein Laie, ja nicht einmal er selbst, Reginald der Erzbischof, allein entscheiden durfte, was Blendwerk und was Fügung war. Bevor man tat, was das Mädchen Johanna verlangte, die letzten Söldner mit dem letzten, erst noch aufzutreibenden Geld unter ihrer Führung ausziehen zu lassen, musste ein Kollegium aller Gottesgelehrten, die das Bistum Poitiers aufwies, sein Urteil abgeben. Unter guter Bewachung, mit einem kleinen, eigens für sie zusammengestellten Hofstaat sollte Johanna nach Poitiers geschickt werden, um dort verhört zu werden. Sie erhielt einen zweiten Pagen und, als besondere Gnade des Königs, den Ritter d'Aulon, von dem es hieß, er sei der ehrlichste Kriegsmann im französischen Heer. Reginald hatte die nötigen Briefe geschrieben und die Zusammensetzung des theologischen Prüfungskollegiums angeordnet.

Die Blätter an den Bäumen waren ausgewachsen, die Apfelbäume verblüht. Immer noch zögerte Karl. Trémouille hatte ihm beigebracht, dass man erst die Nachricht des Königs von Aragonien abwarten müsse, die alles ändern könne. Reginald vermittelte: Man würde das eine tun und das andere nicht lassen, und endlich war es doch so weit. Johanna hatte den Ritt nach Poitiers angetreten.

Alençon ließ es sich nicht nehmen, sie zu begleiten, doch Gilles war zum Ärger seines Oheims in Chinon zurückgeblieben, missmutig schlenderte er durchs Schloss, schweigsam saß er an der Tafel, noch seltener als früher erhaschte eine Frau seinen Blick.

«Ich glaube, es wäre gut, Ihr würdet Eure Seele in der Beichte erleichtern», sagte Reginald eines Tages zu ihm, als es sich traf, dass sie allein die Treppe hinuntergingen.

Gilles wippte mit den Schultern, dass sein kostbarer, pelzbesetzter Mantel Wellen warf, hochmütig sah er geradeaus. «Ist es Sünde, Herr Erzbischof, das Wort der Schrift zu ergründen, wonach nur den Kindern das Himmelreich offen steht?»

«Sünde ist, Herr de Rais, das Himmelreich schon auf Erden ergründen zu wollen. Es ist Hoffart, eine der sieben Todsünden wider den Heiligen Geist.»

«Und wenn die Gnade Gottes einem sterblichen Auge das Himmelreich öffnet, ist der Mensch verpflichtet, sie abzuweisen?»

«Was Gnade des Himmels und was Blendwerk der Hölle ist, kann nur die Kirche entscheiden, mein Sohn.»

Sie waren am Ende der Wendeltreppe angelangt und traten ins Freie. Gilles hob geflissentlich den Kopf. «Das Wetter ändert sich. Wie heißt es doch in der Schrift? ‹Der Wind weht, von wannen er will.› Darf ich mich verabschieden, Herr Erzbischof?»

Er verbeugte sich ehrerbietig, doch um keinen Zoll tiefer, als die Sitte vorschrieb, wandte sich und ging zu seinem Pferd, das ein Diener bereithielt.

Reginald bestieg sein eigenes Tier, nachdenklich, mit kaum sichtbarem Kopfschütteln. Es war ein Jammer, dass Gilles ihm niemals beichtete, keine zweite Seele am Hof hätte er so gern geleitet. Aber Gilles ging vor jedem hohen Feiertag in die Stadt und suchte einmal diesen, einmal jenen Beichtvater auf, ganz gewiss jedoch keinen, der ihn verstand. Denn Gilles de Rais war, Reginald wusste es genau, mehr als ein Krieger, mehr als der prachtliebendste Mann am Hof, er las Bücher mit der verbissenen Leidenschaft eines Mönches und malte selbst Initialen und Miniaturen. Er studierte in lateinischen Schriften, während die anderen sich betranken und gröhlend durch die Nacht sangen, er stahl nicht die Frauen der Freunde und lieh dem König ein beträchtliches Teil seines Vermögens. Er versäumte keine Messe, wenn gute Musik zu hören war. Aber was Gilles vor den Lastern der Zeit bewahrte, Reginald ließ sich nicht täuschen, das war die Glut einer dunklen Leidenschaft, die alle anderen Begierden erstickte. Wenn man nicht ein Auge auf ihn hatte, würde er eines Tages auf Irrwege kommen.

*

Poitiers war seit tausend Jahren Sitz eines Bischofs, es hatte uralte Abteien und viele berühmte Gelehrte, denn von der Pariser Sorbonne waren jene Professoren hierher geflüchtet, die sich weigerten, englisch zu werden. In dieser Stadt ein Kollegium zusammenzubringen, das, soweit menschliche Fähigkeiten reichten, ein gültiges Urteil über ein Bauernmädchen fällen würde, konnte nicht schwer sein. Es gab immer wieder Menschen, die mehr schauen und hören konnten als andere, doch abgesehen davon, dass in jedem einzelnen Fall die Quelle der Inspiration erforscht werden musste, ob sie gut oder böse zu nennen sei, trat jetzt das Unerhörte, ja nie Dagewesene auf, dass ein weibliches Wesen behauptete, nicht nur Weisungen aus dem Jenseits zu erhalten, sondern selbst handeln zu wollen; nicht nur zu weissagen, sondern kriegführende Männer anzuführen, unter dem ausdrücklichen Befehl ganz bestimmter hierarchischer Wesenheiten. Die Briefe des Erzbischofs Reginald wurden zum Ereignis. Mit Spannung, inbrünstiger Hoffnung und brennendem Forschersinn sah man der Ankunft des Mädchens entgegen, Bücher und Akten wurden gewälzt, heilige Schriften befragt, in mancher Zelle brannte ein Licht noch früher als sonst in den grauenden Morgen. Gerüchte waren, man wusste nicht wie, auch ins Volk gedrungen. Auf den Straßen standen die Weiber beisammen und tuschelten, beim Wachsziehen und Gerben, an Webstühlen und in den Weinbergen wurde Johannas Name genannt. Musste nicht der Himmel ein Einsehen haben in solch abgrundtiefer Not? Wenn kein Marschall mehr Rat wusste, kein König und kein Bischof? Wenn die Engländer schon morgen Orléans bezwingen und damit ganz Frankreich überschwemmen konnten, die Godons, die Gottverdammich-Leute, von denen es hieß, dass sie an ihren Rücken Schwänze hätten, die sie sorglich durch die Kleidung versteckten? Vielleicht auch waren es gar nicht die Engländer, sondern böse Geister, die ihren Höllenscherz mit Frankreich trieben.

Sie fraßen sich hinein in die Seelen der Menschen, drückten ihnen Dolch und Brandfackel in die Hände, schrieben Gier und Gewalt in ihre Herzen. Wer ihnen folgte, hatte klingendes Gold in der Tasche, das gestern noch jenem gehört hatte, der heute verröchelnd im Straßengraben lag. Wer sich ihnen ergab, wusste, was er abends an den Bratspieß stecken und in seinen Becher füllen konnte. Aber wenn einer das Gut des Nächsten schonte, hatte er hungrige Kinder, einen leeren Schrank und wusste nicht, ob das düstere Rot am Himmel heut Nacht schon Tod für ihn bedeutete und Schande für seine Frau. In Paris, so hieß es, balgte man sich mit verwilderten Hunden um die Eingeweide, die ein Metzger auf den Schutt warf, in harten Wintern lagen erfrorene Kinder auf der Straße, und Wölfe kamen bis an die Stadtmauern, um sich über die Leichen herzumachen.

Wohl schien die Sonne wieder in jedem Frühling, dass die Blätter sproßten und die Halme aus dem tauenden Boden trieben, die Zeit deckte verkohltes Gebälk zu, und rinnende Wasser wuschen die Ufer blank, aber in den Nächten pilgerten Spuk und Seuchen über das Land, Knechte erschlugen den Herm um die letzte Kuh im Stall oder die einzige Tochter im Haus. Denn nicht nur der Feind stand im Land, sondem Bruder kämpfte gegen Bruder, und wer in den Büchem zu lesen verstand, wollte wissen, dass alle gottlosen Kaiser der Heidenzeit zusammengenommen nicht so viel Christenvolk auf dem Gewissen gehabt hätten wie die Räuberbanden, die Frankreich unsicher machten.

Seit aber die Menschen sich den Unholden ergaben, konnte auch die Erde sich nicht mehr des Getiers erwehren, das allem Gedeihen und Ernten feindlich ist. Ekles Raupengewürm verheerte das Korn, und aus den Wäldern brachen Rudel von Wildschweinen hervor, die um die Wette mit Ratten und Mäusen fraßen.

Friede! stöhnte es von betenden Menschenlippen. Krieg, Rache, Brudermord! schrie es zurück seit achtzig Jahren. Wann würde Gott dem Gelichter der Finsternis Einhalt gebieten?

*

Vor dem Haus des Generaladvokaten Rabuteau war Johanna vom Pferd gestiegen, angestaunt von unzähligen Einwohnern, die zusammenliefen, als habe es Sturm geläutet. Ein Raum war eingerichtet, der aussah wie ein kleiner Gerichtssaal, vor einem langen Tisch stand eine Reihe von Stühlen, und an der Wand gegenüber musste das Mädchen sich auf eine Bank setzen, so oft die Sonne an einem neuen Tag über Poitiers schien.

Jeweils zu zweit oder zu dritt kamen die Gelehrten in das Haus des Advokaten: Dominikaner, Karmeliter, Benediktiner waren darunter, Professoren der Theologie, Jurisprudenz und Medizin, die besten Köpfe, die es im königstreuen Frankreich gab, die erfahrensten auf dem Gebiet der Seelenkunde, der Begnadung, Verstocktheit, Tugend und Besessenheit. Denn in jenen Tagen hieß es nicht: Gesundheit oder Krankheit? sondern: Gnade oder Sünde? Das Verbrechen war nicht die Folge eines kranken Leibes, wohl aber war ein kranker Leib die Folge der Sünde. Es bedeutete nicht zweifelhafte Gesundheit, wenn ein Mensch mehr zu sehen, zu hören oder zu spüren behauptete als die Mehrzahl der anderen, aber die Frage hieß: gottbegnadet oder vom Teufel besessen? Heilige und Hexen galt es zu unterscheiden, und das war nicht Sache der Ärzte oder Richter, sondern letztlich der Priester. Der Körper aus Erdenstoff war das Pferd, auf dem die geistdurchwirkte Seele ritt, nicht das Pferd war der Herr, sondern der Reiter. Strauchelte das Pferd, so war der Reiter schuld und dem Reiter musste geholfen werden, damit er in Zukunft das Tier nicht gefährdete.

Dass Johannas Rösslein, ihr siebzehnjähriger Leib, gesund und stark und unberührt war, darüber wurde man sich schneller einig als in Chinon. Auch die kritischsten Augen sahen an ihm kein Fehl und keine Außergewöhnlichkeit. Allerdings nicht von heute auf morgen brauchte ein Körper unter einer sündhaften Seele zu leiden, ja manches Mal hielt die Seele ihn durch böse Zauberkräfte stark und schön bis zuletzt. Dafür musste wohl Gott in einem andern Leben, jenseits des einen, das er auf Erden verlieh, den Ausgleich schaffen. Es war also die Seele dieser Siebzehnjährigen, die Gegenstand der Prüfung sein musste.

Auf der Liste, die Bischof Reginald zusammengestellt hatte, stand unter den ersten Bruder Séguin, ein gar gerechter, ja in heiligmäßigem Leben und strengen Übungen erfahrener Dominikaner, der nur mit niedergeschlagenen Augen und gefalteten Händen durch Poitiers ging. Wenn er die Beichte hörte, kamen die alten Männer und Frauen zu ihm und ungezogene kleine Mädchen und Knaben, die ihre Eltern schickten. Die Alten hatten einen harten Glanz in den Augen, wenn sie aus dem Beichtstuhl traten, und die Kleinen schluchzten häufig vor Rührung. Er sagte den Alten, wie froh sie sein konnten, die Jugend, diese hohe Zeit aller Sünde, hinter sich zu haben, und wie sehr gottgefällig die Gebrechen ihres betagten Körpers seien, wie unendlich sie die Strafen im Jenseits verminderten. Die Kleinen fragte er, lange ehe sie es selber bedachten, ob sie lieber das eigene Geschlecht oder das andere sähen, und wenn sie sich zitternd besannen, weil sie, erstaunt über die Frage, nicht wussten, was zur Antwort geben, entließ er sie mit der Belehrung, dass tief in ihren Seelen der böse Feind sitze und nur Tränen und Buße ihn bannen könnten. Wehe aber, wenn ein Kind behauptete, es habe noch nie gelogen; er brachte es fertig, dass am Ende jedes sich besann und gestand, wahrscheinlich habe es die Lüge nur vergessen.

Wenn er in der Kathedrale predigte, donnerte es durch die drei Schiffe, dass Männer und Frauen die Köpfe duckten und die Rücken beugten gleich Bäumen im Sturm. Kamen sie aus der Kirche, atmeten sie erleichtert auf, dass doch nur das Elend des Krieges vor ihren Türen stand und nicht der unbarmherzige Tag des letzten Gerichts. Sie wussten, wenn man sie fragte, nicht, ob Bruder Séguins Predigten schrecklich oder schön zu nennen seien; nur weil er einen berühmten Namen hatte, entschieden sie sich für das Letztere.

Und dann war Professor Ayméri auf der Liste der Verhörenden, Baccalaureus der Theologie, einst an der Sorbonne. Er predigte selten und hörte noch weniger die Beichte. In seiner Stube eingeschlossen rang er einsam um die Erkenntnis der neunfach gestuften Engel, wie Dionysius, der Gründer von Saint Denis, sie aus der Schule des Apostels Paulus empfangen hatte. Es gab kein heiliges Buch, das er nicht auswendig kannte, keine Stelle der Evangelien, die er nicht zu erklären wusste, ja keinen Gedanken eines großen Christen, den er nicht selbst prüfte und gar manches Mal in eigenen Büchern widerlegte. Er kannte die Gegnerschriften, die der Arabisten im Besonderen, und kämpfte in stillen Nächten mit ihren Angriffen und Beweisen. Professor Ayméri war lang, mager und bleich, niemand sah ihn lachen, er grüßte jedes Kind mit ernsthafter Gebärde, wenn er nicht, versunken in höhere Vorstellungen, blind war für alle, die grüßend vorübergingen. Seine Sätze fügten sich so kunstvoll und logisch aneinander, dass man sie jederzeit auf Pergament hätte schreiben können. Ayméri war den Einwohnern von Poitiers kaum bekannt, dagegen betrachteten ihn seine Amtsbrüder beinahe wie eine Verkörperung der Theologia selber, dieser strengen und schwer zu handhabenden Kunst.

Wer nicht an erster, aber auch nicht an letzter Stelle auf der Liste der Verhörenden stand, war der Kanonikus von Sankt Radegunde, Herr Wilhelm Alain, ein alter, häufig von Gicht geplagter Mann, den Groß und Klein in ganz Poitiers Vater Alain nannte. Auch er predigte nicht viel, denn seine Stimme war ein wenig heiser und sein

Französisch nicht das allerbeste. Aber wenn er seinen Beichttag hatte, drängten sich die hübschesten Mädchen und frischesten Jungen in den Stühlen und harrten geduldig aus, auch wenn es tief in die Dunkelheit ging, bis sie an die Reihe kamen. Es gab manche unter den Amtsbrüdern von Vater Alain, die über diesen Erfolg lächelten und ihn seiner Nachsicht oder ganz einfach seinen Jahren zuschrieben, aber die Beichtkinder wussten es besser, nur hüteten sie sich, es zu sagen. Vater Alain vergaß im Beichtstuhl nie, das Tuch über die Augen zu decken, ihm war es gleich, wer da vor ihm kniete, er duzte alle, Barone, Bauern, Spitzbuben und Frauen. War ein Bekenntnis allzu kurz, konnte er am Ende trocken fragen: «Ist das alles?», oder: «War da nicht noch etwas, was du beichten wolltest?» Ihn wunderte nichts, ihm schien keine Ungeheuerlichkeit neu oder besonders wissenswert. Er nahm hin, was gesagt wurde, und gab Vergebung zurück, und nach dieser Überraschung schien jedem das Gute wünschenswerter als das Böse. Nur die Grübler und jene, die mit ihren Fehlern liebäugelten wie reiche Leute mit ihren Krankheiten, kamen bei ihm nicht auf die Rechnung. Aber von denen gab es nicht viele in diesen Zeiten. Man konnte von Wilhelm Alain sagen, dass er durchaus nicht mehr fastete, als nötig war, dass er ziemlich früh abends schlafen ging und nicht die Hälfte der Bücher gelesen hatte, die von seinen Brüdern im Laufe der Jahrhunderte geschrieben worden waren. Aber eines machte ihm niemand streitig: er wusste in Gesichtern zu lesen und öffnete die Bücher der Seelen, auch wenn sie für jeden andern mit vielen Siegeln verschlossen blieben.

Was man wohl ahnte, aber nicht genau wusste, war, dass Wilhelm Alain manches Mal, wenn es dunkelte, Besuch bekam, der den Tag zu scheuen hatte: Burschen aus den Räuberbanden, die eines Tages die Bürde ihres Gewissens zu schwer fanden, Mörder, Diebe, Betrüger, große und kleine Herren; Frauen, die ihre Neugeborenen aus Angst vor Strafe oder Armut als zugeschnürtes Paket in den Fluss geworfen hatten, Amtsbrüder, die dem Teufel des Zweifels oder der Lust erlegen waren. Ja, auch rückfällige Sünder wagten sich in sein

Haus, solche, die in einem Monat unter Tränen versprachen, nicht mehr das Messer zu zücken, und im nächsten doch wieder von neuer Schandtat berichten mussten.

«Sind wir nicht alle Brüder?» konnte Wilhelm Alain einem jeden sagen. «Wer weiß, ob Gott mir in der nächsten Woche noch weiterhilft, dann magst du mir beistehen. Von der Vollkommenheit Christi bis zu uns allen ist ein so weiter Weg, dass der Unterschied gar nicht so groß ist zwischen dir und mir.» Wenn er tags darauf einen der Frevler an der Bank des Herrn knien sah, merkte niemand seinen schwachsichtigen Augen an, ob er das Gesicht über dem geöffneten Mund wiedererkannte, aber er legte die Hostie mit noch tieferer Andacht auf die Zunge eines großen als auf die eines kleinen Sünders.

Die Einwohner von Poitiers flüsterten, Vater Alain sei ein Heiliger, und freuten sich, wenn er annahm, was sie in diesen hungrigen Zeiten dann und wann erübrigen konnten, ein paar Eier oder ein Stück Speck. Auch wurde das alles wieder reichlich wettgemacht, denn bei keinem andern wurde so viel geraubtes Gut abgegeben, das er dann seinen Eigentümern zustellen ließ, allemal mit der Bemerkung, der Entschädigte möge für den reuigen Dieb ein Vaterunser beten.

Bruder Séguin und Professor Ayméri hatten Johanna schon einige Male besucht und verhört.

«Wie findet Ihr das Mädchen?», fragte der Kanonikus Wilhelm Alain, als er die beiden auf der Straße traf.

«Es sieht zwar lieblich aus, auch die Stimme hört sich gut an, aber ihre Worte sind verdächtig dreist», erwiderte Bruder Séguin. «Als ich sie fragte: glaubst du an Gott? was meint Ihr, dass sie zur Antwort gab? ‹Vielleicht mehr als Ihr!›»

«Und mir sagte sie», fiel Professor Ayméri ein, «als ich sie unter dem Hinweis darauf, dass ihre Behauptungen zwar nicht der Schrift zuwiderliefen, jedoch keineswegs bisher in irgendeinem bewährten Buch – soweit mir erinnerlich – zu finden seien –, mir also sagte sie: ‹In den Büchern Gottes steht mehr als in den Euern.›»

Alain nahm den Hut ab, klemmte ihn unter den linken Arm und wischte sich mit einem roten Tuch über den kahlen Schädel. «Ein verzwickter Fall, ein sehr verzwickter Fall.»

«Ganz gewiss», bestätigten die beiden gelehrten Herren.

«Sagt, Professor Ayméri, glaubt Ihr nicht auch, dass in Gottes Büchern mehr enthalten sein mag als in den unseren?»

Ayméri besann sich ein wenig, vornübergebeugt, mit melancholischen Augen. Dann richtete er sich auf und blickte nachdenklich in die Ferne. «Dieses ist natürlich zuzugeben, jedoch was das Mädchen anbelangt: wie soll sie den Vergleich ziehen können, wo sie doch, wie ich mich überzeugt habe und wie sie selbst sagt, nicht a von b unterscheiden kann und somit nicht urteilsfähig ist über das, was von den Kirchenvätern oder sonst einem der Gottesgelehrten aufgeschrieben worden ist?»

Wilhelm Alain nickte. «Ja ja, Professor Ayméri, so beschlagen wie Ihr ist freilich keiner von uns. Aber die Antwort an Euch, Bruder Séguin: Ist es nicht schwer abzumessen, wie viel oder wie wenig jeder von uns an Gott glaubt? Von dem Glauben, der Berge versetzt, verstehen wir alle nichts. Oder meint Ihr doch?»

Bruder Séguin wurde nicht gern an diesen Punkt erinnert, der, wie er selbst immer wieder versicherte, nur bildlich zu verstehen war. «Jedenfalls», sagte er, «lässt sie es an der schuldigen Ehrfurcht mangeln. Ich fragte sie unter anderem auch, was für eine Sprache ihre Stimmen sprächen. ‹Eine bessere als Ihr›, erwiderte sie frech. Vater Alain, Ihr wisst, im Gespräch falle ich leicht in meinen Dialekt zurück, aber gehört es sich für ein Bauernmädchen, mich daran zu erinnern?»

Ayméri hob ein wenig ungeduldig die Hand, als wolle er bedeuten, solche Entgleisung sei noch hinzunehmen. «Bedenklich schien mir etwas anderes: Ich sagte ihr, Gott wünsche nicht, dass wir an sie glauben, bevor sie uns Beweise liefere, und wir dürften dem König nicht raten, ihr Söldner anzuvertrauen, bevor sie uns ein Zeichen gebe. Darauf sagte sie – einen Augenblick – ich habe mir die Antwort genau aufgeschrieben.» Ayméri zog ein Stückchen Pergament aus seiner Tasche und las: «‹In Gottes Namen, bin ich nach Poitiers gekommen, um ein Wunder zu wirken? Bringt mich nach Orléans und ich will Euch zeigen, dass ich eine Sendung habe. Gebt mir Männer, viele oder wenige, und ich vertreibe die Engländer.› Worauf ich begreiflicherweise einwarf, wenn Gott unser Land von seinen Leiden befreien wolle, brauche er ja wohl keine Söldner dazu.»

«Und was gab sie zur Antwort?»

«Die Söldner würden kämpfen und Gott werde den Sieg verleihen … Um Antwort, das muss zugegeben werden, ist sie nie verlegen, auch haben die Antworten immer einen Schein von Logik. Mehr kann ich noch nicht sagen.»

Bruder Séguin war vor seinem Kloster angelangt und blieb stehen. «Jedenfalls werdet Ihr Euch selbst überzeugen, Vater Alain, dass es keine leichte Arbeit ist, die der Herr Erzbischof uns zugewiesen hat. Sollte alles mit rechten Dingen zugehen – wovon ich noch keineswegs überzeugt bin –, wird man später sagen, wir hätten das Mädchen gleich erkennen sollen. Geht es aber schief, so gibt der König uns die Schuld … Wann gedenkt Ihr hinzugehen, Vater Alain?»

«Lasst sehen – heute ist Mittwoch. Morgen habe ich Beichttag, da wird es spät werden. Aber übermorgen, ja übermorgen bestimmt.»

Es war ein wunderbar leuchtender Frühlingstag, an dem Wilhelm Alain in das Haus des Advokaten Rabuteau kam. Er hatte sich Bruder Thomas, den jungen Dominikaner, als Begleiter gewählt, der, obwohl wegen seiner Gelehrsamkeit schon berühmt, doch still und bescheiden und ihm selbst zugetan war.

Alain sah das Mädchen, das wartend im Zimmer stand, er betrachtete die frischen Wangen, runden Kinderaugen, das kurze Knabenhaar und die kräftigen, Arbeit gewohnten Hände. Des Nachts hatte ihn Gicht geplagt, die Füße taten weh, die Augen tränten, ach, man war ein armseliges Werkzeug des Herrn, wenn es über die siebzig ging. Er suchte rund um den langen Tisch nach einem Platz für seinen Stock. Ehe Bruder Thomas aufmerksam wurde, sprang

Johanna zu, nahm den Stock aus seiner Hand und stellte ihn sorglich in die Ecke.

«Gott segne dich, mein Kind.»

«Danke, hochwürdiger Herr.»

«Nenne mich ruhig Vater Alain, alle Leute in Poitiers sagen so. Ich entschädige mich dafür und nenne jeden Du. So werden auch wir uns unterhalten können. Setz dich, Johanna. Oder willst du lieber stehen bleiben? Man sollte dich aufs Feld gehen lassen an einem so schönen Tag.»

Ein Blick traf ihn, halb erstaunt, halb enttäuscht. «In Gottes Namen, ich muss nach Orléans!»

«Ich verstehe. In deinem Herzen, mein Kind, ist es von all den Fragen trocken geworden wie in einem Teich, von dem man das Wasser abgelassen hat. Dass man dich drei Wochen lang prüfen wird, hast du wohl nicht gedacht?»

«Vater Alain, ich habe gewusst, dass mich in Poitiers viele Schwierigkeiten erwarten. Es ist mir gesagt worden.»

Alain horchte auf. Das war kein Kind, das man trösten musste, es war ein Wesen, das Trost und Kraft aus anderen Bereichen erhielt. «Erzähl mir. Man schrieb uns, dir habe ein Engel befohlen, zum König zu gehen. Meine Augen können leider die Engel nicht sehen. Sag du, wie das ist.»

«Es war um die Mittagszeit, Vater Alain, im Sommer. Ich war gerade im Garten meines Vaters. Am Vorabend hatte ich gefastet. Da hörte ich eine Stimme zur Rechten, auf der Seite der Kirche. Es war eine große Helligkeit dort, ich fürchtete mich sehr.»

Wilhelm Alain nickte mit seinem großen Kopf: «Das glaube ich, das glaube ich», während Bruder Thomas' dunkle Augen sich hoben und rasch wieder senkten.

«Was sagte die Stimme?»

«‹Ich komme von Gott, dir zu helfen und dich zu führen. Johanna, du bist berufen, ein besonderes Leben zu führen und Wunderbares zu vollbringen. Du bist erwählt, das Königreich Frankreich wiederherzustellen und dem Dauphin Karl Hilfe zu bringen.› Ich sagte niemand etwas davon. Aber die Stimme kam wieder, zwei- oder dreimal in jeder Woche.»

«Wie alt warst du damals?»

«Dreizehn oder vierzehn Jahre, Vater Alain.»

«Das ist also drei Jahre her. Warum hast du so lange gezögert?»

«Weil ich ein armes Mädchen bin und nicht reiten konnte und nicht wusste, wie man einen Krieg führt. Das sagte ich auch der Stimme. Da befahl sie mir, ich solle zu dem Statthalter Beaudricourt nach Vaucouleurs gehen, er würde mir helfen. Dann kam meine Base ins Wochenbett, und sie ließ sagen, ich solle bei ihr aushelfen. Die Eltern erlaubten es. In Vaucouleurs bin ich dem Herrn Beaudricourt begegnet, ich kannte ihn gleich, die Stimme sagte mir, dass er es ist. Aber als ich ihm erzählte, ich müsse zum König gehen, meinte er, besser wäre es, mein Vater würde mir eine Ohrfeige geben. Erst das dritte Mal glaubte er mir und gab mir ein Pferd und zwei Begleiter für die Reise.»

«So also kamst du nach Chinon. Aber die Eltern?»

Johanna senkte den Kopf. «Die Eltern wissen nichts davon. Sie hätten es nicht erlaubt. Und wie hätte ich dann der Stimme gehorchen können?»

«Ich verstehe, mein Kind. Sag, kannst du die Stimme auch jetzt hören?»

«Wenn ich im Wald wäre, bestimmt. Hier – in diesem Zimmer – ist sie nicht.»

«Und was hast du sonst getan, ich meine zu Hause bei den Eltern?»

«Meiner Mutter geholfen beim Kochen und Spinnen und Nähen. Auch unsere Tiere habe ich auf die Weide geführt.»

«Sag mir, Johanna, was ist es mit dem Buch Gottes, von dem du gesprochen haben sollst?»

«Gott hat ein Buch, in dem kann keiner der Herren lesen, auch wenn sie so gelehrt sind.» Das Mädchen lächelte, abbittend und ein wenig scheu. «Ich meine, wenn sie solche Fragen stellen wie hier und in Chinon.»

«Das mag sein … Fastest du viel?»

Johanna schwieg und Bruder Thomas horchte gespannt. «Ich brauche nicht viel zu essen», sagte sie schließlich.

Wilhelm Alain seufzte, es zuckte in seinem Gesicht. «Mach dir nichts daraus, Kind, es ist nur die Gicht, die mich plagt. Sag, du weißt also, wer der Engel war?»

«Zuerst habe ich es nicht gewusst. Aber das zweite oder dritte Mal, als ich die Stimme hörte, habe ich seinen Namen erfahren. Es ist Sankt Michael.»

Eine Weile war es still im Raum. Nur eine Meise sang draußen vor dem Fenster im Gezweig einer Fichte. Wilhelm Alain fuhr sich mit dem roten Tuch über die Nase und dann über die Augen. Bruder Thomas hielt den Kopf gesenkt, und seine Hände schoben sich tiefer in die weiten Ärmel der Kutte.

«Nun, Bruder Thomas, was meint Ihr? Es muss schön sein, wenn Gott die Gnade gewährt, einen Erzengel zu sehen oder zu hören.» Alain sagte es trocken und selbstverständlich, und der junge Mönch nickte scheu ohne aufzusehen.

«Siehst du auch andere Glückselige im Paradies?»

«Ja, Vater Alain, vor allem die heilige Katharina und die heilige Margarete, der Erzengel Michael hat sie zu mir geführt.»

«Die heilige Katharina war eine tapfere Frau, hat mit fünfzig heidnischen Philosophen disputiert und sie bekehrt. Ich glaube nicht, dass ich das fertig brächte. Bruder Thomas, das wäre eher etwas für Euch … Und die heilige Margarete, was war nur mit ihr?»

«Sie hat Schafe gehütet, bis der Statthalter sie sah und zur Frau haben wollte. Aber sie liebte nur Jesus. Im Gefängnis hat sie mit dem Teufel gekämpft, der aussah wie ein Drache.»

«Ganz richtig. Aber beide sind getötet worden für ihren Mut, in früher Jugend. Möchtest du das auch, Johanna?»

«Wenn ich alles getan habe, was Sankt Michael befiehlt, soll Gott mit mir tun, was er will.»

«Du hast Recht, erst müssen wir auf Erden erledigen, was wir können. Und jetzt habe ich dich lange genug geplagt. Wollt Ihr noch etwas fragen, Bruder Thomas?»

Der junge Mönch blickte auf, er vermied, Johanna anzusehen, und fragte, gegen Alain gewandt: «Wenn Ihr es erlaubt, möchte ich gern wissen», – er stockte und wurde rot –, «ob die Jungfrau Johanna den Erzengel sicht, wenn sie betet.»

Johanna öffnete den Mund, schloss ihn wieder, auch sie sah nur den Kanonikus an. «Nicht jedes Mal, wenn ich bete –».

«Aber wann zum letzten Mal?»

«Heute beim Morgenläuten», sagte sie leise und fügte hinzu: «Es ist Freitag.»

Wilhelm Alain sah vor sich hin, dann stützte er eine der knotigen Hände auf Bruder Thomas' Schulter. «Selig sind, die nicht sehen und doch glauben», sagte er, stand auf, ließ sich von Johanna den Stock reichen und ging zur Tür. Aber das Mädchen versperrte ihm den Weg.

«Vater Alain, darf ich zu Euch beichten kommen? Übermorgen ist Sonntag.»

«Das kannst du, Johanna, aber nicht in der Kirche. Sonst verdrehen alle die Hälse nach dir und vergessen, was sie beichten wollten. Lass sehen, morgen Nachmittag bin ich zu Haus. Jeder kann dir sagen, wo ich wohne.»

«Ich danke Euch, Vater Alain.» Ein Lächeln huschte über ihr Gesicht, dass der Kanonikus seine Gicht, das Verhör und seine Schwachsichtigkeit vergaß. Er sah – und hatte genug gesehen.

Und Abschied nehmend schlug er das Kreuz über ihrem Kopf und dem kurz geschnittenen Haar.

«Nun, Bruder Thomas, was meint Ihr zu der Kleinen?», fragte Alain, als sie auf der Straße nebeneinander dahinzogen, mühsam der Alte, blass und in sich gekehrt der Junge.

«Ich kann mir nicht denken, dass eine Hexe so spricht, Vater Alain.»

«Ich auch nicht, ich ganz gewiss nicht.»

Jetzt lächelte auch Bruder Thomas, als sei sein Herz von einer steinschweren Last befreit.

*

Nach wochenlanger angestrengter Arbeit wurde das schwerwiegende Schriftstück des Protokolls beendet. Man hatte auch einen Bericht aus Domrémy angefordert, es hieß darin, dass Jeannette die einzige Tochter des achtbaren Bauern d'Arc sei und von ihrem Lebenswandel weder Anstößiges noch Bemerkenswertes berichtet werden könne. Allerdings erinnerte man sich im Dorfe, dass in der Nacht zum 6. Januar 1412, als besagtes Mädchen geboren worden, die Hähne in ganz ungewöhnlicher Weise noch in der Dunkelheit gekräht hatten, dass fernerhin, wenn sie auf der Weide ihr Brot aß, die Vögel aus dem Walde kamen und Jeannette mit ihnen ihre Mahlzeit teilte. Dass auch kein Wolf je ihre Herde angefallen habe. Immerhin, auf diese Angaben konnte der Verdacht des Umgangs mit dem Teufel nicht aufgebaut werden.

Als das Protokoll ausgefertigt vorlag – es war sonderbarerweise schon ein Jahr später nicht mehr aufzufinden – wurde folgendes Urteil an den König gesandt:

«... Wir beschlossen also im Hinblick auf die dringliche Notwendigkeit und die Gefährdung von Orléans, der König solle die Jungfrau nicht von sich weisen, obgleich er ihr nicht leichtfertig Glauben schenken soll. Sondern, indem er der Heiligen Schrift folgt, sie auf zweierlei Art auf die Probe stellen: durch menschliche Vernunft, indem man ihr Leben betrachtet, ihre Sitten und Absichten prüft nach den Worten des Apostels Paulus: Probate spiritus, si ex Deo sunt – und durch Gebet ein Zeichen zu erlangen sucht, ob sie von Gott gesandt ist. Man hat nichts Schlechtes an ihr getroffen, aber viel Gutes: Bescheidenheit, Jungfräulichkeit, Andacht, Ehrlichkeit und Einfachheit. Und von ihrer Geburt und ihrem Leben sind mehr wunderbare Dinge als glaubhaft berichtet worden. Da sie sagt, das Zeichen ihrer Gottgesandtheit werde sie in Orléans und nirgends sonst geben, möge man sie also nicht hindern, mit dem Heer dahin zu gehen, denn ohne Grund an ihr zweifeln, hieße sich gegen den Heiligen Geist versündigen.»

Von diesem Brief ließ Reginald mehrere Abschriften machen, damit keiner Seine Majestät beschuldigen konnte, leichtfertig einer Hergelaufenen Glauben geschenkt zu haben. Gebrechlich ist der Ruf der Könige; für Karl aber, den Sohn einer lasterhaften Mutter und eines wahnsinnigen Vaters, stand alles auf dem Spiel.

Auch der Dauphin war mit seinem Hof von Chinon nach Poitiers gekommen, er wollte dem Geschehen nahe sein. Johanna wusste noch nichts von dem Urteil der Gottesgelehrten, sie wohnte mit ihrem kleinen Hofstaat im Hause des Advokaten Rabuteau, und heute Abend teilten ihr «schöner Herzog» Alençon, ein Kriegsmann namens Gobert Thibault und Gilles de Rais mit ihr das Vesperbrot.

Das Mädchen aß wenig wie immer, so wenig, dass die Männer sich wunderten, wieso sie ihre frischen Wangen und starken Glieder behielt. Nachdenklich sah sie vor sich hin und dann ihrem schönen Herzog in die Augen.

«Ich bin so viel gefragt worden und habe auf so vieles antworten müssen, aber ich weiß, dass ich mehr tun könnte als das, was ich angegeben habe.»

Thibault, der nicht verstand, dass man geistliche Herren befragte, wenn es um Kampf und Belagerung ging, sagte mit tiefem Bass: «Das glaube ich Euch.» Worauf Johanna ihm die Hand auf die Schulter legte: «Ich wollte, ich hätte mehr Männer von Eurem Glauben.»

Alençon verzog gekränkt das Gesicht und Gilles hob die Augenbrauen, beide meinten, auch sie seien Männer, die glaubten. Doch Johannas Gedanken waren anderswo.

«Könnt Ihr Schreibzeug beschaffen? Versteht einer von Euch sich aufs Schreiben? Ich kann nicht a von b unterscheiden und muss einen Brief schreiben.»

Alençon und Thibault sahen hilflos von einem zum andern. Alençon konnte zur Not lesen, doch sie beide hatten weder Zeit noch Lust gehabt, die schwere Kunst des Schreibens zu erlernen. Nun war die Reihe an Gilles, sich beneiden zu lassen. Er rief einen Diener, bestellte ein Blatt Pergament und eine weiße, kunstvoll zurechtgestutzte Schwanenfeder. «Diktiert, was Ihr wollt, Jungfrau Johanna.»

Alençon und Thibault schauten von rechts und links mit offenen Mündern zu, als Johanna begann. «Jesus Maria. König von England und Ihr, Herzog von Bedford, der Ihr Euch Regent von Frankreich nennt: Gebt der Jungfrau, die vom Himmelskönig geschickt wurde, die Schlüssel aller Städte heraus, die Ihr in Frankreich genommen habt … Ich werde Euch, ob Ihr wollt oder nicht, hinausgehen machen, wer nicht folgt, wird getötet werden. Herzog von Bedford, die Jungfrau bittet und beschwört Euch, dass Ihr Euch nicht selbst der Vernichtung aussetzt. Zieht ab und kehrt in Gottes Namen in Euer Land zurück. Von der Jungfrau.»

Dieser Brief blieb erhalten, und lediglich um das Datum wird diskutiert, ob er am 30. März oder Dienstag, den 26. April 1429 diktiert worden sei. Es war ein Brief, auf den nie eine Antwort erfolgte.

Bald darauf zog Karl mit dem Mädchen und allem Gefolge Loireaufwärts noch Tours. Die Zeit der Prüfungen war noch nicht vorbei, aber Tours lag näher an Orléans.

Das Schwert unter der Erde

Die Stadt Fierbois im Süden der Loire ist an Reisende und Pilger gewöhnt, in ihren Herbergen übernachten seit Menschengedenken Wagner und Müller, edle Damen und gelehrte Herren. Denn hier in der Pfarrkirche steht der Schrein der heiligen Katharina von Alexandrien, die einst als achtzehnjähriges Mädchen gegen fünfzig vom Kaiser Maxentius bestellte Philosophen disputiert hatte mit dem Erfolg, dass alle ihr Recht gaben und alle sich für die neue Lehre köpfen ließen. Katharina war nicht nur die Beschützerin von Studenten, Fürsprecherin der Wagner und Müller, sondern sie sollte auch, was in einem achtzigjährigen Krieg mehr bedeutete, ihre Hand über alle Gefangenen halten. Wer einen Gatten oder Sohn oder Bruder besaß, der in die Hände der Engländer geraten war, wallfahrte zu Katharina nach Fierbois. In dieser Kirche hatte Johanna drei Messen gehört, als sie mit ihren zwei Begleitern auf dem Wege nach Chinon durch das Städtchen gekommen war. Sie hatte Anlass zu danken, denn gerade in jenen Tagen waren die drei von französischen Söldnern angefallen worden. Dazu kam, dass eine Statue der heiligen Katharina sich auch in der heimatlichen Kirche von Domrémy befand, Katharina war eine von den beiden «Schwestern im Paradies», mit denen Johanna sprach, als seien sie ständig in ihrer Nähe.

An jenem Märztag, betend in der Katharinenkirche von Fierbois, musste das Mädchen mehr erfahren haben als jemals ein Mensch vor ihr, doch sprach sie den beiden Reitersleuten mit keinem Wort davon. Erst in Tours kam es ans Licht und blieb eines der Rätsel bis heute.

Der König hatte nun endlich erlaubt, Johanna für den Feldzug auszustatten, ein Waffenschmied namens Bernhard musste ihr die Rüstung anfertigen, sie selbst gab an, welches Sinnbild auf ihre weiße Standarte gemalt werden solle, und am Ende blieb noch die Frage des Schwertes. Auch das Schwert war Sache des Waffenschmiedes, denn wie hätte ein Mädchen, auch wenn es gottgesandt war, sich mit Waffen auskennen sollen? Dennoch wusste Johanna es besser. Meister Bernhard musste sich bequemen, mit einem Brief nach Fierbois zu reiten, und dieser Besuch, der in den Apriltagen eintraf, brachte die Bürger der ganzen Ortschaft in Erregung. Der Brief war, an den Pfarrer adressiert und unterschrieben von dem Mädchen, von dem man seit Wochen schon sprach, des Inhalts, der hochwürdige Herr möge gestatten, dass man hinter dem Altar der heiligen Katharina in der Erde grabe. Dort würde sich ein Schwert finden, fünf Kreuze sollten darauf eingezeichnet sein, und dieses und kein anderes wolle Johanna haben.

Nie hatte der Pfarrer von Fierbois gehört, dass irgendetwas unter dem Kirchenboden vergraben liege. Wohl behauptete die Legende, Karl Martell habe einst nach seinem Sieg über die Mauren in Fierbois gerastet, aber von einem Schwert hatte niemand gehört.

«Meister Bernhard, warum schmiedet ihr der Jungfrau kein neues Schwert?», fragte kopfschüttelnd der Pfarrer.

«Herr, wir haben ihr eine Rüstung gemacht, ganz genau für sie passend, die Besten von uns haben mitgeholfen, sie könnte nicht schöner sein. Obwohl wir kein Wappen und keine Verzierungen anbringen durften, mussten wir sechzehn Pfund Silber dafür verlangen, Herr, es ist der Preis für sechs gute Pferde, aber wir haben den besten Stahl dafür genommen, der sich auftreiben ließ, und der Herr Baron de Rais hat das Geld vorgestreckt im Namen des Königs. Auch über das Schwert haben wir mit den edlen Herren gesprochen, der Herzog von Alençon meinte, auf Waffen müssten die Männer sich besser verstehen.»

«Das sollte auch ich meinen», brummte der Pfarrer.

Bernhard fuhr sich über das stopplige Kinn. «Das mag schon sein, hochwürdiger Herr, aber seht, in der Woche, seit die Jungfrau bei uns in Tours ist, hat das Volk angefangen zu glauben: Nur wenn wir tun, was sie sagt, wird der Krieg ein Ende nehmen. Meine eigene Frau ist mir in den Ohren gelegen. Und die Jungfrau, wenn sie einen ansieht und sagt: Meister Bernhard, wollt Ihr für mich einen Brief zu dem Pfarrer nach Fierbois bringen? Ei, dann kann man nicht gut anders.»

Heute Abend sei es auf alle Fälle zu spät, meinte der Pfarrer, und er werde sich bis morgen besinnen, nach der Messe könne Bernhard sich Antwort holen.

Meister Bernhard war scharf geritten an diesem Tag, und des Abends brauchte man einen tüchtigen Trunk, um sich zu erholen. Natürlich wollten alle hören, wie es mit Johanna stehe, und Bernhard fühlte sich als Mann, der im Mittelpunkt des Geschehens stand. Er wusste zu erzählen und nahm dabei den Mund etwas voll, dass in Poitiers alle hochwürdigen Herren und Bischöfe nur so gestaunt hatten über des Mädchens Gelehrsamkeit, dass eilends ein Brief, unterzeichnet von hundert Professoren, an den König gegangen sei, besagend, niemand anders als Johanna könne dem Volke Rettung bringen, und dass der König über Nacht eine volle Kasse habe und ein ganzes Heer samt Marschällen und berühmten Feldhauptleuten bereitstehe, um unter ihrer Führung allem Elend ein Ende zu machen. Bei keinem anderen aber als bei ihm, dem Waffenschmied Bernhard, habe sie sich die Rüstung fertigen lassen, die Jungfrau könne sich nun panzern vom Scheitel bis zur Zehe, und kein englischer Pfeil würde sie je verletzen.

Oh? rief es und: Hat man so etwas schon gehört? Gott lässt ein Wunder geschehen für uns! Man trank die Humpen leer und ließ sich wieder einschenken. Es wurde auf das Wohl besagter Jungfrau getrunken, und der Wirt versprach, heute ausnahmsweise die Zeche gering zu rechnen. Aber Meister Bernhard war noch nicht zu Ende. «Hört! Still!», rief es von allen Seiten, und die Männer rückten zusammen, die Ellbogen aufgestützt, die Hände hinter den lauschenden Ohren.

«Nun muss die Jungfrau doch ein Schwert haben, nicht wahr? Aber seht, das Schwert will sie nicht von uns machen lassen. Sie braucht ein anderes, sagt sie. Und das liegt hier in eurer Kirche hinter dem Altar vergraben.»

«Bei uns? Bei der heiligen Katharina?» Man sprang auf, stellte Krüge mit Krach auf den Tisch, Ärmel wurden geschürzt und harte Hände prüften die geschwellten Muskeln.

«Jawohl bei euch! Ich habe einen Brief von ihr zu eurem Pfarrer gebracht, nichts fehlt mehr, damit unsere Not ein Ende hat, nur dieses Schwert. Aber euer Pfarrer wollte sich noch besinnen.»

Am nächsten Morgen, als der Pfarrer von Fierbois aus der Sakristei trat, dachte er, es sei ein Unglück geschehen. Ein Dutzend Männer standen drohend vor ihm, alle sprachen durcheinander, und er konnte kein Wort verstehen.

«Sollen wir die Sünde auf uns laden? Kein Augenblick ist zu verlieren!»

Jetzt erst begriff er, weil Meister Bernhard es ihm ins Ohr schrie: die Männer waren gekommen, um auf der Stelle und keine Stunde später hinter dem Altar in der Erde zu graben.

«In Gottes Namen beginnt», sagte der Pfarrer, «schont nur die Mauern, sie sind alt, und die heilige Katharina könnte zürnen.»

Man dachte nicht mehr an Katharina, nicht an den Pfarrer und nicht an die Kirche. Die Hacken flogen, die Hämmer klopften, Spaten wühlten sich in steinige Erde, Frauen brachten in Töpfen das Mittagsbrot bis in die Kirche, denn es war klar, dass die Männer nicht an Ruhe denken durften, bevor sich das Schwert fand. Eine gottverlassene Frau, die böse alte Königin, die vor lauter Buhlen nicht mehr wusste, wer der Vater ihres Sohnes war, hatte über das Volk Hunger und Jammer gebracht. Eine Jungfrau aus dem Volk nur konnte aus dem tiefen Tal der Sünde herausführen. Hatten sie es nicht längst schon prophezeit? Natürlich würde das Schwert sich finden. Die heilige Katharina zürnte nicht, mochte der Pfarrer sagen, was er wollte. Nein, sie selbst hatte das Schwert in der Erde gehütet, es konnte keine gewöhnliche Waffe sein, wie alle Mannsbilder sie trugen, sondern ein Schwert wie das von Sankt Michael, vor dem selbst der böse Drache erlag. Längst waren es nicht mehr ein Dutzend, die gruben, die halbe Stadt machte mit, Frauen und Kinder räumten den Schutt weg, und der Pfarrer saß in seiner Stube und flehte zu Gott, dass nicht heute Abend seine Kirche ein Trümmerhaufen sei.

Indes verhandelte Gilles de Rais mit dem schlauesten Tuchhändler von Tours, blanke Münzen hatten die Gewölbe geöffnet, in denen Altarparamente aus Silberstoff lagen, feinstes Leinen für Chorhemden, karminrote Tuche und herrliche Samtware, die man besser vor gierigen Händen versteckte, die zwar kaufen, aber nicht zahlen wollten. Vielleicht, eines Tages, würden doch wieder bessere Zeiten kommen. Diese Schätze breitete Gilles vor Johannas Augen aus, er entrollte selbst die roten und gelben und schillernden Stoffballen, ließ das Gewebe durch die langen weißen Finger gleiten und hielt sie ans Licht, dass die Farben nur so leuchteten. Er warf Stoffe über Johannas Schulter und prüfte die Wirkung mit zusammengekniffenen Augen.

Scheu, die Hände ineinander gefaltet, stand das Mädchen vor der unerhörten Pracht. Von all diesem Reichtum sollte sie einen Mantel haben? Einen Mantel, wie die richtigen Ritter ihn über der Rüstung trugen? Sie möchte wohl, aber wer sollte das alles bezahlen?

Gilles warf einen dicken Beutel auf den Tisch, mit Geld war er freigebig wie keiner am Hof. «Seid darum nicht bange, Johanna. Der König will, dass Ihr schön seid, wenn Ihr in seinem Dienst steht.»

«Und was werden die Herren und Damen sagen, dass ein armes Mädchen wie ich solch feinen Stoff trägt?»

Gilles sah, dass sie sich freute und er freute sich mit. «Sie würden lachen, wenn es anders wäre, Jungfrau Johanna. Hat nicht Gott alle schönen Dinge erschaffen, damit wir sie zu seiner Ehre tragen? Seht diesen violetten Samt, wird man nicht fromm, wenn man die Farbe sieht? Das silberglitzernde dunkle Blau: man muss an den nächtlichen Himmel denken, wenn Gott darin die Sterne anzündet. Zu diesem Orange gehört blaugraues Pelzwerk, grünes Futter und eine Spange aus Smaragd.»

Johanna hatte geglaubt, nur die Rüstung werde ihr Freude bereiten, aber jetzt stahl sich heller Jubel in ihr Herz, von dem sie freilich nicht wusste, ob er Hoffart bedeutete. Nicht das Orange sollte es sein, auch nicht das leuchtende Rot. «Dieses Blau, Herr de Rais, wenn es nicht zu viel kostet, möchte ich wohl gern einen Mantel davon.»

Gilles des Rais nickte und dann fasste er nach grünlicher Seide, weil, wie er sagte, das Futter eines Mantels wichtig sei, um die Tönung des Ganzen zu erhöhen oder zu dämpfen.

Da schwoll auf der Straße der geschäftige Lärm des Tages zu lautem Geschrei, Pferdegetrappel näherte sich, und die Tür ging auf. Durch das Gedräng von Gassenbuben, Frauen und Männern schaffte Meister Bernhard sich Bahn in den Laden. «Hier ist sie, die Jungfrau, wir wollen sie sehen!»

Meister Bernhard gebrauchte die Fäuste und teilte ein paar Ohrfeigen aus, ehe er die Tür hinter sich und zwei Gesellen schließen konnte.

«Jungfrau Johanna, wir haben gegraben, einen ganzen Tag vom Morgen bis zum Abend. Es war schon dunkel, als wir auf etwas Hartes stießen. Wie wir den Schutt entfernten, war es ein Schwert. Man gab es mir, damit ich es prüfe. Es lag Rost auf der Klinge, aber man brauchte nur zu schütteln und er fiel ab. Hier ist es. Die Scheide ist ein Geschenk der Bürger von Fierbois.»

Der blaue Samt war zu Boden gefallen, Johanna stand in ihrem wollenen Wams still und lächelnd, nahm das Schwert und zog es langsam aus der Scheide. Gilles de Rais starrte mit angehaltenem Atem auf die Klinge und sah fünf Kreuze darauf.

«Ist es nicht schön?» Johanna strahlte. «Ich danke Euch, Meister Bernhard.»

Der Waffenschmied drehte verlegen seine Mütze zwischen den Händen, die Stimme wollte ihm nicht so recht gehorchen, er musste sich kräftig räuspern. Die Bürger von Fierbois, der Pfarrer, er selbst waren Zeugen, dass dieses Mädchen um Dinge wusste, die allen anderen verborgen blieben. «Jungfrau Johanna», sagte er gläubig, «könnt Ihr uns jetzt erretten?»

«Bevor der Mond voll ist, reiten wir nach Orléans, Meister Bernhard, sagt allen, dass ich es versprochen habe.»

Er ging zur Tür mit seinen Gesellen, von draußen hörte man ein Summen und dann ein helles, jubelndes Rufen. Im dunklen Laden stand nur noch Gilles neben ihr.

«Wir wollen gehen, um es den anderen zu zeigen», sagte sie, das Schwert immer noch auf den flachen Händen, und Gilles ließ keinen Blick von ihr. Dieses Schwert, er verstand sich darauf, war gut an die siebenhundert Jahre alt, aber es war kein Rost und kein Fehl an ihm.

«Glaubt Ihr mir jetzt?»

«Jungfrau Johanna, ich glaube, dass Ihr mit Geistern sprecht, für die meine Ohren taub sind. Johanna, lasst den Schein Eurer Gnade auf mich Unwürdigen fallen, erlaubt, dass ich das Schwert berühre.» Er beugte den Kopf und sank auf ein Knie, aber Johanna trat schnell mit dem Schwert zurück und runzelte die Brauen.

«Berührt Euer eigenes und steht auf. Ihr sollt nicht knien, außer wenn Ihr betet. Habt Ihr verstanden, Herr Gilles de Rais?»

Langsam erhob sich der Mann; Johanna ahnte nicht, wie schwer es ihm fiel. Auch in seiner Seele lag Andacht und Inbrunst, und er hätte seinen ganzen Reichtum hingegeben, um zu wissen, was sie so mühelos zu wissen schien. Ihm aber schwieg die andere Welt, wie heiß er sie auch rief, und Johanna ließ ihn nicht in die Tiefen ihrer Seele schauen.

«Wie kommt es, dass Eure Ohren hören können?»

«Betet, und auch Ihr werdet hören, wenn Gott Euch für würdig hält.»

Gilles senkte den Kopf und dachte an Abel und Kain. Auch Abels

Opfer war angenommen worden, während Gott das von Kain verschmähte. Mit unruhiger Seele ging er zurück in sein Quartier. Dort stellten die Diener ihm einen Knaben vor, der Herr von Trémouille schicke ihn, seiner schönen Stimme wegen.

«Sing», flüsterte Gilles, ließ seinen Mantel in die Hände des Dieners fallen und setzte sich. «Wenn deine Stimme gut ist, lass ich dir Unterricht geben.»

Musik war das Einzige, das die Stürme seiner Seele übertönte, sie zähmte und beschwor, in einem seiner Schlösser hatte er die schönste Orgel, die es weit und breit gab, oft trieb ihn die Sehnsucht dahin. Dennoch war die Musik nur wie ein deckender Mantel, den er über die abgründige Not seines Innern legte.

Die Bürger von Fierbois behielten Recht, das ausgegrabene Schwert war kein gewöhnliches Schwert. Johanna sollte es vor ihrem Tode bekennen und alle ihre Waffengefährten haben es bezeugt: mit diesem Schwert ist nie ein Mensch getötet worden.

Der Wind dreht sich

Der Herr von Trémouille war übel gestimmt. Das Heer hatte man ausziehen lassen, weil das Mädchen, ja auch die Feldhauptleute sich nicht mehr halten ließen. Allerdings nur bis Blois, an die dreißig Meilen südwestlich von Orléans. Dort sollte Halt gemacht und neuer Befehl erwartet werden. Der König mit seinem Hofstaat blieb in Tours zurück. Heute früh war Beratung im Schloss angesagt, Trémouille aber hätte es nötig gehabt, nach anstrengender Nacht einen langen Schlaf zu tun. Um Mitternacht waren seine eigenen Leute angekommen mit der Meldung geglückter Beute. In einem nahen Wäldchen war es gelungen, einige Herren, die zu Karls Ständeversammlung gehörten, anzuhalten und ihnen das Geld abzunehmen, das sie aus Furcht vor den Engländern im Begriffe waren zu vergraben. Sie schrien zwar, es sei nicht ihr eigenes, sondern das Geld von drei Städten, aber einerlei: womit sonst sollte man die Kassen füllen? Danach hatte sich Trémouille befriedigt niedergelegt, um einen vernünftigen Schlaf zu tun. Bevor es graute, war er aufs Neue geweckt worden. Edelleute seien eingetroffen, die nur mit Herrn von Trémouille sprechen wollten, und zwar sofort. Es seien Ausländer.

Mit Ausländern musste man vorsichtig sein, es gab Dinge, die keiner wissen durfte in diesem zweigeteilten Land. Trémouille nahm einen Brief mit königlichem Siegel entgegen, die längst erbetene Botschaft aus Aragonien. Er entfaltete ein Pergament von einer Schönheit, wie man es in Frankreich nicht mehr kannte, und las, während die Muskeln an seinem Unterkiefer arbeiteten. Erst die

Segenswünsche für Seine Majestät Karl den Siebten, dann schmeichelhafte Worte für seinen Minister Trémouille, – man musste das Blatt wenden, um zur Hauptsache zu kommen. Der König von Aragonien sei zu seinem großen Leidwesen derzeit mit einer Expedition nach Sizilien engagiert und daher werde es ihm unmöglich sein, eine Hilfsarmee über die Pyrenäen zu entsenden. König Karl möge indes auf Gottes Rat vertrauen wie er selbst …

Trémouille lachte kurz und höhnisch vor sich hin. Auch diese Hoffnung musste man begraben. Zwar lag ihm nicht allzu viel daran, diesen Krieg zu beenden, er hatte mit seinen 68 Jahren noch keinen Frieden erlebt. Seine Söldner hielten ein gut Teil des Poitou besetzt, eine Provinz, die dem König von England untertan war und in der es immer noch zu essen gab. Mit den Engländern würde man sich stellen wie bisher, es machte Spaß, mit den zwei Herren des Landes, die sich beide König von Frankreich nannten, zu spielen, vorausgesetzt, dass man das Spiel verstand.

Bevor die Sonne aufging, hatte Trémouille einen Brief an seinen Bruder Jean diktiert: er möge den Engländern, einerlei was geschehe, weiterhin an die Hand gehen und den Herzog Bedford wissen lassen, dass er, Trémouille, alles tun werde, um dem Vormarsch der Engländer nach dem vorauszusehenden Fall von Orléans nichts in den Weg zu legen. Dafür erinnerte er den Engländer an das Versprechen, weder die Grafschaft Poitou noch eine seiner sonstigen Ländereien zu verheeren.

Danach hatte Trémouille nicht mehr einschlafen können, die Hähne krähten, bis er endlich Ruhe fand, und nun musste man um neun Uhr wieder im Schloss erscheinen. Der Teufel sollte alle Könige und Jungfrauen holen. Zum Überfluss schnitt der Barbier ihn in die Backe, als er sich eilig den Bart scheren ließ.

Er kam natürlich zu spät, La Hire, Alençon und de Gaucourt, letzterer als Abgesandter des Bastards von Orléans, waren in der Nacht von Blois herübergeritten und saßen mit Bischof Reginald bereits im Kabinett des Königs.

«Wir haben eben erfreuliche Dinge gehört», wandte Karl sich huldvoll an Trémouille, «unserem Heer ist viel Fußvolk zugeströmt, die Jungfrau hält die Leute in erstaunlicher Zucht, das Plündern hat aufgehört –»

«Sogar das üble Weibsvolk hat sie fortgeschickt», warf Alençon ein.

«Und das Fluchen wurde verboten, ist es nicht so, La Hire?»

La Hire, von dem es hieß, er fluche selbst beim Beten, rieb sich die Nase. «Es stimmt, auch mir hat sie es abgewöhnt, das Mädel wickelt jeden um den Finger. Beim Henker, zuerst musste sie auf einen Stein steigen, um mit dem Harnisch aufs Pferd zu kommen, aber seither hat sie in der Rüstung sogar geschlafen, wenn wir im Freien kampierten. Keine Kleinigkeit, parbleu.»

Trémouille räusperte sich, schlecht gelaunt. «Sind wir zusammengerufen worden, um uns über Johanna zu unterhalten? Die Zeit ist kostbar, die Eure, Sire –»

La Hire ließ ein respektloses Brummen hören, er hielt nicht allzu viel von der Zeit seines Herrn, seit er ihn, Meldung erstattend, beim Üben eines Balletts angetroffen hatte.

«Du hast Recht, Trémouille.» Karls Lider blinzelten angestrengt. «Eine sehr schwierige Frage ist zu besprechen. Johanna erklärt, sie wolle das Heer unverzüglich nach Orléans führen.»

«Gegen den ausdrücklichen Befehl, in Blois zu bleiben?»

«Nicht gegen meinen Befehl, denn ich habe noch keinen erlassen. Der Bastard von Orléans lässt sagen, an einen Vormarsch auf Orléans könne erst gedacht werden, wenn die Hilfstruppen aus Aragonien eintreffen. Wenn wir aber Johannas guten Willen verscherzen …» Karl zuckte mit den Achseln, brach ab, und Reginald kam ihm zu Hilfe.

«Die Frage, um sie noch einmal zusammenzufassen, ist die: Werden wir nach dem Rat des Befehlshabers von Orléans handeln oder nach dem des Mädchens Johanna.»

«Was meint ihr?», fragte Karl in die Runde.

La Hire wippte mit dem Kopf. «Ich weiß besser als irgendeiner, dass wir vor drei Monaten bei Rouvray verloren haben. Unser Heer zählt dreitausend Mann, der Engländer mag an die zehntausend haben. Aber wenn Gott helfen will ...»

«Mein Rat ist der», fiel Gaucourts tiefe Stimme ein, «lassen wir das Mädchen die vierhundert Rinder und was es da sonst noch an Proviant gibt, nach Orléans schaffen. Falls das gelingt –»

«Die Jungfrau sagt, wir werden so viel Lebensmittel als wir wollen nach Orléans hineinbringen, kein Engländer wird uns daran hindern», ereiferte sich Alençon.

«Und was wird mit dem Heer? Sollen wir vielleicht in Blois Däumchen drehen?», schnaubte La Hire.

«Besser in Blois Däumchen drehen, als vor Orléans verrecken.», Raoul de Gaucourt hatte schon gegen die Türken gekämpft, kein Mensch konnte ihm vorwerfen, dass er in seinem fünfzigjährigen Leben den Krieg gescheut hätte.

«Oho verrecken! Glaubt Ihr vielleicht, wir lassen uns so ohne weiteres umbringen?»

«Immerhin könnte man warten, bis die Hilfstruppen aus Aragonien kommen», besänftigte Reginald.

Trémouille hob die Hand und blickte gewichtig über alle hinweg. «Sire, ich hatte keine Gelegenheit, bisher zu Worte zu kommen. Der König von Aragonien hat heute Nacht Botschaft geschickt.»

«Nun, und?»

«Im Augenblick hindert ihn eine Expedition nach Sizilien. Vielleicht dass er später ... Allerdings ist keine Zeit genannt.»

Die Männer sahen nicht mehr Trémouille an, ihre Köpfe wandten sich Karl zu, der langsam, in seltsamer Würde, die Augen öffnete. «Ich habe es gewusst. Jetzt bleibt nur noch ein Wunder.»

«In Bezug auf Wunder müsst Ihr Bescheid wissen, Bischof Reginald», höhnte Trémouille. «Doch ist der Sold für das Heer fällig. Ich will etwas flüssig machen. Aber, Sire, nur unter der Bedingung: das Heer bleibt in Blois!»

«Darauf lässt sich die Jungfrau nicht ein», rief Alençon, und La

Hire brummte, warum man überhaupt nach Tours gekommen sei, wenn das Geld des Herrn von Trémouille entscheide und nicht jene, die die Köpfe hinhielten.

Reginald wartete, bis der Sturm sich legte, dann sagte er, noch bedächtiger als sonst: «Vielleicht könnte ein Kompromiss zustande kommen, so wie Herr de Gaucourt es vorgeschlagen hat. Das Heer bleibt in Blois. Wenn es aber der Jungfrau gelingt, den Proviant nach Orléans zu schaffen, wird es aufbrechen und in Gottes Namen marschieren.»

Der König lächelte nun, das sei die wahre Lösung, und ob ihr nicht alle zustimmen könnten?

«Wer aber bürgt dafür, dass das Heer nachkommt?», fragte Alençon hitzig.

«Seine Majestät selbst.»

Es war kein guter Blick, den Trémouille dem Bischof unter buschigen Augenbrauen zuwarf.

*

Die Verzweiflung, die seit einigen Wochen in der Bevölkerung von Orléans um sich griff, war weniger auf unbefriedigte Mägen zurückzuführen, denn von Hunger konnte noch nicht die Rede sein, als auf die Hoffnungslosigkeit, die völlige Aussichtslosigkeit der Situation. Der Bastard Johann von Orléans, der den Oberbefehl über die Stadt in Händen hatte, seit sein Halbbruder, der legitime Herzog von Orléans, in englische Gefangenschaft geraten war, konnte auf alle Fragen der Bürger, ob der König gar nichts für seine treue Stadt zu tun gedenke, nur bedauernd erklären, es seien keine Mittel vorhanden, um ein Entsatzheer aufzustellen. Vor den Mauern sprosste die Wintersaat, und die Bäume begannen, Früchte anzusetzen, fallende Blütenblätter segelten wie Schmetterlinge bis herein in die Straßen, aber seit sechs Monaten war es verwehrt, auch nur die Nase durch eines der Tore hinauszustrecken, geschweige denn sich um die Weinberge zu kümmern, die bestellt werden mussten. Man hörte jeden

Abend, wenn keiner mehr ans Schießen dachte, die Loire friedlich und vertraut dahinrauschen, aber zu sehen war sie nur durch die Schusslöcher der Stadtmauern. Dreizehn englische Bollwerke umgaben Orléans, die Stadt sollte ausgehungert werden. Überdies konnte niemand sicher sein, ob nicht die Godons eines Tages einen Angriff wagen würden. Zu diesem Zweck hatte man Mauern und Türme sorgfältig ausgebessert und von den zwei Kirchtürmen hielten die Wachen Tag und Nacht Ausschau. Immer neue Summen musste man dem Bastard bewilligen für Kriegsmaschinen, Blei und Pulver, Hunderte von Pfund hatte die Bürgerschaft schon aufgebracht. Die Frauen bereiteten Schwefel und Salpeter für die Kanonen, auch Wurfmaschinen gab es, für jede brauchte es zweiundzwanzig Pferde, um sie vom Platz zu bringen, und ihre Steinkugeln wogen an die hundertzwanzig Pfund. Viel besser waren die Feldschlangen, jene neueste Art leichter Geschütze, die bequem dorthin gefahren werden konnten, wo man sie gerade brauchte. Freilich war es mit den Geschützmeistern nicht gut bestellt, es gab deren nur zwölf, so dass selbst im Notfall nicht alle Geschütze zu gleicher Zeit feuern konnten, wie überhaupt die Besatzung von Orléans zu schwach war und zu wenig ausgebildet, sie zählte etwa dreitausend Mann. Dazu kamen fünftausend männliche Einwohner, die recht oder schlecht eingesetzt werden konnten. Aber an Ausfall war nicht zu denken.

Für alle diese hungrigen Männer musste gekocht werden, und der Nachschub wurde immer schwieriger. Die Frauen kochten an ihren Herden für ihre Männer, Kinder und Söldner, welch Letzteren sie das Essen an die Mauern trugen. Sie jammerten, dass der ewige Krieg nicht aufhöre, dass sie ihre Kinder beim Donnern der Steinkugeln zur Welt bringen mussten, die Wäsche nicht mehr an der Loire bleichen konnten, dass Käse, Butter, Weizen und Fleisch bald zu Ende sein würden und das Leben in einer belagerten Stadt nur mit dem Fegefeuer verglichen werden könne.

«Wann endlich wird der König uns befreien?»

Der Bastard erklärte den Männern, dass der König zwar Hilfe aus dem Ausland erbeten, aber noch nicht zugesagt erhalten habe. Wenn diese dann, nach sorgenvollen Beratungen, nicht eben erleichtert in ihre Häuser zurückkamen, waren sie bange vor den Frauen, die mit der Hartnäckigkeit ihres Geschlechts bis in die Nacht hinein fragen konnten, ob man nun wisse, woran man sei, und wenn nicht, worauf der Bastard noch hoffe? Es war gut, dass sie nicht erfuhren, was die Engländer in den Befestigungen ringsum sagten: Man warte nur, bis Orléans falle, dann werde Karl der Siebte in ein Hospital geschickt.

Im März wurde der Bastard besserer Laune, und eines Tages verkündete er, wenn nicht alles trüge, sei Gott dabei, ein Wunder zu wirken. Zwei seiner Edelleute hätten Bericht aus Chinon gebracht, dass dort ein Mädchen aus Lothringen erschienen sei und behaupte, von Gott gesandt zu sein, um Orléans zu retten. Natürlich konnte solche Nachricht nicht einen Tag lang geheim bleiben. Wer Beine hatte und nicht gerade Wache stehen musste, lief auf den großen Platz und brummte oder schrie mit, dass des Bastards Leute Rede und Antwort stehen sollten. Würde die Jungfrau endlich ein Heer auf die Beine stellen? Würde sie es selbst anführen? Und vor allem: wann werde sie kommen?

Des Bastards schwerste Aufgabe war es, von nun an begreiflich zu machen, dass Woche um Woche verging und nichts anderes geschah, als dass man besagte Jungfrau in Chinon, in Poitiers, in Tours auf Herz und Nieren prüfte.

Warum lässt der König dies alles zu? wollten die Leute wissen, und unmöglich konnte man erklären, dass es mit Wissen und Willen des Königs geschah, um so mehr als der Bastard, tief beeindruckt von allem, was man ihm berichtet, das Zaudern seines Königs selbst nicht verstand. Karl hatte nur noch eine Karte, und auf diese Karte musste gesetzt werden, mit Vorsicht und Klugheit, gewiss, doch ohne kostbare Zeit zu verlieren. Wenn Orléans fiel, war es zu Ende mit Frankreich.

Am 27. April endlich wurde gemeldet, die Jungfrau sei mit einem großen Tross mit Nahrungsmitteln von Blois aufgebrochen.

Am 29. – es war ein Freitag – stand die Kolonne zwei Meilen südöstlich der Stadt auf dem jenseitigen Ufer der Loire.

Der Bastard wartete, bis es dunkel wurde, dann ließ er sich zwischen den bewaldeten Flussinseln in einem Boot ans südliche Ufer bringen. Allzu genau schienen die Godons ihren Wachdienst nicht zu nehmen, möglicherweise weil sie Befehl hatten, die Stadt auszuhungern und sich in ihren Befestigungswerken eingeschlossen zu halten. Auch gab es nach sechsmonatlicher Belagerung manche Menschlichkeiten: am Weihnachtstag hatten die Engländer, musikhungrig wie immer, ein paar Musikanten, Trompeter und Flötisten, von den Franzosen ausgeliehen, die dann auch von morgens neun bis nachmittags drei vor den Belagerern bliesen, und der Bastard schickte Lord Suffolk, dem Oberkommandierenden und feindlichen Kollegen, einen Pelzmantel als Gegengabe für einen Korb voll Feigen.

Orléans summte heute wie ein Bienenhaus, kein Mensch dachte daran, sich zur Ruhe zu legen, bevor man die Jungfrau gesehen hatte. Man wusste sie auf der anderen Seite der Loire, und der Bastard hatte versprochen, sie heute Abend noch mitzubringen.

Es goss in Strömen, ein scharfer Wind blies von Osten, dass die Wellen den Nachen recht unsanft ans Ufer setzten. In seinen durchnässten Mantel gehüllt, erschien der Oberbefehlshaber von Orléans vor den Feldobersten. Er erkannte die Rüstungen von La Hire und Gaucourt, der Bastard neigte grüßend das Haupt, aber seine Augen suchten in der Dunkelheit, und als er gefunden, was er suchte, verneigte er sich in aller Form. Er war nicht nur königlichen Geblüts, sondern von Valentina Visconti großgezogen worden, einer Tochter jenes Gian Galeazzo Visconti, dessen Mailänder Hof große Künstler zierten. Italien war die hohe Schule aller feinen Sitte, wenn französische Gäste in italienischen Herbergen übernachteten, machte man sie darauf aufmerksam, dass es hierzulande nicht üblich sei, sich in die Bettvorhänge zu schneuzen. Der Bastard war des Lesens und Schreibens kundig, sein Halbbruder, der rechtmäßige Herzog, schrieb in der Gefangenschaft sogar Verse, er wurde der Begründer weltlicher Poesie in Frankreich.

Johann von Orléans hatte sich das Mädchen vorzustellen versucht: eine fromme, gütige Jungfrau, vor der er gern bereit war, ein ritterliches Knie zu beugen. Doch aus dem offenen Visier sah ein unwilliges Kindergesicht.

«Seid Ihr es, den man den Bastard von Orléans nennt?», fragte eine durchaus nicht sanfte Stimme.

«Ich bin es, Jungfrau Johanna, und freue mich, dass Ihr gekommen seid.»

«Wart Ihr es, der befahl, man solle das Heer in Blois zurücklassen?»

Der Orléans sah, dass sämtliche Männer die Köpfe gesenkt hielten wie gescholtene Knaben. «Der König befahl es», sagte er, «aber auch ich und andere, die klüger sind, haben ihm dazu geraten.»

«Die Befehlshaber haben mir gesagt, diese Straße führe nach Orléans. Nun stehen wir vor der Stadt, aber sie liegt auf der anderen Seite des Flusses. Und es gibt keine Brücke!»

«Die Brücken sind abgebrochen.»

«Ihr habt mich getäuscht, und das werdet Ihr noch bereuen.»

«Die Räte des Königs –», setzte der Orléans an, aber Johanna fiel ein, ehe er enden konnte:

«Der Rat Gottes, unseres Herrn, ist weiser und sicherer als der Eure.»

Keiner kam ihm zu Hilfe, so musste er erklären, es sei unter Kundigen ausgemachte Sache, dass ein so großer Transport nur bewerkstelligt werden könne, wenn man am südlichen Ufer des Flusses an Orléans vorbeiziehe und vom Osten her versuche, die Stadt zu erreichen, dort stehe nur ein einziges Fort der Godons. Freilich müsse man nun bis zur nächsten Brücke weiterziehen, nach Chécy, drei Meilen ostwärts.

«Unsere Wagen haben abgeschirrt. Die Tiere brauchen Rast.»

«Lasst den Tross morgen nachkommen, Jungfrau Johanna. Ich habe ein Boot, setzt mit mir nach der Stadt über, ich bitte Euch!»

«Ich ziehe nur mit dem Tross in Orléans ein.»

Auf des Bastards Stirne erschien der Schweiß in feinen Tropfen. La Hire gönnte sich einen Schluck aus seiner Feldflasche, er reichte sie gutmütig dem Orléans. «Da, trinkt. Wenn sie nicht will, ist nichts zu machen.»

Doch der Bastard hatte keine Lust zu trinken und keinen Mut, ohne das Mädchen, dessen man endlich habhaft geworden, in seine Stadt zurückzukehren. «Dann segelt mit mir nach Chécy voraus», bat er.

Es schien, als habe er Glück. «Gut, gebt Befehl, dass man segelt.»

«Auf der Stelle?»

«Ja, in Gottes Namen.»

«Jungfrau Johanna, Ihr seht, der Wind bläst von Osten! Es ist nicht daran zu denken, stromaufwärts nach Osten zu segeln, solange er bläst. Und heute Nacht ist keine Hoffnung, dass er sich dreht, gegen Morgen vielleicht –»

Zum ersten Male lächelte sie, ganz unerwartet sanft, das Gesicht, das aus dem offenen Visier sich dem Orléans zuwandte, wurde bezaubernd mädchenhaft. «Wartet noch ein wenig, der Wind wird sich drehen. Setzt Euch, edler Herr.»

Eine Fichte schützte zur Not vor Regen und Sturm, auf Baumstümpfen ließ man sich nieder. Ob die armen Bürger von Orléans schon großen Hunger hätten, wollte Johanna wissen, die Männer aber erkundigten sich nach dem neuesten Stand der englischen Befestigungen, vor allem auch über das Gerücht, dass der gefürchtete Fastolf mit neuen Verstärkungen anrücke.

Keine Stunde mochte vergangen sein, da hob einer der Männer den Kopf. «Überzeugt Euch, Bastard, der Wind hat sich gedreht!»

Alle sprangen auf, so schnell ihre Rüstungen es gestatteten, Johanna als Letzte. Sie nickte nur flüchtig. «Gebt Befehl, dass wir segeln.»

Der Orléans sah zum Himmel, prüfte den Wind mit ausgestreckter Hand, dann beugte er den Kopf. «Verzeiht, Ihr habt Recht gehabt, nicht ich.»

Die Jungfrau habe ein Wunder gewirkt, der Wind gehorche ihrem Befehl, rief es durchs Lager, obwohl gerade diese Vorhersage nichts anderes bedeuten mochte als Johannas instinktive Verbindung mit den Elementen.

Man erhob sich, dem Tross wurde Befehl gegeben, nach Chécy weiterzuziehen, sobald die Rast für die Tiere es erlaubte, dort werde Johanna den Transport erwarten. Und dann stand La Hire entschlossenen Gesichts vor dem Mädchen.

«Zieht hin in Frieden, Johanna, Gaucourt und ich reiten nach Blois zurück. Wir bringen Euch das Heer.» Sie trauten dem Versprechen ihres Königs nicht. Johanna war in guter Hut, jetzt musste man an das Heer denken.

Zu der Männer gutem Glück hatte Johanna dieses Mal nichts dagegen. Der Bastard landete mit ihr schon gegen Mitternacht in Chécy.

Sie wurde im Hause eines Herrn von Cailly untergebracht, bis zu diesem Tage hatte sie den Mann nie gesehen. Des Morgens früh, als sie aus ihrem Zimmer trat, stand der Hausherr vor ihr. «Wenn Ihr erlaubt, Jungfrau Johanna, möchte ich mit Euch reiten.»

«Nach Orléans?»

«Wohin immer Ihr befehlt. Heute Nacht sind mir drei Erzengel erschienen, sie standen Euch zur Seite.»

Er hielt Wort. Zwei Monate später erhielt Guy de Cailly einen schwungvoll verfassten Brief seines Königs. Er durfte sich von nun an drei geflügelte Köpfe «höherer Engel in flammendem Schein» ins Wappen setzen, weil er in jener Nacht «geglaubt habe, diese zu sehen». Es ist, als werde in Johannas Nähe die Luft durchsichtig für jene Menschen, denen die Nächte noch nicht unbarmherzig verdunkelt waren, und es gab damals weit mehr solcher Menschen, als heute angenommen wird. Der Wappen-Brief Karls des Siebten ist in einer Abschrift aus dem 16. Jahrhundert auf uns gekommen.

Sankt Michael

Bis zum Nachmittag des folgenden Tages war der gesamte Tross mit allem Schlachtvieh an der Brücke von Chécy angelangt. Man müsse warten, bis die Dunkelheit hereinbreche, erklärte Johann von Orléans. Auch wenn vor dieser Ostseite nur ein einziges Befestigungswerk im Wege stehe, sei keinesfalls zu wagen, solch kostbaren Nachschub bei hellem Tageslicht heranzuführen. Man schrieb den 30. April, nicht vor neun Uhr abends würde es dunkel sein.

Johanna hatte die Gewohnheit, das ist aus vielen Fragen und späteren Verhören zu entnehmen, sich dreimal des Tages «ins Gebet zu versenken», und offensichtlich scheint sich die Inspiration jedes Mal eingestellt zu haben. Danach gab sie in nüchternen Worten an, was zu tun oder zu lassen sei. Als die Sonne hoch im Westen stand, bestieg sie ihr weißes Pferd, die Standarte in der Hand, und befahl Aufbruch. Fünfzig Männer ordneten sich ein, und der Bastard von Orléans fügte sich, ganz gewiss mit bangender Seele. Er wusste, dass von diesem Gelingen nicht nur der Nachschub, sondern die Entsendung des Heeres und somit die Befreiung Orléans abhing. Doch tatsächlich schienen die Engländer zu schlafen. Um acht Uhr abends schloss sich das Osttor der Stadt hinter Reitern und Rindern.

Schritt für Schritt musste Johanna durch die Straßen reiten, Männer, Frauen, Söldner, dreißigtausend Einwohner wollten das Mädchen sehen, man freute sich «als wenn Gott niedergestiegen wäre». «Lasst mich Euern Mantel berühren, Euere Hand, Euer Pferd!»

Es begann zu dunkeln. Die Bürger hatten Fackeln angezündet,

um alles genau zu sehen, ein Bürger hielt die seine so dicht vor Johannas Visier, dass die Flamme an ihrer Standarte hochzüngelte. Schon fing sie zu brennen an.

Einen kurzen Augenblick wich die Menge entsetzt zurück, Johanna gab ihrem Pferd die Sporen, schwenkte die Standarte nach rechts und links. Das Feuer verlöschte. Unversehrt sah man die gemalten Insignien: den Vatergott über dem Regenbogen, zwei Engel an seiner Seite, die Inschrift JESUS MARIA und die Lilien von Frankreich. «Kein alter Kriegsmann hätte das besser machen können», bewunderten die Söldner.

In der «Großen Straße», im Hause von Herrn Boucher, dem Schatzmeister des gefangenen Herzogs von Orléans, war eine Unterkunft für das Mädchen bereitet, das Abendbrot wartete schon auf dem Tisch, und die Schatzmeisterin bat unter vielen Entschuldigungen, vorlieb zu nehmen mit dem Geringen, das sie biete, aber so sei es eben in einer belagerten Stadt, man habe kaum Braten und Fett, von besseren Dingen ganz zu schweigen. Johanna nahm, zu ihrem großen Kummer, nicht einmal das Beste, was gerichtet war, sie goss Wasser in den Becher Wein, tauchte zwei Stück Brot ins Getränk und wollte schlafen gehen.

Frau Boucher, eine Erbin aus altem Patriziergeschlecht, ließ es sich nicht nehmen, Johanna selbst beim Ablegen der Rüstung zu helfen. «Dass Ihr das aushalten könnt», staunte sie, «so viel Eisen auf dem Leib, ich würde daran sterben.» Die biedere Frau ahnte nicht, dass Johanna sechs Tage und Nächte durchhalten konnte, ohne ein einziges Stück der Rüstung abzulegen, eine Leistung, die alle Waffengefährten verwunderte. Die Schatzmeisterin klagte, dass ihr Leben mehr Hölle als Fegfeuer zu nennen sei, die Männer verstünden dies nicht so recht, sonst hätten sie längst Schluss gemacht. «Aber die großen Herren, seht Ihr, die leben von dem, was wir Bürger bezahlen müssen. Freilich ist auch der König ein armer Mann; stimmt es, dass er die Wiege für sein jüngstes Kind hat borgen müssen? Und dass die Köche ihm das Geld vorstrecken für die Tafel? Man sagt uns, er und die Königin essen nur Schafsschwänze. Freilich, wir haben nicht einmal das. Denkt Euch, keine Zicklein zu Ostern, keinen Salat, wo wir doch flussabwärts so schöne Gärten hatten. Unser Salat war berühmt, Ihr könnt überall fragen –»

Johanna hatte nie viel geredet, aber heute Abend war sie noch schweigsamer als sonst. Die Schatzmeisterin merkte es kaum, hingegeben an den Fluss ihrer eigenen Rede. Erst als das schwierige Werk vollendet war, die letzte Schiene von den Gliedmaßen zu lösen, antwortete Johanna. «Tröstet Euch, Frau Boucher, die Belagerung hat bald ein Ende.»

Die Schatzmeisterin hob ein strahlendes Gesicht. «Gott gebe es. Und jetzt gute Nacht, Jungfrau Johanna. Es macht Euch doch nichts aus, mit unserer Charlotte das Bett zu teilen? Das Kind rührt sich nicht im Schlaf, und wir haben nur zwei Betten. In dem andern schlafe ich mit meinem Mann.»

Was Johanna geträumt oder gedacht haben mag unter den Dächern der Stadt, deren Namen sie fortan tragen sollte? Das kleine Mädchen Charlotte schlief, und sie selbst hat eine Hälfte ihres Lebens, ja die größere Hälfte, nie preisgegeben.

Tags darauf beriet der Bastard von Orléans mit den Seinen. Heute Nacht noch wolle er nach Blois reiten, um zur Eile zu treiben, nur mit dem Heer komme er zurück. Seine Räte waren einverstanden, niemand traute dem König, der die Stadt sechs Monate hatte warten lassen. Wenn auch die Feldhauptleute ihr Wort verpfändet hatten,– waren da nicht genügend andere Ratgeber, denen Karl sein Ohr lieh?

«Sechshundert turnesische Pfund sind im Schatz, damit werdet ihr inzwischen reichen. Wenn alles gut geht, bin ich mit dem Heer in vier Tagen bei euch.»

Da war nur einer, der Sieur de Gamaches, dem etwas missfiel. «Wollt Ihr die Stadt allein lassen mit all den Godons vor den Mauern?», fragte er seinen Befehlshaber.

«Nein, die Jungfrau bleibt bei euch.»

«Wie, einem albernen kleinen Frauenzimmer von niedriger Geburt sollen wir gehorchen?», gab Gamaches zornrot zurück.

Johann von Orléans seufzte. Es war nicht leicht gewesen, Johanna zu überreden, dass sie nicht mitreiten, sondern in der Stadt bleiben müsse, sozusagen als Unterpfand der Rettung. Und das Mädchen, als es sah, dass keine Stunde verging, ohne dass man nach ihr fragte, sie sehen und sprechen wollte, hatte schließlich nachgegeben. Nun machten die eigenen Leute Schwierigkeiten.

«Gamaches, sie ist kein albernes kleines Mädchen, in Blois hat ein Heer unter ihrem Befehl gestanden –»

«Ich aber bin ein Ritter und gehorche nur einem adligen Herrn, keiner Jungfer, die früher Gott weiß was war.»

Zu allem Unglück klopfte es an die Tür und Johanna trat ein, sie trug heute ein grün-rotes Wams, die Farben von Orléans. Der Bastard verneigte sich tief.

«Eben habe ich den Herren mitgeteilt, dass ich nach Blois reite und Ihr in der Stadt bleibt. Ich will sicher sein, dass das Heer –»

«Das Heer wird kommen, darüber macht Euch keine Sorgen.» Das Mädchen sprach so sicher, dass die Männer in der Runde befriedigt nickten, nur der Sieur de Gamaches murrte noch einmal auf.

«Schweigt», herrschte der Orléans ihn an, «bittet die Jungfrau um Entschuldigung.»

Gamaches beugte, so schwer es ihm fiel, ein Knie, das Mädchen hob ihn auf, sie umarmten sich wie befohlen, doch war deutlich zu sehen, dass sie beide es nicht mit großer Freude taten. Und in der Nacht ritt der Oberbefehlshaber von Orléans nach Blois.

Johanna war zum ersten Mal, seit sie eine Rüstung trug, ihre eigene Herrin. Zwar folgten ihr, wo sie ritt und ging und stand, bewundernde, neugierige, mitteilsame Menschen, doch ging sie wie eine Bürgersfrau, gefolgt nur von ihrem Pagen Jules, zur Messe und kehrte danach in das Haus des Schatzmeisters zurück. Nachmittags erklärte sie, das Osttor sei zu öffnen, sie müsse hinausreiten und die Befestigungen der Godons besichtigen. Natürlich blieb sie nicht allein, ein bunter Haufen folgte, nach langen Monaten sahen auch die Bürger ihre Stadt von außerhalb der Mauern. In der Nähe der Jungfrau musste man sicher sein, wäre sie sonst von Gott erwählt? Vielleicht war die kleine Schar für die Engländer nicht wichtig genug, jedenfalls kehrte man unbehelligt um, als das Mädchen erklärte, sie habe alles gesehen was wichtig sei.

Dann kam das schwierige Werk des Diktierens. Ihr eigener Schreiber war zwar mit dem Bastard nach Blois geritten, Paquerel, der Augustinermönch, den Erzbischof Reginald für das Amt des geistlichen Beraters der Jungfrau empfohlen hatte, aber in einer Stadt ließen sich leicht Schreiber finden. Der Brief war kurz, er besagte, dass die Engländer sofort ihre Belagerung aufgeben sollten, sonst würde sie einen Sturm loslassen, dass ihnen nur der Rückzug bliebe. Sie unterschrieb mit «JEHANNE», dem einzigen Wort, das sie schreiben konnte, und zwei Herolde wurden beauftragt, den Brief dem englischen Oberbefehlshaber Lord Suffolk zu überbringen. Der eine Herold, Guienne, wurde in Eisen gelegt, man sagte ihm, er werde als Bote einer Hexe verbrannt, doch kamen den Belagerern glücklicherweise Gewissensbisse, so dass Boten an die Universität Paris geschickt wurden, ob solches angängig sei, und bevor die Antwort eintraf, hatten die Dinge sich gründlich geändert. Der zweite Bote hatte mehr Glück, er kam zurück und musste bestellen, Johanna möge nach Hause gehen und Kühe hüten, sonst werde man auch sie verbrennen. Die englischen Ritter seien vor Zorn außer sich gewesen, berichtete er.

«Wenn Sufford von Gott verlassen ist, muss ich es mit Classidas versuchen», meinte Johanna. Sufford hieß eigentlich Suffolk und Classidas Glasdale, die Franzosen aber tauften alle Godons um, man konnte ihre Namen nicht aussprechen, ohne sie ein wenig zu verschönern.

Vor der fünfhundertköpfigen Besatzung des englischen Forts La Tourelle stand im Abendlicht eine kleine Gestalt in schimmernder Rüstung auf Bogenschussweite vor dem geöffneten Südtor und der zerstörten Brücke, sie rief so laut, dass jene, die französisch konnten, sie verstanden: «Ergebt euch, Engländer, bevor es zu spät ist!»

Die Engländer hatten eben zu Abend gegessen und waren mehr zu Scherz als Zorn geneigt. Glasdale, der Kommandant des Forts La Tourelle, schaute persönlich durch eines der Schießlöcher. «Schade, dass wir sie heute Abend nicht bei uns haben können, bei Gott, sie wäre morgen keine Jungfrau mehr», sagte er zu den Seinen.

«Classidas! Die Zeit der Engländer vor Orléans ist vorbei. Ihr selbst werdet sterben, wenn Ihr nicht abzieht. Ich habe Mitleid mit euch allen», rief Johanna.

Dröhnendes Gelächter im Fort. Und zu den Schusslöchern rief es hinaus: «Kuhhirtin! Milchmädchen! Braten werden wir dich, kleine Hure!»

«Ihr lügt!», rief Johanna zurück, dann wandte sie sich, und das Tor wurde hinter ihr geschlossen.

Den Bürgern fiel ein Stein vom Herzen. Gott hatte den Godons die Hände gelähmt, wenn auch nicht die ruchlosen Mäuler, sonst hätte Johanna, es war nicht auszudenken, von einem Pfeil getroffen werden können, ganz allein wegen ihres mitleidigen Herzens. Gewiss, im Evangelium hieß es, man solle seine Feinde lieben, aber in ganz Orléans war keiner, der die Godons bemitleidete, und wenn sie alle sterben mussten. Warum waren sie nach Frankreich gekommen, warum gingen sie nicht in ihr Land zurück?

Dennoch war es anders, als die Franzosen dachten. Nicht nur Herrschsucht und Beutegier, nicht nur die Früchte von achtzig schweren Kriegsjahren hielten die Engländer in Frankreich fest. Sie liebten dieses Land, wie die Deutschen das ganze Mittelalter hindurch Italien liebten und um dessen Boden bluteten. Väter und Großväter hatten in Frankreich geheiratet oder den Tod gefunden, ein Teil der englischen Sprache stammte aus normannischem Idiom. Wie deutsche Könige in Italien aufwuchsen, irgendwo geboren wurden zwischen den Alpen und Sizilien, so war für englische Könige die französische Erde Wiege und Heimat. Die Normannen hatten, ehe sie die britannische Insel eroberten, im Lande an der Seine säen und Häuser bauen, regieren und zum Christengott beten gelernt. Hin- und herüber segelten sie durch sechs Jahrhunderte, der Kanal war ein Graben, der sich leichter überqueren ließ als die Alpenpässe. Dass eine neue Zeit anbrach, auch für die Engländer, dass ihre Lehrzeit auf dem Festland ablief, konnte noch niemand erkennen. Auch nicht Jeanne d'Arc. Wenn sie handelte, geschah es für Frankreich, erst spätere Zeiten konnten verstehen, dass sie es im Dienste eines Engels tat, der über allen Völkern steht.

Tag und Nacht hielten die Wächter Ausschau vom Glockenturm der Kirche von St. Pierre Empont und den Zinnen des Turmes von St. Paul. Wann kam das königliche Heer? Seit drei Tagen war Johanna in der Stadt, wenn alles nach Wunsch ging, konnte es morgen gesichtet werden.

Am 4. Mai, noch in der Dämmerung, wurde das ganze Haus des Schatzmeisters durch lautes Klopfen am Haustor geweckt. Das Heer ziehe heran, schon sehe man die ersten Reiter. Johanna brauchte nicht erst geweckt zu werden, sie war auf den Beinen, ehe die Schatzmeisterin in die Kleider schlüpfte. In jedem Haus wurde Licht gemacht, und als Johanna ihr Pferd bestieg, um dem Heer entgegenzureiten, folgten ihr fünfhundert Berittene. Dem Bastard mochten die Haare zu Berge stehen, so weit dies unter dem Harnisch möglich war, als er ihre Standarte im aufgehenden Licht auf freiem Felde gewahrte. Wenn die Engländer einen Ausfall machten, was dann? Seit Menschengedenken war man keiner offenen Feldschlacht mehr gewachsen. Schon begann es zu tagen. Zum Überfluss stimmten die königlichen Söldner einen Choral an.

Doch es ging alles gut, die Engländer rührten sich nicht, bis Johanna und das gesamte Heer des Königs, bestehend aus dreitausend Mann, von den Mauern von Orléans aufgenommen war. Die Jungfrau habe die Godons in Schreck versetzt, dass sie sich nicht rühren konnten, erzählten sich die Söldner.

Es gab für alle Hände zu tun, bis jedermann versorgt, untergebracht und gesättigt war. Die Schatzmeisterin trug eine dampfende Suppe auf den Tisch und rief durchs Haus, dass das Essen fertig sei, als drunten die Haustüre ging und der Bastard in eigener Person die Treppe heraufkam, eilenden Schrittes und gegen seine Gewohnheit erregt. Er müsse die Jungfrau sprechen, sofort.

«Ach Gott, edler Herr, hat es nicht Zeit, bis wir gegessen haben?»

Johann von Orléans schob Madame Boucher beiseite und stürmte durch die Tür, die Louis de Comtes vor ihm öffnete. «Jungfrau Johanna, Fastolf rückt mit einem Heer heran, einen Tagmarsch weit steht er vor der Stadt, in Yinville, man schätzt sechstausend Mann!»

«Es ist gut», nickte Johanna.

«Es ist Fastolf, versteht Ihr, der uns bei Rouvray geschlagen hat, mit Fastolfs Heer können wir uns nicht messen!»

«Bastard von Orléans, ich befehle Euch im Namen Gottes, es mich wissen zu lassen, wenn Fastolf angekommen ist. Wenn Ihr es versäumt, soll es Euch den Kopf kosten.»

Der Oberbefehlshaber starrte das Mädchen an. Das klang, wahrhaftig, als wolle sie sich Fastolf stellen! Nun wusste er, was zu geschehen hatte. Johanna verstand nicht. Wie sollte sie auch? Er musste auf eigene Verantwortung handeln, jeden Ausfall verbieten, sich der Tore versichern … Eilends, wie er gekommen war, verließ er das Haus.

Johanna war seit drei Uhr morgens auf den Beinen. Sie aß von den Speisen der Schatzmeisterin, zerstreut und eilig, dann zog sie sich auf ihr Zimmer zurück und streckte sich auf ihr Lager. Frau Boucher legte sich neben sie, sobald der Tisch abgeräumt war, auch d'Aulon, der Stallmeister, warf sich auf seinen Strohsack, er war mit dem Heer von Blois gekommen und die Nacht durchgeritten. Die Speisen der Frau Boucher hatten ihm eine wohlige Wärme verursacht, die angenehmen Schlaf versprach. Er musste eben eingenickt sein, da fuhr er hoch. Zum Henker, wer polterte nebenan? Blinzelnd sah er auf. Johanna stand vor ihm mit geröteten Wangen.

«Mein Gott, meine Berater sagen, ich solle gegen die Engländer reiten, aber ich weiß nicht, ob gegen die Befestigungen oder gegen Fastolf.»

D'Aulon musste den Schlaf abschütteln, so schwer es auch fiel. Johanna rief nach ihrer Rüstung, die Schatzmeisterin nestelte an den Scharnieren.

«Wo bleiben sie, deren Pflicht es ist, mich zu verständigen? Schnell ... Das Blut der Unseren rötet die Erde ... Beim Fort St. Loup ist eine Schlacht im Gang.»

Lärm scholl von der Straße herauf. «Die Feinde! Sie kämpfen vor unseren Toren ... Die Unsern fallen wie Korn.»

Louis de Comtes stürzte ins Zimmer und rief mit seiner Knabenstimme: «Wo ist meine Herrin?»

«Ha, verflixter Junge, du hast mir nicht gesagt, dass französisches Blut fließt!» Johanna eilte die Treppe hinunter, so schnell es ging, und Louis sauste ihr auf die Straße nach.

«Mein Pferd, schnell!» Louis jagte wie der Wind um die Ecke und brachte das Ross, Johanna saß auf.

«Meine Standarte!» Louis musste ins Haus zurück und als er die Standarte fand, rief die Herrin von der Straße herauf, er solle sie ihr durchs Fenster reichen. Dann hörte er nur noch Hufschlag, der sich in der Richtung verlor, von wo der Lärm am stärksten herüberdrang. Mit offenem Munde blieb er am Fenster stehen, Funken hatten aus dem Pflaster gestoben unter den Hufen der Jungfrau und, mein Gott, noch nie war sie so erregt gewesen.

«Geschwind, reit ihr nach», schalt die Schatzmeisterin hinter ihm, und jetzt erst wusste er, was seine Pflicht war. Er kam grade noch zurecht, wie die Jungfrau aus dem Tor hinausritt. Vor St. Loup, der einzigen Festung, die den Osten verlegte, war tatsächlich eine Schlacht im Gang, lauter Jubel brauste auf, als die Jungfrau erschien.

St. Loup wurde im Sturm genommen, aus dem Holzwerk schlugen die Flammen, hundertvierzig Godons wurden niedergemacht, vierzig gefangen und nur wenige entkamen in die nahe Kirche und kletterten in die Glockentürme.

Das erste Fort war zerstört. Man wischte sich den Schweiß von den Gesichtern, sah sich an und lachte. Es gab nur wenige Verwundete unter den Franzosen. Wer hätte gedacht, dass alles so leicht ging? Freilich, mit der Jungfrau … Aber wo ist sie?

Es dauerte eine Weile, bis man das Mädchen fand. An ihr Pferd gelehnt stand sie und weinte! «Mit all ihren Sünden sind sie gestorben, und ich bin schuld.»

Verlegene Gesichter, man stieß sich mit den Ellenbogen an. Was tun, um sie zu trösten?

«Herr Paquerel soll kommen, ich muss meine Sünden beichten, ihr alle müsst es tun.»

Beichten? Einer lachte dröhnend, und die anderen fielen ein, Männer, die im Krieg geboren und im Kriege erwachsen waren, Männer, die töteten, seit sie Waffen tragen konnten!

«Dann gehe ich von euch weg, für immer.»

Das Lachen verstummte jäh. «Nein, Johanna, bleibt bei uns, verlasst uns nicht!», Rauhe Stimmen versprachen alles, was sie verlangte. Schon läuteten die Glocken in den Maiabend, Pferde wieherten und durstige Kehlen freuten sich auf den Umtrunk. Johanna aber kniete vor Paquerel, dem Augustiner, und bekannte sich schluchzend schuldig an der Tat, dass in diesem Augenblick Engländer, die sie Feinde nannte, unvorbereitet vor Gottes Antlitz traten. Paquerel machte das Kreuz über ihr, – aber wenn auch Gott verzieh, die Befehlshaber taten es noch lange nicht.

«Der Angriff ist gegen unsern Befehl geschehen. Talbot rückte bereits aus dem Nordfort aus, um St. Loup zu Hilfe zu kommen», schalt der Bastard.

«Aber er ist umgekehrt, als er uns sah!», grinste La Hire.

«Dennoch, wenn Fastolfs Truppen angerückt wären … Und Ihr, Jungfrau Johanna, habt Euch der Gefahr ausgesetzt. Ihr fordert Gott heraus!»

Der Orléans bändigte nur mühsam seinen Zorn. Selbst Alençon, der zum Kampf zu spät gekommen war, stand verlegen dabei, die

Worte gingen ihm aus vor Angst um Johannas Leben. War es je vorgekommen, dass ein Weib im Handgemenge erschien wie ein Mann? Gewiss, sie hatte ihr Schwert nicht aus der Scheide gezogen, aber sie hatte angeführt, und war nicht ihre Standarte die beste Zielscheibe, die sich denken ließ?

«Versprecht, dass Ihr morgen nichts unternehmt.»

«Ja, morgen ist Himmelfahrt.»

Wenigstens für einen Tag war man sicher und inzwischen musste sich Rat finden. Johann von Orléans bat die Feldhauptleute und höchsten Stadträte zu geheimer Besprechung in das Haus des herzoglichen Kanzlers in der Rosenstraße.

«Da nun St. Loup erstürmt wurde, wenn auch ohne unsern Befehl, schlage ich vor, dass wir St. Laurent im Westen angreifen, ehe Fastolf anrückt. Doch soll es lediglich ein Scheinangriff sein, um die dortigen Kräfte in Schach zu halten. Unter dieser Deckung werden wir die beiden Bastionen im Süden überfallen.»

«Einverstanden. Aber was wird mit der Jungfrau?»

«Wir wollen ihr nur von dem Scheinangriff auf St. Laurent sagen, das andere bleibt unter uns.»

«Ganz recht», bekräftigte Raoul de Gaucourt und fügte hinzu, mit der Schwatzhaftigkeit der Frauen müsse man immer rechnen.

«Nicht nur deshalb. Die Jungfrau soll sich nicht in Gefahr begeben und den Kampf uns Männern überlassen.»

La Hire brummte, was die Jungfrau heute fertig gebracht habe, werde morgen wohl auch ihm und den anderen allein gelingen, der Herr von Gamaches fand, der Befehlshaber sei endlich von Gott mit Vernunft gesegnet worden und entscheide wie ein Mann, und die Stadträte sagten, der Krieg sei Angelegenheit der Feldhauptleute, somit seien auch sie einverstanden. Da war nur noch Gilles de Rais, der schwieg.

«Und Ihr, Gilles?», fragte der Bastard, gut gelaunt ob der Einstimmigkeit der Versammlung.

Gilles blies ein Stäubchen, wie es schien, von dem Ärmel seines

Wamses. «Mir soll es recht sein, wenn Johanna nicht Eure Lüge durchschaut.»

Ein Ritter mit Namen Loré wurde ins Haus des Schatzmeisters gesandt, um Johanna in aller Form zu bitten, vor dem Kriegsrat zu erscheinen. Sie kam und brachte nicht die beste Laune mit. Erregt stand sie vor den Männern, indes Cousinot, der Hausherr, in wohlerwogener Rede auseinandersetzte, die Herren hätten beschlossen, morgen die Festung St. Laurent anzugreifen, weil diese zur Erstürmung am geeignetsten sei.

«Sagt mir doch, was ihr in Wirklichkeit beschlossen habt. Glaubt ihr, ich kann nicht größere Geheimnisse hüten als eure?»

Peinliche Stille. Füße wechselten ihre Stellung, und Kehlen, die es nicht nötig hatten, räusperten sich. Niemand sah das triumphierende Lächeln um Gilles' spöttische Lippen.

Johann von Orléans fasste sich. «Seid nicht böse, Jungfrau Johanna. Wir konnten nicht gleich alles auf einmal sagen. Was Cousinot berichtet hat, stimmt. Aber wir haben auch vereinbart, zu gleicher Zeit auf der Südseite so viel Schaden anzurichten als möglich. Wir halten diesen Plan aus vielerlei Gründen für gut und zweckmäßig.»

«Sehr wohl», bekräftigten Männerstimmen. Verflucht, die List war missglückt, man musste sehen, wie man sich aus der Schlinge zog und dennoch die Sache in der Hand behielt.

«Ich habe weit Wirksameres vor», sagte Johanna geheimnisvoll. «Und jetzt kann ich wohl wieder gehen?»

Sie sprangen auf und drängten sich, die Tür für sie zu halten, Grauköpfige und Hellhaarige, Misstrauische und Gläubige.

«Bevor fünf Tage um sind, wird Orléans befreit sein», sagte sie, schon an der Tür. Das war am Mittwoch, dem 4. Mai 1499.

Im Hause Boucher musste Paquerel noch einmal einen Brief an die Godons schreiben, die «kein Recht hatten, in diesem Königreich Frankreich zu sein». Es sei ihr dritter und letzter Brief, stand zu lesen. Eine Nachschrift folgte – Johanna blieb eine Frau trotz allem –: Gern hätte sie den Brief auf ehrenvollere Weise übersandt, aber ihr Herold Guienne sei das letzte Mal zurückbehalten worden. «Bitte sendet ihn mir zurück und ich will euch einige eurer Leute freigeben, die wir bei St. Loup gefangen haben. Nicht alle sind tot.»

Sie band einen Faden an einen Pfeil, befestigte den Brief daran, und dann musste ein Schütze ihn ins Brückenfort Tourelle hinüberschießen. Johanna stand am geöffneten Südtor neben ihm. «Lest, hier kommen Neuigkeiten», rief sie hinüber ins Fort.

«Neuigkeiten von der Hure der Franzosen!», tönte es zurück.

Als Johanna danach heimwärts ging, sah der Schütze, dass Tränen über ihre Wangen liefen. «Gott ist mein Zeuge», sagte sie. Paquerel glaubte trösten zu müssen.

«Macht Euch nichts daraus, Jungfrau Johanna.»

Aber nun kam es ganz zuversichtlich zurück: «Gott hat mich getröstet.»

Paquerel merkte sich jedes Wort, sicherlich wollte Erzbischof Reginald späterhin genauen Bericht haben. Paquerel verstand vieles nicht, sicher aber war, dass Johannas Seele, wenn sie traurig war, aus jener andern Welt getröstet wurde, über die er nichts erfuhr. Sie beichtete die kleinsten Sünden wie ein Kind: dass sie ärgerlich und ungeduldig geworden sei, bei diesem und jenem es habe an Liebe fehlen lassen; vor St. Loup hatte sie sich mit großer Zerknirschung schuldig am Tode der Godons bekannt, als habe sie eigenhändig getötet. Aber das Rätsel, das hinter ihr stand, täglich, ja stündlich, blieb ihm verschlossen. Er erfüllte seine Pflicht bei Johanna, das war alles. Und wenn er sie beten sah, kroch etwas wie bitterer Neid in sein Herz, er fühlte sich beschämt und überflüssig angesichts ihrer Sicherheit.

Kurz nach Mitternacht vom 6. auf den 7. Mai wurde das ganze Schloss in Tours aus dem Schlaf geweckt. Ein Bote verlangte ungestüm, vor den König gelassen zu werden, der in seinem Nachtgewand, nur von einem Mantel umhüllt, vor den Herren seines Rates erschien, die, ebenfalls aus dem Schlaf geweckt, um rasch entzündete Kerzen saßen.

«Der Bastard von Orléans und Herr von Gaucourt schicken mich,

Sire», meldete der junge Edelmann. «Ich soll berichten, dass der Ausfall nach den westlichen Forts, der nur zum Schein unternommen werden sollte, unterbleiben musste, weil die Jungfrau in aller Frühe zum Osttor hinausritt und zahlreiche Bewaffnete ihr folgten. Eine Bootsbrücke über die Loire ließ sie eilig herstellen. Unterdes stimmten die Engländer auf der andern Seite ein fürchterliches Hurra an, unsere Leute erschraken und wandten sich zur Flucht. Schon schwärmten die Godons aus, Sire, ich war selbst dabei und sah es mit Entsetzen –»

Der Mann fuhr sich mit der Hand über die Stirn, und Karl nickte aus bleichem Gesicht: «Weiter.»

«Da ritt die Jungfrau mitten unter die Fliehenden. ‹In Gottes Namen vorwärts›, rief sie laut. Ich weiß nicht, Sire, wie es kam, ihre weiße Standarte flog wie der Wind, wir alle stürmten ihr nach, im Handumdrehen war das Fort St. Augustin auf dem Südufer genommen. Wer von den Engländern nicht erschlagen wurde, floh zum andern Tor hinaus und rettete sich ins Vorwerk ‹Boulevard›.»

«Und dann?», drängte Trémouille mit gerunzelter Stirn.

«Als ich abgesandt wurde, hielt der Oberbefehlshaber ein Siegesmahl ab, die Bürger brachten ihm ins Freie hinaus ganze Ladungen von Wein und Gebackenem –»

«Und die Jungfrau?»

«Sie war nicht dabei, sie ritt nach Hause, ihr Fuß war in ein Falleisen geraten. Aber, Sire, die Hauptsache, die der Bastard mir aufgetragen hat, ist diese: die Feldhauptleute hielten abends eine Beratung ab und waren sich einig, dass dieser Sieg über St. Augustin nur einem Wunder zugeschrieben werden kann. Gegen eine weitere Befestigung vorzugehen, könne keinesfalls gewagt werden. Da die Stadt nun mit allem versehen ist, sollen die Kampfhandlungen zunächst eingestellt werden.»

«Selbstverständlich», murmelte Trémouille, ohne aufzusehen. «Gut, dass der Orléans seine Vernunft behält.»

Der Edelmann schluckte wie ein Junge, der seine Lektion noch nicht zu Ende gesagt hat. «Es ist nur – die Jungfrau hat eine andere Meinung. ‹Ihr wart also bei euerm Kriegsrat›, sagte sie, ‹und ich inzwischen bei dem meinen. Glaubt mir, mein Rat wird sich bewähren und der eure zuschanden werden.›»

Es war ein mühsames Atmen im Raum, auf Karls blassem Gesicht kämpfte das Licht mit dem Schatten. «Und was ist der Rat der Jungfrau?»

«Dass morgen der Kampf weitergehe. Dass die Brückenbefestigung La Tourelle genommen werden muss.»

Trémouille sprang auf. «Ein volles Dutzend Feldhauptleute wird wohl ein Mädchen daran hindern können, Unsinn zu machen!»

Der junge Edelmann sah scheu von Trémouille zu dem König. «Der Herr von Gaucourt hat geschworen, er werde heute selbst am Stadttor stehen, um zu verhindern, dass auch nur ein Mann die Stadt verlässt.»

«Nun also», sagte Reginald. «Wie ist die Stimmung in der Stadt?»

«Die Bürger umringen das Haus der Jungfrau und rufen zu ihren Fenstern hinauf, sie möge ihnen helfen. Ich selbst habe das Mädchen antworten hören: ‹Im Namen Gottes, ich werde es tun.› Sie hat Herrn Paquerel geheißen, heute noch in der Dämmerung aufzustehen, denn es werde viel zu tun geben, mehr als je, und Blut werde über ihre Schulter fließen.»

«Gaucourt wird auch mit Paquerel noch fertig werden», grinste Trémouille, doch Bischof Reginald überhörte die Bemerkung, er wollte wissen, wie es um die Besatzung des genannten Forts La Tourelle stehe, worauf Trémouille eilig erwiderte, es beherberge etwa 400 Lanzen und 100 Bogner und sei nach der Ansicht aller Kundigen in der Lage, Tausenden von Angreifern viele Wochen hindurch die Stirn zu bieten.

«Ihr haltet es also für Unvernunft, La Tourelle anzugreifen?»

«Für Wahnwitz! Schade um jeden Mann und jeden Sou.» Trémouilles rascher, unguter Blick streifte Karl. «Jedoch – Ihr habt zu befehlen, Sire.»

Karl schwieg und starrte zu Boden, der Hoffnungsschimmer hatte einer trüben Ratlosigkeit Platz gemacht. «Sprecht Ihr, Bischof, darf man ein Wunder wollen oder nicht?»

«Wollen nicht, nur erbitten.»

Trémouille war ans Fenster getreten und sah in die Nacht hinaus. «Es wird Zeit, dass der Bote reitet.»

Nun straffte sich Karl. «Melde dem Bastard von Orléans, dass wir alles tun werden, um Verstärkungen zu schicken. Bis dorthin aber sollen die Kampfhandlungen ruhen, wie er beschlossen hat. Der Jungfrau richte aus: sie möge ihr Leben schonen, für uns, für Frankreich.»

Als die Männer am Hof sich wieder zur Ruhe begaben und der Bote klappernd über das Pflaster von Tours davonritt, krähten die Hähne. Der erste Lichtschein stand im Osten über dem Tag des 7. Mai 1429.

Die Jungfrau Johanna sollte wenigstens frühstücken, meinte väterlich der Schatzmeister Boucher, als das Mädchen, gerüstet wie er selbst, gegen halb sechs Uhr morgens die steile Treppe von ihrem Zimmer niederstieg.

«Ich habe doch gestern zu Abend gegessen.»

«Aber nur so wenig. Und es trifft sich herrlich: man hat mir einen Fisch ins Haus gebracht, gleich wird er fertig sein», rief Frau Boucher aus der Küche.

«Den Fisch werden wir zu Abend essen, wenn wir über die Brücke von La Tourelle eingezogen sind und einen Godon mitbringen, der seinen Teil davon haben soll», lächelte Johanna verheißungsvoll.

Über die Brücke von La Tourelle? Seit 99 Tagen war sie abgebrochen! Boucher widersprach nicht, denn er wollte frühstücken, ganz abgesehen davon, dass man die Rede einer Gottgesandten offenbar nicht wörtlich nehmen konnte.

In der Stadt war alles schon auf den Beinen. Bürger und Kriegsleute drängten sich durch die Straßen. Als Johanna ihr Ross bestieg, ordnete man sich ein und folgte ihr.

«Wohin?»

«Zum Osttor.»

Das Tor war geschlossen. Breitbeinig, das Schwert gezückt, stand Raoul de Gaucourt davor. In dem geöffneten Visier drohten zwei zornige Augen und ein mächtiger Schnurrbart. «Das Tor bleibt geschlossen! Befehl des obersten Kriegsrates!»

Lärm erhob sich in dem bunten Haufen, er schwoll an wie Meeresrauschen im Sturm, Waffen klirrten, Pferde wieherten. «Macht auf! Die Jungfrau will es!»

Johanna ritt dicht an Gaucourt heran. «Ihr seid ein schlimmer Mann. Ob Ihr wollt oder nicht, die Leute werden ausziehen.»

Fäuste und Äxte hoben sich, Gaucourt sah sich vergebens nach Hilfe um, schon war er überrannt, die großen Riegel öffneten sich, das Tor flog auf.

«Wer mich liebt, folgt mir!», rief das Mädchen. Es schlug sieben Uhr, als die Franzosen zu kämpfen begannen um die Wallgräben unter dem Vorwerk «Boulevard». Es gereicht dem Bastard von Orléans und allen Feldhauptleuten zu Ehren, dass sie jetzt, da die Entscheidung getroffen war, vollzählig angeritten kamen. Der Steinbau des Forts hatte zwei Türme und war am südlichen Ende der Brücke, doch auf festem Land errichtet, durch eine Zugbrücke mit La Tourelle verbunden.

Von großen Holzschilden gedeckt, die sie nach Art der Schildkröten auf dem Rücken trugen, sprangen die Franzosen durch den tiefen Graben, legten Leitern an die Befestigungsmauern, kletterten hinauf, obwohl die Engländer mit Beilen und Äxten dreinhieben und flüssiges Blei heruntergossen. Die Steinkugeln hagelten, die Pfeile schwirrten, und die Luft roch schweflig vom Rauch der Geschütze. Zwanzigmal stürmten die Franzosen, «als ob sie sich für unsterblich hielten», aber die Sonne stieg, es wurde Mittag, immer noch hielten sich die Godons auf den Wällen des Vorwerks.

Johanna stand selbst auf einer Leiter, ein Pfeil schwirrte, aus nächster Nähe abgeschossen, gegen ihren Panzer, das Kunstwerk des

Schmiedes von Tours gab nach, das Geschoss durchbohrte das Eisen und verhakte sich im Fleisch über der linken Brust. Sie taumelte.

«Die Hexe! Die Hexe ist getroffen!», johlten die Engländer über ihr. War nicht eine Hexe unschädlich, sobald ihr Blut zu fließen begann? Zwei verwegene Engländer kletterten die Wälle herunter, beugten sich nieder, streckten die Hände nach ihr aus …

Da drängte sich wahrhaftig der Herr von Gamaches, derselbe, der sich nicht von einer Jungfer befehligen lassen wollte, breitbrüstig vor und hieb mit der Streitaxt gegen die frechen Hände. «Nehmt mein Pferd!», schrie er Johanna zu.

Geschickte Fäuste hoben das Mädchen von der Leiter und auf ein Pferd. Im Buschwerk am Ufer nahm der Feldscher den Brustpanzer ab und jetzt erst sah er, dass sie weinte.

«Wir sprechen die Zauberformel, dann hört das Blut gleich auf zu fließen.» Jeder Landsknecht vertraute dem Spruch. Aber Johanna schüttelte heftig den Kopf. Zauber wollte sie keinen, lieber würde sie sterben. Ehe der Feldscher es hindern konnte, fasste sie den Pfeil und riss ihn selbst aus dem Fleisch. Dann durfte der Kundige Olivenöl auf die Wunde träufeln und ein kleines Stück Schweineschmalz obenauf legen. Der Brustpanzer musste wieder angelegt werden, dann bestieg Johanna das Pferd und ritt zurück an die Wälle.

Doch die Sonne neigte sich und sank, immer noch kämpfte man vergebens im Graben des Vorwerks. Die Kräfte erlahmten, es war sieben Uhr abends.

Gaucourt und La Hire riefen dem Bastard zu: «Es ist umsonst, lasst zum Rückzug blasen.»

Der Orléans gab Befehl, die erste Trompete blies durch den klaren Abend. Doch da stand Johanna vor ihm, hob das Visier und sah ihn mit großen Augen an. «Wartet noch eine kleine Weile, ich bitte Euch.»

Ermattete Männer ringsum, die sich Schweiß und Blut von den Gesichtern wischten, und vor ihnen ragten unbeschädigt die beiden Forts. «Die Leute können nicht mehr», sagte der Bastard.

«Ruht euch aus, trinkt und esst», rief Johanna nach rechts und links. Dann stieg sie zu Pferd und Johann von Orléans sah sie landeinwärts reiten, dem Weingarten zu. Er setzte sich nieder, nahm einen Trunk aus der Flasche, nach Westen blickend sah er das goldene Abendrot hinter Zinnen und Türmen. War das der letzte Tag von Orléans?

Er erinnerte sich später, dass «eine kleine Viertelstunde» verging. Von niemandem gesehen, allein und in sich gekehrt, versenkte Johanna sich zwischen den Reben in ihr Gebet. Die unerhörte Willenszucht einer Siebzehnjährigen, sich im entscheidenden Augenblick aus der eigenen Spannung, aus der allgemein einsetzenden Mutlosigkeit und Erschöpfung loszureißen, die Stille von außen zu suchen und die Stille im eigenen Innern herzustellen, aus der allein die Inspiration sich ergeben konnte: ist sie je ganz gewürdigt worden?

Der Schwefeldampf hatte sich verzogen, die Männer lagen, gedeckt durch ihre Rückenschilde, in den Gräben, auch die Engländer schienen Atem zu holen. Da sah der Bastard schärfer ins Abendlicht. Stand nicht die Jungfrau wieder an den Wällen und gab mit ihrer Standarte ein Zeichen? Ein erster sprang auf, die anderen folgten – und wie es dann kam, wusste keiner mehr genau. Nur dass man neuerdings die Leitern hinaufkletterte, die Brüstung erreichte und in die Festung sprang ... Dass die Godons mit Lanzen und Steinen und zuletzt mit den Fäusten kämpften, und schließlich zur entgegengesetzten Seite aus dem Vorwerk flohen, auf die Zugbrücke, die zum Fort La Tourelle führte.

Das Vorwerk «Boulevard» war erstürmt, aber noch stand La Tourelle. Wenn die Godons La Tourelle erreichten, waren sie gerettet.

«Hinüber zur Tourelle!» Man stieß, man balgte sich, Kopf an Kopf, Mann über Mann, Glasdale selbst stand an der Zugbrücke, die Axt in der Hand, um den Rückzug zu decken ...

Festgehalten am südlichen Ausgang, hatte niemand bemerkt, dass von der Seite der Stadt her Menschen über den Fluss kamen,–

obwohl die Brücke zerstört war. Einer hatte vom Südtor her eine Leiter vorgeschoben, und als diese nicht reichte, sie mit einer Dachrinne verlängert. Zu spät sahen die Engländer, dass ein Franzose über die Dachrinne ging wie ein Seiltänzer, dass neue Bretter gelegt und schließlich Feuer an die nördliche Seite der Tourelle gelegt wurde.

«Schießt sie ab!», schrie es in der Tourelle. Da aber geschah das Unerhörte: die Pfeile entfielen den Händen, entgeisterte Augen starrten in den Himmel. Sankt Michael – und um ihn eine Welt von Engeln erschien leuchtend über dem flimmernden Himmel von Orléans. Der Erzengel kämpfte auf der Seite der Franzosen.

«Fort von den Schießscharten! Fort aus der Tourelle!» In wirrer Flucht stürzte es über enge Treppen abwärts auf die Zugbrücke. Die Fliehenden aus dem Vorwerk kamen ihnen Leib an Leib entgegen, vergebens schrie Glasdale zwischen den Eingekeilten.

«Classidas, Classidas!», tönt da, von der Seite des Vorwerks her, eine Mädchenstimme. «Ergebt Euch dem Himmelskönig! Ihr habt mich eine Hure geheißen, aber ich habe Mitleid mit Eurer Seele und den Seelen von euch allen …»

Hat Glasdale noch die Worte gehört? Im nächsten Augenblick brach die Brücke unter ihm zusammen. Ein Brandboot der Franzosen hatte sie von unten her angezündet, gurgelnd schloss sich die Loire über den schweren Rüstungen, über der gesamten Besatzung der Tourelle.

Als neue Bretter über die zerstörte Zugbrücke gelegt waren, zogen die Franzosen in ein menschenleeres Fort ein, und Johanna kam durch das Südtor nach Orléans zurück, wie sie es am Morgen dem Schatzmeister gesagt hatte. Sie trug die Standarte, das Visier war aufgeklappt, und über ihre Wangen flossen Tränen. Sie hatte Orléans retten, aber nicht die Feinde töten wollen.

Sie waren alle tot: Glasdale und seine Hauptleute und die große Mehrzahl der Besatzung aus beiden Festungen. Die wenigen Gefangenen, die am Leben blieben, hatten das Entsetzen in den Augen.

Sankt Michael selbst sei es gewesen, schwuren sie, und alle hätten ihn gesehen.

Durch ganz Orléans sang man das Te Deum so laut, dass es die Glocken sämtlicher Kirchen beinahe übertönte. Dann wurde in allen Kneipen gefeiert – den Schreinern, die geholfen hatten, den Spalt der Brücke zu schließen, wurden aus der Stadtkasse 16 Sous ausbezahlt, damit sie einen festlichen Umtrunk halten konnten, und jeder durchkostete noch einmal seinen Anteil an dem glorreichen Tag.

«Woher habt ihr nur die langen Bretter genommen, um die Brücke zu flicken?», wollte einer wissen.

«Das ist es eben, die Bretter von ganz Orléans wären nicht so viel wert gewesen wie ein faules Ei, hätte ich nicht die alte Regenrinne entdeckt.»

«Eine Regenrinne?»

«Jawohl, die habe ich an das längste Brett genagelt. Und wer hat somit die Tourelle eingenommen? Ohne meine Regenrinne ... Glaubt ihr, man hat uns umsonst 16 Sous ausbezahlt?»

«Prost, Prost!», rief es jubelnd.

An einem andern Tisch hielt Jean d'Aulon, der Stallmeister der Jungfrau, sich für den Helden das Tages.

«Was denkt ihr, was ich getan habe?», fragte er seine Runde. «Als der Rückzugsbefehl kam und dann der Gegenbefehl und die Jungfrau uns zurief, wir sollten ein wenig rasten, sah ich mich um, und die Sache gefiel mir nicht. Wenn wir jetzt zaudern, sage ich mir, fallen die Godons über uns her und hauen uns in Stücke. Da entdecke ich, was glaubt ihr wohl? die Standarte der Jungfrau. Sie hatte sie zurückgelassen, als sie in den Weinberg ritt. Versteht ihr, was ich dachte?»

Schwere Köpfe nickten, sie waren viel zu schwer, um Rätsel zu raten.

«Ich wette, ihr versteht nicht. Auch dort vor dem Boulevard hat niemand verstanden außer mir. Ich also rufe dem Basken zu, der die Standarte der Jungfrau hielt: ‹Kommst du mit mir, wenn ich noch einmal bis an die Mauer vorgehe?› Er sagt ja. Ich steige vom Pferd, springe in den Graben und gehe geradewegs bis an den Wall heran. Aber wie ich mich umdrehe, weil ich von meinem Basken nichts höre – unter dem Schild hört man ja nicht gut – wie ich mich also umsehe, steht der Kerl still, weil jemand versucht, ihm die Standarte zu entreißen. Was glaubt ihr wohl, wer?»

«Hm», machte die Runde stieren Blicks.

«Die Jungfrau selbst! Sie glaubt, dass der Baske überlaufen will, und zerrt an ihrem Banner und will es ihm entwinden. Und die Leute weiter hinten sehen nur, dass die weiße Standarte hin und her schwankt und halten es für ein Zeichen, dass es noch einmal losgeht. Mithin, wenn ich nicht gewesen wäre …»

«Prost», sagten die anderen und d'Aulon ließ sich bescheiden lächelnd zutrinken.

Hat er geprahlt? Wir wissen nur, dass er späterhin darauf schwor, so und nicht anders habe sich der letzte Akt vor dem Boulevard abgespielt.

Der Bastard von Orléans hatte eben jenen Augenblick 21 Jahre später anders in der Erinnerung, und auch er verpfändete sein Ritterwort.

«Als die Jungfrau vom Weinberg zurückkam, ergriff sie ihr Banner und ist mit mir auf die Brüstung des Grabens getreten. Bei ihrem Anblick muss den Engländern das Entsetzen gekommen sein, denn als die Unsern noch einmal gegen die Mauer stürmten, kamen sie hinauf, ohne Widerstand zu finden.»

Es war ein Wunder geschehen, darüber herrschte nur eine Meinung. Aber während das Volk überzeugt war, dass Gott sich nun auch bis zum guten Ende der Stadt annehmen müsse, ergriff die Einsichtigen bald wieder neue Sorge. Gewiss, die Festungen im Osten und Süden waren niedergerungen, der Übergang über die Loire gegen alles Erwarten zurückgewonnen, aber noch standen Engländer im Norden und Westen, verschanzt in acht starken Bastionen. Sie mochten immer noch acht- oder zehntausend Leute zählen. Wenn Talbot mit seinem Verstärkungsheer eintraf und einen Angriff wagte, konnte Gott allein wissen, wie es ausging. Es steht in den Chroniken kein Wort verzeichnet, dass die Befehlshaber an diesem Abend mit den Schreinern und Spenglern und Bäckern feierten. Gewiss ist nur, dass Johanna ins Haus des Schatzmeisters zurückging, dass ihre Schulterwunde verbunden wurde und sie vier oder fünf Stück Brot aß, die sie in gewässerten Wein tauchte. Das war alles, was sie nach dreizehnstündigem Kampf benötigte.

Der Morgen des 8. Mai, der strahlend über den sprossenden Feldern heraufzog, gab den ängstlichen Gemütern Recht: ein englisches Heer stand in voller Schlachtordnung im Westen der Stadt. Unsanft wurde der Schlaf derer unterbrochen, die gestern gedacht hatten, es gehe nichts über einen guten Schoppen nach siegreichem Handgemenge.

«Die Engländer! Talbot stellt sich!»

«Endlich werden wir ihnen heimleuchten!», jubelten Söldner und Bürger und drängten zum Westtor. Geräuschvoll verlangten sie, dass man es öffne. Aber die Feldhauptleute zögerten, sichtlich waren die Besatzungen sämtlicher acht Bastionen angetreten, und keiner hatte den Mut, mit ihnen eine Feldschlacht zu beginnen. Seit die Söhne, die Väter, die Großväter sich erinnern konnten, waren Franzosen unterlegen, wenn Engländer sich auf freiem Felde stellten.

«Die Jungfrau! Wo ist die Jungfrau!», rief es durch die Stadt.

In leichtem Kettenhemd kam sie angeritten, Fieber und Frost jagten durch ihren verwundeten Körper, die Rüstung war zu schwer gewesen für die angeschwollene Schulter. Jubelnd wurde sie empfangen. «Ihr nach!»

Doch heute war sie anderer Meinung. Es sei Sonntag, sagte sie, und das Fest der Erscheinung des Erzengels Michael. Zuerst müsse man eine Messe hören. «Nur wenn die Engländer angreifen, verteidigt euch. Wenn nicht, fangt keinen Kampf an.»

Das Tor wurde geöffnet, alle Waffenfähigen zogen in die Felder hinaus, dann mussten die Leute Halt machen und in Reih und Glied stillestehen. Auf Geheiß der Jungfrau wurde ein Marmorblock gebracht und auf einen Tisch gelegt, der ebenfalls aus der Stadt geholt werden musste. Im Angesicht des ordnungsgemäß aufgestellten englischen Heeres wurden zwei Messen gelesen, vom ersten Ritter bis zum letzten Bürger waren alle anwesend – wie weit allerdings ihre Geister sich auf die hohen Worte besannen, die ihre Lippen sprachen, bleibt menschlicherweise zu bezweifeln. Erst als das letzte Deo gratias verhallt war, wandte Johanna sich an einen Nachbarn.

«Könnt ihr sehen, ob uns die Godons Gesicht oder Rücken zukehren?»

«Rücken! Sie ziehen ab!»

Sie nickte. «Gott will nicht, dass wir heute kämpfen. Lasst sie gehen. Ihr werdet sie ein andermal stellen.»

Der hohe Festtag sollte nicht durch eine Schlacht entweiht werden. Erst spätere Historiker haben gemeint, damals hätte Johanna Paris erobern können, und dieses sei einer ihrer strategischen Fehler gewesen. Doch sind Historiker in der Regel keine Strategen. Wieweit die Männer damals murrten oder schwiegen, erfahren wir nicht, auf alle Fälle gehorchten sie. Und so zogen die Engländer sieben Monate, nachdem die Belagerung begonnen, und neun Tage, seit die Jungfrau in der Stadt war, kampflos und bis auf den letzten Mann ab, am Morgen des 8. Mai, des Tages, an dem vor Jahrhunderten Sankt Michael im fernen Italien auf dem Monte Gargano und auf der Insel Ischia erschienen war.

La Hire allerdings traute der Sache nicht, mit zweihundert Lanzenreitern folgte er den Abziehenden ein paar Meilen weit, konnte aber nur melden, dass sie sich in voller Ordnung entfernten, ein Teil gegen Nordosten und der andere flussabwärts. Daraufhin machte man sich in Orléans gute Tage, man sang, aß und trank und vergaß nicht, die verlassenen Horts der Engländer der Reihe nach zu besichtigen. Was sich an Waffen herausschleppen ließ, wurde in die Stadt gebracht, die Wälle zerstört und die Lebensmittel aufgegessen.

Wenn sie auch nicht besonders gut schmeckten, so hatten sie doch niemand einen Sou gekostet.

Die Verwundeten, die der Feind in seinen Befestigungen zurückgelassen hatte, nahm man sorglich in die Häuser mit, befreite Guienne, den Herold der Jungfrau, hinter seinen Gitterstäben. Sogar an Glasdale dachte man und bedauerte aufrichtig, ihn nicht lebend gefangen zu haben. Der tapferste Mann des Heeres wäre den Godons sicher ein hübsches Sümmchen wert gewesen, ein Sümmchen, das mehrere Beutel wieder hätte runden können. Sein Leichnam wurde aus der Loire gefischt und in eine Kapelle gebracht, durch vier Tage und vier Nächte brannten, zur Ehre der Bürger von Orléans sei es gesagt, Kerzen an dem Totenlager des Feindes. Dann wurde die Leiche in Stücke geschnitten, gekocht, einbalsamiert und späterhin seinen Landsleuten geschickt. Das war nicht mehr als Christenpflicht – aber vielleicht zahlten die Engländer auch für den Toten noch ein Geringes in bar.

Johanna sagte damals einem ihrer Leute, nur mit Gottes Hilfe könne sie sich gegen die abgöttische Verehrung schützen, die das Volk ihr entgegenbringe. Der Magistrat ließ ins Stadtbuch eintragen, die Befreiung von Orléans sei das größte Wunder der nachchristlichen Zeit. Die brave Stadt sollte von nun an durch alle Jahrhunderte diesen Tag zu Ehren ihrer Jungfrau festlich begehen, den 8. Mai, der als Erscheinungsfest des Erzengels Michael im Kalender steht.

*

Es gibt moderne Kritiker, die behaupten, der ganze Sieg vor Orléans sei nur einer Reihe von Zufällen zuzuschreiben oder dem unerklärlichen Versagen der Engländer, doch hat Napoleon, der Johannas Feldzüge studierte, erklärt, sie sei ein militärisches Genie gewesen, und niemand wird behaupten, dass er nichts von Strategie verstand. Johann von Orléans, der als Oberbefehlshaber der Stadt das Verdienst hatte, im rechten Augenblick zurückzustehen, hat 25 Jahre später unter Eid ausgesagt: «Von dieser Stunde an waren die Engländer, die bisher, ich schwöre es, mit zweihundert Mann achthundert oder tausend der Unsern in die Flucht schlagen konnten, unfähig, vier- oder fünfhundert Franzosen zu widerstehen, auch wenn sie ein ganzes Heer eingesetzt hatten. Sie flohen zu ihren Festungen und hatten nicht mehr den Mut, herauszukommen.»

Die englische Biografin V. Sackville-West meint in unseren Tagen, die ganze Handlungsweise ihrer Landsleute sei während dieser Zeit so merkwürdig saumselig gewesen, dass man sie nur durch übernatürliche Gründe erklären könne – «Gründe, die wir im Lichte unseres Zwanzigsten-Jahrhundert-Wissens – oder sollte man sagen in der Finsternis unseres Zwanzigsten-Jahrhundert-Wissens? – nicht durchschauen.»

Gilles des Rais beichtet

John Lancaster Herzog von Bedford, Oheim des achtjährigen Königs von England und sein Statthalter für Frankreich, saß im Louvre, als er die Nachricht empfing, seine Truppen hätten sich von Orléans zurückziehen müssen. Sein offizieller Bericht an den Knabenkönig Heinrich VI. in London lautete:

«Alles stand hierzulande gut ... bis zur Belagerung von Orléans ... Eure Leute haben dort, wie es scheint vom Himmel herab, einen bösen Schlag erlitten. Meiner Meinung nach kam es daher, dass Euern Leuten von einem Schüler und Handlanger des Teufels verrückte Gedanken und unerklärlicher Schreck beigebracht wurde, von der sogenannten Pucelle nämlich, die böse Zauberkünste und Hexerei getrieben hat ...»

Der Knabe Heinrich mag von diesem Brief nicht viel verstanden haben, aber Bedford, der für ihn handelte, dachte nicht daran, sich durch eine Hexe um die Herrschaft in Frankreich bringen zu lassen. Er erließ einen Aufruf an alle französischen Großen, die es mit den Engländern und ihren Verbündeten, den Burgundern, hielten: sie möchten sich in Vincennes einfinden. Nur wenige kamen. Frankreich hatte auf Orléans gesehen, und Orléans war befreit. Gott selbst hatte das Zeichen gegeben. Der stumme Groll gegen die Godons züngelte erstmals aus der Asche der Mutlosigkeit; laut sagte der Prior der Karmeliter im englisch besetzten Reims: «Nie war ein Engländer König von Frankreich, und nie wird einer es sein!» Es nützte nichts, dass man ihm den Prozess machte, täglich mehrte sich die Zahl derer, die nach seinen Worten handelten. In Schlössern und Hütten erzählte man sich von Johanna, in Kirchen läuteten die Glocken für den Sieg von Orléans, ausländische Höfe erkundeten Johannas Taten, in Regensburg zahlte man 16 Groschen, um ein Bildnis der Jungfrau zu sehen, das sicherlich ohne Augenschein gemalt war.

«Da dieses nun geschehen war, da ritt die Jungfrau mit ihrem Volk nach Tours in Touraine; dahin sollte der König derzeit kommen. Und die Magd war eher da als der König, und sie nahm ihr Banner in die Hand und ritt gegen den König; und da sie zusammenkamen, da neigte die Magd ihr Haupt gegen den König, so sehr sie konnte, und der König machte sie sogleich aufstehen, und man meinte, er hätte sie gar geküsst vor Freuden, die er hatte. Dies geschah auf den Mittwochen vor dem Pfingsttage, und blieb sie bei ihm bis darnach des 23. Tages des Maien. Da ging der König zu Rate, was er tun wollte; denn die Magd wollte ihn stets gen Reims führen und ihn krönen und ihn zum König machen. Da wandte sich der König und machte sich auf den Weg.»

So schrieb in Deutschland Eberhard von Windecke. Aber Windecke war der Schatzmeister des Kaisers Sigismund und erhielt nur die offiziellen Berichte, die aus Frankreich kamen. Die Wirklichkeit sah anders aus. Karl saß, als er die Siegesnachricht empfing, immer noch in Tours, er empfing Johanna, als sie aus Orléans kam, und umarmte sie. Doch nichts deutete darauf hin, dass er Eile hatte, sich in Reims die Königswürde zu holen. Er schloss sich mit seinen Räten durch Stunden ein, um zu beraten. Es vergingen drei, vier, fünf Tage, die erste Woche.

«Edler Dauphin, ich bitte Euch, haltet nicht so lange Beratungen ab!», flehte Johanna. «Kommt nach Reims zur Krönung, ich brenne darauf, dass Ihr geht.» Die Stimme des Mädchens zitterte. Karl sah sie mit seinen kleinen Augen an, abbittend, ängstlich und voll Unentschlossenheit.

«Johanna, es liegen noch so viel befestigte Plätze und uneinnehmbare Städte zwischen hier und Reims.»

Das Mädchen schwieg, und dann wandte sie sich dem Bischof zu. «In Gottes Namen, ich weiß, was Ihr denkt und was Ihr wissen möchtet: was die Stimme sagt, die ich höre … Ich will Euch sagen, dass ich mich wie gewöhnlich ins Gebet versenke, und wenn ich mich beklage, dass niemand mir glauben will, höre ich die Stimme sagen: Tochter Gottes, geh, geh, geh! Ich werde dir helfen, geh!»

Bischof Reginald saß unbeweglich, die Hand vor dem Mund, unter halb gesenkten Lidern ließ er keinen Blick von Johanna. Wenn sie vor ihm stand, war er geneigt zu glauben – doch gab es noch andere Dinge, die bedacht werden mussten. Gewiss, Orléans war befreit. Auch hatte Johanna diese Befreiung, was den Zeitpunkt und alle Einzelheiten betraf, gegen den Willen der Befehlshaber, ja gegen die Weisung des Königs durchgesetzt. Nun drängte sie, ebenfalls gegen die Meinung des Hofes, auf den Zug nach Reims. Reims war englisch besetzt und auf dem Weg dahin lagen 300 Meilen feindlich besetzten Landes. Misslang der Zug, war Karl dem Gelächter von Feind und Freund preisgegeben; gelang er aber, wider menschliches Erwarten: würde es nicht ewig heißen, Karl der Siebte verdanke seine Krone einem Bauernmädchen? Und er, der Erzbischof von Reims, habe die höchste Handlung seines Amtes nur vornehmen können, weil dieses Mädchen es durchgesetzt hatte?

Reginald von Chartres, Erzbischof von Reims, fühlte sich der Politik verschrieben. Erbe eines reichen Vaters und dreier Brüder, die in der fürchterlichen Niederlage von Azincourt ihren Tod gefunden hatten, war er als Inhaber hoher kirchlicher Titel Gesandter Karls VI. beim Konzil von Konstanz gewesen; die heikelsten Verhandlungen mit dem Kaiser, den Kirchenfürsten, französischen und burgundischen Großen hatten in seiner Hand gelegen zu einer Zeit, als der jetzige Dauphin Karl noch in Kinderkleidern steckte. Ihm lag es ob zu erkennen, dass die Situation völlig verändert war seit den Tagen von Chinon. Die Befreiung von Orléans hatte den Franzosen wieder Mut gegeben und die Legende englischer Unbesieglichkeit zerstört. Auf dieser Basis würde man vielleicht mit den

Engländern einen Vergleich schließen können, das Land teilen und den Krieg beenden. Das aber konnte nur seine Sache sein. Mit Trémouille musste man sich zwar verbinden, weil der König ihm sein Ohr lieh und weil auch er das Mädchen ausschalten wollte. Zu diplomatischen Verhandlungen jedoch war Trémouille nicht zu gebrauchen, er hatte zu viel Morde auf dem Gewissen, und wenn er Verträge schloss, arbeitete er in die eigene Tasche. Was Karl selbst anbelangte, der jeder klaren Entscheidung und jedem eigenen Tun abgeneigt war, der störrisch wurde, sobald man ihm willenskräftig zu Leibe rückte: ihn musste man dem Einfluss von Johannas Gegenwart entziehen. Es war am besten, das Mädchen mit ungefährlichen und dennoch nutzbringenden Taten zu beschäftigen, ihr aufzutragen, die Städte zu belagern, die auf dem Wege nach Reims lagen. Damit gewann man Zeit.

Tag für Tag klopfte Johanna an des Königs Tür, sie kniete vor ihm. «Edler Dauphin, lasst mich wissen, warum Ihr immer noch zögert, nach Reims zu gehen, ich bitte Euch!»

Karl rückte auf seinem Stuhl, kreuzte die Hände und vermied, Trémouille anzusehen, der, geflissentlich unhöflich, abseits saß. «Weil wir kein Geld haben, das Heer weiter unter den Waffen zu halten. Wir müssen es auflösen.»

«Dann lasst mich ein zweites zusammenrufen!»

«Ohne Geld?», höhnte Trémouille aus seiner Ecke.

«Selbst wenn man Geld hätte, würden wir sechs Wochen brauchen, bis ein neues zusammengestellt ist», sagte Gaucourt, der es schlecht verwand, dass eine Schlacht gewonnen worden war, weil man ihn vom Stadttor zurückgedrängt hatte.

«Sechs Wochen können wir nicht warten, wir müssen gleich gehen, edler Dauphin!»

«Ohne Heer?»

«Ob mit oder ohne Heer, wir kommen nach Reims. Ach, warum glaubt Ihr mir nicht?»

«Doch, Johanna, ich glaube dir. Es ist nur – ich muss mit den

Herren noch das Nähere besprechen.» Karl nickte gnädig, und sie war entlassen.

Johanna erschien nie an der Tafel, der Page Louis musste ihr, was sie zum Essen brauchte, auf ihr Zimmer in der kleinen Herberge bringen, die sie bewohnte. Nur morgens zur Messe, und wenn man sie rief, kam sie ins Schloss. Tags darauf, als Karl sein Pferd bestieg, um zur Jagd zu reiten, stand sie vor ihm und beugte das Knie. Er sah, dass ihre Augen rot waren.

«Warum weinst du, Johanna? Du bist ermüdet von den schweren Wochen, du solltest dich ausruhen.»

«Herr, ich werde nicht ruhen, bevor Ihr in Reims gekrönt seid.»

So still ist es gesagt, aus dem sanften, lieblichen Gesicht, aber der unausgesprochene Vorwurf ist mehr, als Karl erträgt. «Jungfrau Johanna, ich kann es nicht mit ansehen, dass Ihr Euch so viel Mühe um mich macht.»

Trémouilles Stimme schilt im Hintergrund mit einem Diener, Karl nickt freundlich und gibt seinem Pferd die Sporen.

Es ist Juni, und alle Blumen blühen, das Korn, soweit es angebaut ist, steht gut im Halm. Alençon ist zu seiner Frau geritten, Johanna sitzt in ihrer Herberge und sinnt. Es ist schön, dass die beiden Brüder aus der Heimat nachgekommen sind, sonst wäre sie ganz allein. Die Eltern seien bereit, ihr Fortgehen zu verzeihen, haben Jean und Pierre ausgerichtet, sie beteten zu Gott, dass Johanna ein braves Mädchen bleibe, bewahrt vor der Hoffart bei so viel Gunst von seiten des Königs. Und ob der Krieg bald ein Ende habe? Johanna hatte ein wenig geweint, als sie die Brüder umarmte, und diese erklärten, sie würden bei ihr bleiben, wenn es noch Arbeit gebe mit den Godons. Nur mit der Schwester wollten sie wieder nach Hause zurückkehren.

«Hat mein schwarzes Schaf Junge gehabt? Füttert ihr die Tauben auf dem Dach? Wer hilft jetzt der Mutter beim Nähen? Und wie geht es Mignette und Hauvette?», wollte sie wissen und lachte nun wieder. Aber die Brüder wunderten sich, dass sie ob all der Herrlichkeiten am Hof von den Armseligkeiten in Domrémy nicht das Kleinste vergessen hatte.

Als es Abend wird, reitet sie ins Schloss. Vielleicht, dass sie den Dauphin einmal sprechen kann ohne die Herren, die seine bösen Ratgeber sind. Sie trägt das Kettenhemd und darüber den grün-roten Mantel, das Geschenk der Stadt Orléans. Von den Kirchen der Stadt läutet es zum Angelus, aus der Schlosskapelle tönt Orgelmusik, sie tritt ein. Da, während sie auf schmalem Schemel kniet, versinkt die kleine Welt, die größere tut sich auf, sie schaut, sie hört – bis eine Hand sie am Ärmel berührt. Gilles de Rais steht vor ihr und deutet stumm nach der Tür. Sie schlägt das Kreuz, dann folgt sie ihm, den Pagen Louis in vorschriftsmäßiger Entfernung hinter sich.

«Ist der Dauphin zurück?»

«Noch nicht. Aber wir können zusammen warten.»

Gilles führt sie in den kleinen Garten zwischen Zinnen und Gemäuer, wo die Pfingstrosen blühen und der Goldregen niederfällt. «Was sagt Ihr zu der Orgelmusik, Jungfrau Johanna? Findet Ihr nicht auch, dass der Knabe singt wie ein Engel?»

«Welcher Knabe?»

«Der eben sang, in der Schlosskapelle.»

Sie senkt die Augen, ein wenig scheu. «Ich habe nicht viel davon gehört.»

Die Flügel seiner Nase zittern leicht, eine steinerne Bank steht da, um die der Rosmarin wuchert. «Setzen wir uns. Der Duft des Rosmarin passt zu Euch, er ist herb wie Ihr – und heilsam.» Er winkt, ohne dass Johanna es sieht, mit herrischer Hand dem Pagen, dass er sich außer Hörweite halte, seine blauschwarzen Haare riechen nach Rosenöl, das er um blankes Gold einem Händler abgekauft hat, der aus dem Orient kam.

«Sagt, Johanna, gibt es auch im Paradies Gerüche? Sind sie unendlich himmlischer als die unseren auf Erden?»

Sie nickt, ohne ein Wort zu sagen.

Er streicht über seinen kurzen Mantel, den ein Gürtel kostbarer Arbeit zusammenhält. «Singen die Engel nicht so ähnlich wie unsere Knaben?»

«Nein, Herr de Rais, anders.»

«Wollt Ihr mir nicht sagen, wie? Könnt Ihr nicht machen, dass auch ich sie höre?»

«Wenn Gott will, wird er sie auch für Euch sprechen lassen. Das hängt von seiner Gnade ab, nicht von meinem Willen.»

«Aber es gibt Menschen, die sich auf die Kunst verstehen, Arzneien zu brauen, die Augen und Ohren öffnen. Sie können auch Gold machen und das Herz eines Menschen gewinnen.»

«Davon weiß ich nichts. Ich glaube nicht, dass das recht ist. Und was soll das mit den Engeln zu tun haben?»

«Mit den Engeln nicht, doch mit etwas anderem, Johanna. Ihr wollt doch, dass der Dauphin nach Reims geht?»

«Freilich, je eher, desto besser.»

«Aber er will nicht, und keiner seiner Ratgeber will es. Bischof Reginald hofft, dass er mit den Engländern selbst ins Reine kommt, und meinem Oheim Trémouille liegt nichts am Frieden und nichts an der Krönung. Seht, Johanna, Ihr mögt Euch im Paradies auskennen, aber Ihr wisst nicht, wie es an unserm Hof zugeht. Trémouille hasst den Dauphin, er hat einst Karls Mutter Isabeau geliebt, genau zu der Zeit, als sie den eigenen Sohn zum Bastard erklärte. Seinen Vorgänger im Amt ließ er ersäufen und danach heiratete er dessen Frau, weil sie die reichste Erbschaft hatte im Süden. Seine Söldner versorgten die Engländer mit Proviant, während sie unser Orléans belagerten …» Gilles' Atem geht immer rascher, sein dunkelroter Mund brennt. Es ist eine Lust, die grausamen Worte in Johannas unschuldiges Herz zu träufeln. Das Mädchen sieht geradeaus, sie wendet sich nicht ab, nur die Augen verschleiern sich.

«Trémouille ist es, der dem König das Geld vorstreckt, Karl allein könnte betteln gehen. Daher hört er auf Trémouille, und Trémouille hat gehofft, als Ihr an den Hof kamt, Ihr würdet Karl vor aller Welt lächerlich machen. Seit Orléans hasst er Euch. Ihr durchkreuzt seine Pläne. Johanna, Ihr vermögt Engel zu sehen, ich glaube es Euch. Aber Trémouille ist ein Teufel, und das seht Ihr nicht. Der König ist in der Hand eines Teufels.»

«Ihr irrt. Der Dauphin ist in Gottes Hand.» Sie flüstert es ganz leise und doch so voll Inbrunst, dass Gilles verstummt.

Er hat ihr noch viel mehr sagen wollen: dass Trémouille den alten Burgunderherzog auf dem Gewissen hat und somit schuld ist, dass der Sohn zu den Engländern überging; dass es Zeit wäre, Trémouille unschädlich zu machen. Seine langen, zarthäutigen Finger, an deren einem ein großer Rubin aufleuchtet, tasten nach der Hand des Mädchens. Johanna ist aufgestanden, sie ruft nach dem Pagen.

«Ich glaube, man hört die Jagdhörner aus der Ferne», sagt sie. Gilles wischt sich mit einem Tuch die feuchte Stirne.

«Möglich, dass ein Teil des Gefolges heimkehrt. Der König ist nach seinem Jagdschloss in Loches übersiedelt, ich vergaß, Euch das auszurichten. Dem König bekommt die Luft von Tours nicht, der Arzt empfahl ihm, sich zu erholen.»

Sie standen jetzt im Schlosshof, Louis hielt die Zügel, und Gilles verneigte sich tief. «Jungfrau Johanna, bedenkt, was ich Euch sagte. Morgen lasse ich nach der Frühmesse wieder die Orgel spielen.»

Am nächsten Tag, in aller Frühe, ritt Johanna mit ihrem Stallmeister d'Aulon, den beiden Brüdern und Louis zum Stadttor hinaus. Sie hatte die Messe nicht im Schloss, sondern im Dom gehört.

*

In der Dunkelheit eines Juniabends klopfte es an das Haustor des Kanonikus Alain in Poitiers. Madeleine, asthmatisch und wohl vorgerückt an Jahren, wie es sich für die Köchin eines Pfarrers geziemt, wagte nicht mehr zu öffnen, sie beugte sich zum Fenster hinaus. Der Mond war im Wachsen, sie konnte den Mann nicht deutlich sehen, der den Kopf bog und sagte, er müsse Vater Alain sprechen. Ob der hochwürdige Herr zu Hause sei?

Sie werde erst nachsehen, erwiderte Madeleine, schloss nachdrücklich den Fensterladen und stieg, so schnell es gehen wollte, die Treppe hinauf. «Jesus, Maria und Joseph», keuchte sie, «ein Herr, so bleich wie der Mond und das Haar pechschwarz –»

Sie wollte, ihrer Gewohnheit gemäß, ein beschwörendes Kreuz über sich schlagen, aber der Kanonikus sah eben auf, und so griff sie unschuldig nach dem Zipfel der Schürze, um sich damit übers Gesicht zu wischen. «Ich muss ihn schon irgendwo gesehen haben –». Sie schüttelte den Kopf und steckte ratlos und grübelnd einen Finger in den Mund.

Vater Alain trank erst sein Glas aus, dann hob er fragend die Augenbrauen hoch.

«Der Ritter ist schön wie der gefallene Luzifer, Gott sei mir gnädig. Er muss Euch sprechen, sagt er.»

«Dann kannst du sicher sein, dass es kein gefallener Engel ist. Lass ihn kommen. Bring noch Wein, hörst du?»

«Ja, Herr Kanonikus.»

Vater Alain hörte eine Stimme, die befehlend klang, und dann kamen bespornte Füße klirrend die Treppe herauf. Im Raum stand sehr blass, mit dunkelroten Lippen und tief verschatteten Augen, so groß, dass er sich unter der Schwelle bücken musste, ein junger Mann in schwarzem, mit edlem Pelzwerk versetztem Mantel.

«Ah», sagte Alain und streckte die Hand aus, «wir kennen uns doch, Ihr wart damals mit der Jungfrau Johanna bei uns in Poitiers. Wie ist nur der Name? Mein Gedächtnis wird alt wie ich selbst.»

«Gilles de Rais, Herr Kanonikus.»

«Seid herzlich willkommen, Herr de Rais. Habt Ihr neue Nachrichten von der Jungfrau? Setzt Euch.»

Madeleine brachte die frisch gefüllte Weinflasche und stellte ein zweites Glas auf den Tisch. «Danke, Madeleine. Jetzt brauch ich dich nicht mehr, du kannst schlafen gehen.»

Sie ging zögernd, mit dem Rücken voran, zur Tür, ihr Blick hing wie gebannt an Gilles, mit einer seltsamen Mischung von Furcht und maßloser Bewunderung. Gewiss hätte sie jetzt, bevor sie verschwand, doch noch ein Kreuzeszeichen geschlagen, wenn der Kanonikus sich solche Beschwörungsgeste nicht verbeten hätte.

«Trinkt, Ihr seid wohl scharf geritten, wie? Oder wollt Ihr essen? Vielleicht, dass noch etwas in der Küche ist.»

«Danke, Vater Alain, ich habe gegessen. Ich komme von Tours und muss morgen wieder zurück sein.»

«Erzählt, wie steht die Sache jetzt? Geht der Dauphin nach Reims, wie man hört?»

«Johanna drängt seit drei Wochen in ihn. Ihre Stimmen, sagt sie, befehlen es. Aber die Ratgeber des Königs gönnen ihr nicht den Triumph, und der König selbst schwankt zwischen Furcht und Glauben. Er ist sogar vor ihr geflohen. Johanna ritt ihm nach und kampierte im Freien, um ihm nicht zu nah und nicht zu fern zu sein. Schließlich kam ein Kompromiss zustande. Man hat der Jungfrau nahe gelegt, die nächsten befestigten Plätze zu nehmen. Johann von Orléans, La Hire und ich sind mit ihr ausgezogen, die Söldner liefen zu, sobald sie rief. Alençon hat dem Wortlaut nach den Oberbefehl, aber in Wahrheit führt Johanna und niemand anders.»

Über Vater Alains Gesicht ging ein strahlendes Lächeln, er schüttelte zärtlich den weißen Kopf wie ein stolzer Vater, vor dem man die einzige Tochter lobt. «Das Kind! Man hört, sie hat neuerdings Wunder vollbracht, stimmt das?»

«Es stimmt so sehr, dass von denen, die mit im Felde waren, keiner mehr zweifelt. In der Nacht vom 10. auf den 11.Juni haben wir in einem Wald kampiert. Johanna, müsst Ihr wissen, legt nie die Rüstung ab, wenn sie im Freien schläft. Wir sollten Jargeau nehmen, die nächste Stadt auf dem Wege nach Reims. Aber La Hire und der Bastard meinten beide, man könne nicht wagen, die Stadt anzugreifen. ‹Wir greifen Jargeau an›, erklärte Johanna, ‹Gott steht auf unserer Seite. Ich bin sicher, dass wir siegen. Sonst würde ich lieber Schafe hüten.› Alençon fügte sich. Am Abend war ein Außenviertel von Jargeau in unseren Händen. Wir meinten, jetzt sei es am besten, sich mit dem Stadtkommandanten Suffolk zu vergleichen, die ganze Stadt könne man unmöglich auf Anhieb nehmen. Dies war auch die Ansicht von La Hire, und Ihr wisst vielleicht, Herr Kanonikus, dass La Hire sein Handwerk kennt, er ist sein Leben lang Soldat gewesen und an die 25 Jahre älter als ich. Aber Johanna neckte uns alle: ‹Habt ihr Angst?› ‹Das nicht›, sagte Alençon, ‹aber es ist zu früh, die Stadt zu erstürmen.› Das Mädchen entgegnete mit der sanftesten Stimme: ‹Nein, es ist gerade Zeit. Handelt, und Gott wird mit Euch handeln.› Alençon zögerte immer noch. Ich bin nicht gerade sein Freund, aber diesmal verstand ich ihn gut. Ihm war die ganze Streitmacht anvertraut, ein einziger Misserfolg konnte den Zweiflern am Hof Recht geben. Jargeau hat starke Mauern und gute Geschütze. Aber Johanna setzte sich durch. Wir legten Leitern an die Mauern, und sie war mitten im Getümmel. Ein großer Stein polterte herunter, geradewegs auf ihren Helm, ich sah es mit Schrecken. Sie fiel rücklings von der Leiter und blieb liegen, aber ehe wir zuspringen konnten, stand sie wieder auf, und ihre Stimme klang hell wie nur je: ‹Freunde, hinauf! Unser Herr hat die Englischen verdammt, in einer Stunde ist alles unser, habt Mut!›»

«Tapferes Mädchen», murmelte der Kanonikus und schenkte die Gläser aufs Neue voll.

Gilles schien auf einmal den Faden verloren zu haben, er lächelte vor sich hin. «Es ist eine sonderbare Sache um ihre Stimme, Vater Alain. Glaubt mir, ich verstehe etwas von Stimmen, aber so eine habe ich noch nie gehört. Sie ist sanft und leise wie die eines Kindes, trotzdem übertönt sie im Kampf alles Krachen und Heulen.» Er trank sein Glas auf einen Zug aus.

«Und wie ging es weiter?»

«Es kam, wie sie sagte: in einer Stunde war Jargeau unser. Der Graf von Suffolk, der geschworen hatte, sich nur der tapfersten Frau der Welt zu unterwerfen, hat, weiß Gott, keinen Meineid begangen, als er ihr sein Schwert übergab. Am nächsten Tag schon konnten wir weiterziehen, und neues Kriegsvolk strömt täglich zu.»

«Ja, ja, das Volk ist hellhörig», nickte Alain. «Wenn es auf das Volk ankäme … Aber ich habe Euch unterbrochen.»

«Man meldete uns, der Graf Artus von Richmont rücke mit tausend Mann heran, Ihr wisst, der Konnetabel ist bei dem König in Ungnade gefallen, weil – nun ich glaube, weil mein Oheim Trémouille ihn nicht leiden kann. Wir wussten also nicht, was dieses Begegnen bedeuten würde, und wollten Beratung abhalten. Aber Johanna lachte: ‹Wenn wir ihn nicht als Freund empfangen können, dann müssen wir ihn als Feind empfangen›, und wollte, dass wir uns bereithalten zum Kampf. Einer sprach aus, was manche dachten: ‹Wenn Ihr dem Konnetabel mit Gewalt begegnen wollt, könnte es in Frankreich viele geben, die Richmont allen französischen Jungfrauen vorziehen. Er ist ein großer und edler Herr.› – ‹Gut›, meinte Johanna, ‹dann reite ich ihm allein entgegen.› Nur der junge Gui de Laval durfte sie begleiten. Uns war nichts weniger als wohl, als wir das mit ansehen mussten, und wir hielten uns gegen ihren Willen in der Nähe. Aber Artus Richmont stieg vom Pferd, sofort tat sie ein Gleiches, ja sie umfasste sogar sein Knie wie eine richtige Bäuerin vor einem großen Herrn. ‹Johanna›, sagte der Konnetabel, ‹es heißt, dass Ihr gegen mich kämpfen wollt. Ich weiß nicht, ob Ihr von Gott kommt oder nicht. Wenn Ihr von Gott kommt, fürchte ich Euch nicht, denn er sieht meine guten Absichten. Kommt Ihr aber vom Teufel, so fürchte ich Euch noch weniger.› Das war nun gerade die Art, wie Johanna sie liebt. ‹Schöner Konnetabel›, antwortete sie, ‹es ist nicht mein Verdienst, dass Ihr kommt, aber da Ihr gekommen seid, heiße ich Euch willkommen.› Es war eine Art an ihr, bei Gott, wie nur eine wahre Königin sie haben kann. Und dann ritten wir gemeinsam weiter, und als wir nach Beaugency kamen, zogen sich die Engländer ohne einen Schwertstreich zurück.»

«Gut», nickte Vater Alain, «das klingt, als ob alles mit rechten Dingen zuginge. Und was macht Ihr jetzt?»

Gilles zog die Augenbrauen hoch. «Jetzt kommt die größte Probe von allen. Talbot und Fastolf haben fünftausend Mann zusammengezogen und stellen sich. Ihr wisst, Talbot ist der Schrecken unseres Landes, seit er über den Kanal gekommen ist, hat keiner sich mit ihm messen können.»

«Und was meint Johanna dazu?»

«Sie sagt, wenn es Engländer vom Himmel regnet, werden wir sie stellen. Der Dauphin wird den größten Sieg erringen, den es seit langem gegeben hat. Ihre Ratgeber sagen, alles wird uns zufallen.»

«Ihre Ratgeber», sagte Wilhelm Alain langsam und beinahe scheu, «sind es immer noch Sankt Michael und die Schwestern im Paradies?»

Gilles, der ruhig und gemessen am Tisch gesessen hatte, stand auf, ging ans Fenster und kam wieder zurück. Seine Stimme war tonlos, als er antwortete. «Sie spricht nicht darüber, wir wissen nicht, was sie sieht und hört und weiß. Alençon hat sie kürzlich mitten im Kampf zugerufen: ‹Geht weg von dort, oder das Geschütz tötet Euch!› Er trat zur Seite, und schon zerschmetterte eine Kugel den Sieur de Ludes auf dem Platz, den Alençon verlassen hatte. Ich glaube, sie hat auch Macht über die Natur. Es ist eine seltsame Sache, wir alle können es bezeugen: wenn sie mit uns reitet, kommen Vögel aus dem Wald und setzen sich auf ihre Schultern. Mitten im Gefecht kann es sein, dass Tauben sie umflattern und ihr zusehen.»

Jetzt lächelte Alain. «Ich kann mich erinnern, dass in dem Protokoll, das meine Amtsbrüder über ihr Leben aufgenommen haben, stand, daheim in Domrémy seien die wilden Vögel gekommen, wenn sie auf der Weide Tiere hütete, und hätten aus ihrem Schoß die Krumen geholt, die sie von ihrem Vesperbrot abgab. Kein Wolf habe ihre Herde angefallen, und in der Nacht, als sie geboren wurde – wenn ich mich recht erinnere zum Heilig-Drei-Königstag – wollte man allerhand Ungewöhnliches an den Tieren bemerkt haben … Warum nicht? Auch die Tiere sind Geschöpfe Gottes. Sagt, ist sie immer noch das gleiche gute Kind wie damals bei uns in Poitiers?»

Gilles de Rais nickte. «Ihr habt Recht, sie ist ein Kind. Sie tut nicht einmal einem Feind etwas zuleid, keiner hat sie je das Schwert gebrauchen sehen. Nach dem Kampf weint sie über die Gefallenen, vor jeder Schlacht empfängt sie den Leib des Herrn, – die meisten tun es mit ihr, ohne dass sie etwas sagt. Kein unbedachtes Wort kommt aus ihrem Mund – darin ist sie erwachsener als mancher Mann. Um sie herum wird nicht geflucht, und die Leute lassen sich's gefallen, dass sie alle Weiber nach Hause geschickt hat. Es ist überflüssig, dass sie den Panzer nicht ablegt, wenn sie mitten unter uns schläft, denn, so lieblich sie anzusehen ist, keiner von all den Männern hat ein fleischliches Begehren nach ihr.»

Vater Alain las jedes Wort von Gilles' Lippen, er nahm sein Tuch, als er geendet hatte, und fuhr sich über die Augen. «Dann wird alles gut gehen, alles wird kommen, wie sie sagt.»

Gilles schwieg. Er brütete vor sich hin, und der Kanonikus mit seiner jahrzehntelangen Erfahrung, in Seelen zu schauen, wusste: jetzt erst kam, was den Ritter in sein Haus geführt hatte.

«Herr de Rais, Ihr wolltet doch noch etwas sagen, nicht wahr?»

«Ja, Herr Kanonikus ..., wenn Ihr mir die Beichte hören wolltet ... Verzeiht, dass ich so spät in der Nacht darum bitte, aber nur für diesen einen Tag konnte ich mich freimachen.»

«Recht so, mein Sohn. Gott kennt keinen Schlaf. Und der Vater Alain ist alt, das Beste im Alter ist, dass man nicht mehr viel Zeit braucht für sich selbst.» Er rückte die Gläser zur Seite, steckte frische Kerzen an, stand auf und ging in die kleine Kammer daneben, um ein Chorhemd und eine Stola umzuhängen. Als er wiederkam, kniete Gilles in seinem smaragdgrünen Wams mit gefalteten Händen und gesenktem Kopf auf dem Boden. Es waren nicht mehr der Kanonikus Alain und der Baron Gilles de Rais im Raum, sondern Christus, der die Schuld der Menschen auf sich nahm, und der Sünder Gilles, der sich zu ihnen bekannte.

Fünftes Gebot wohl, dachte Vater Alain, vielleicht auch sechstes. Wahrscheinlich beide zusammen.

«Hochwürdiger Vater, ich bekenne vor Gott, dass ich ein halbes Dutzend Franzosen habe hängen lassen, weil ich sie in den Reihen der Engländer traf. Ich habe gelogen. Ich habe Mord geplant.» Gilles hielt an, als sei er zu Ende.

«Nur geplant?»

«Ja, aber ich hasse noch.»

«Du hast das sechste Gebot übergangen, mein Sohn.»

«Ich habe nicht gegen das sechste Gebot gesündigt.»

«Bei deiner Larve, die Gott zu deiner Prüfung gegeben hat?»

«Es ist, wie ich sage. Es gibt nur eine Frau, die ich lieben könnte, aber ich begehre nicht ihren Körper. Ich begehre ihre Seele. Ist das Sünde?»

«Was heißt das: ich begehre ihre Seele?»

«Dass ich sie ihr neide, dass ich sie haben möchte, dass ich sie mir aneignen würde, wenn ich könnte. Weil sie alles hat, was ich haben möchte. Sie schaut ins Paradies, sie kann mit Engeln reden, sie hört sie sprechen, sie riecht ihren Duft. Sie weiß es, wenn ein Mensch sterben wird, und was die Männer denken, die vor ihr stehen. Ich habe die Schriften des Albertus Magnus, des Raimundus Lullus gelesen und viele andere – aber ich weiß nicht, was sie weiß.»

«Dem einen schreibt es Gott ins Herz und dem andern nicht, auch wenn er noch so viele Bücher liest. Danach zu fragen, steht uns nicht zu.»

Gilles hob zum ersten Mal den Kopf, eine düstere Glut stand in seinen Augen, jetzt sah er wirklich aus wie ein gefallener Engel. «Ich kann es nicht lassen, zu fragen, hochwürdiger Vater, ich bin unter einem Stern geboren, der Maßloses verheißt.»

«Unsinn, die Sterne sind von Gott und scheinen für alle Menschen. Deine Sünde ist die Hoffart, mein Sohn, das ist eine Sünde wider den Heiligen Geist.»

Vater Alains Hand, auf die der alte Kopf sich stützte, fiel auf den Tisch. «Redest du von der Jungfrau?»

«Ja.»

Der Kanonikus unterdrückte ein Seufzen. So alt er war, solche Beichte hatte er noch nicht gehört. Oder doch? Hatte nicht damals der junge Bruder Thomas, mit dem er Johanna besucht hatte, hernach tränenden Auges gestanden, er kämpfe vergeblich gegen den verzehrenden Neid, dass ein Mensch Dinge schauen könne, an die er nur glauben müsse? Damals hatte er lächeln können. Aber jetzt fuhr ihm ein Stich, so jäh und schmerzhaft, wie er ihn kaum je erfahren, in das alte Herz. Dieser Mann, dem Gott versucherische Gaben verliehen hatte, lebte neben Johanna, Tag für Tag, im Kampf, auf dem Vormarsch, in der Nacht. Er begehrte sie, die einzige Hoffnung des armen, unglücklichen Landes …

«Bist du sicher, dass du sie nicht fleischlich begehrst? Hast du daheim auf deinem Schloss eine Frau?»

«Man hat mich verheiratet, als ich zehn Jahre alt war. Aber Frauen sind keine große Versuchung für mich. Und Johanna, ich habe es Euch schon gesagt, ist gefeit. Auch das gehört zu ihrer Magie.» Er sprach es mit einer Stimme, die tief auf dem Grund vor Erregung zitterte.

«Du willst sagen: sie gehört Gott. Aber wenn du das weißt, ist es vielleicht nur das Verlangen nach eigener Vollkommenheit, das dich quält; der Abstand zwischen ihr und dir?»

«Nein, es ist das Verlangen nach ihrem Können, ihrem Schauen, ihrem Hören. Es ist eine Qual, eine Folter, ein brennender Durst. Wenn er nicht gestillt wird, wenn es mir nicht gelingt, ihr Geheimnis zu ergründen, dann weiß ich nicht, was geschieht.» Er stöhnte, dumpf und trotzig, und dann bebte es wie von verhaltenem Schluchzen um die breiten Schultern unter dem grünen Brokat.

Vater Alain schloss die Augen. «Bete, mein Sohn. In jedem von uns ist ein Mörder, ein Räuber und ein Dieb. Aber auch in jedem ein Heiliger. Christus sieht auf das Gute in dir, nicht auf das Böse. Er wird dir helfen. Er bewahre Johanna vor der Macht des Widersachers. Sie ist die Hoffnung eines ganzen Volkes, weh dir, wenn du das vergisst. Bete das Credo und drei Vaterunser so andächtig, wie du irgend kannst.»

Langsam, mit mühsamer Haltung, sprach Alain die Wort der Absolution über dem knienden Gilles und schlug das Kreuz. Dann legte er die Stola ab, und Gilles stand auf, um zu gehen.

«Könnt Ihr morgen noch in die Kirche kommen? Ich lese die Messe um sechs.»

«Ja, Vater Alain, wenn ich danach scharf reite, komme ich noch zurecht. Darf ich für Eure Armen etwas stiften?» Er legte einen Beutel auf den Tisch mit einer seltsam scheuen, beinah abbittenden Demut.

Der Wächter hatte in der Stadt noch nicht die Mitternacht ausgerufen, so gönnte sich Vater Alain, als er die Haustür hinter dem Gast verriegelt hatte, noch einen letzten Schluck, der Wein war seine Schwäche. Dabei fiel sein Blick auf den Beutel. Bei allen Heiligen, was war der schwer! Er öffnete. Lauter gute Silbermünzen waren darin, eine ganze Untertasse voll. So viel Geld hatte Alain in einem halben Jahr nicht gesehen. Nun konnte er der ewig jammernden Madeleine ein Paar neue Schuhe machen lassen; vielleicht auch sich selbst, denn die seinen taugten nicht für den Winter. Und dann würde der Witwe in der Seilergasse geholfen werden, samt ihren schreienden fünf Bälgern, vielleicht auch dem lahmen Schmied um die Ecke. Schmunzelnd legte Alain sich nieder, es blieben noch fünf Stunden zur Ruhe.

Aber der Schlaf wollte nicht kommen, und als er endlich gegen Morgen in leichten Schlummer fiel, hatte er einen bösen Traum. Er sah in finstere Gewölbe, in denen sich Schlangen ringelten, Schlangen, die tropften von Blut. Sie verwandelten sich in Gedärme, irgendwo stöhnten Kinder, die man nicht sah, in Todesnot, und Gilles tauchte auf mit blauschwarzem Bart und einem grausamen, abgrundtief bösen Blick.

Vater Alain erwachte an seinem eigenen Stöhnen. Es war Zeit, zur Frühmesse aufzustehen. Die Sonne kam eben über den Horizont, wie tat es gut, sie zu sehen nach den Gespenstern der Nacht. Er erhob sich ächzend, die alten Glieder taten weh, und jetzt wurde er sich eines Sonderbaren bewusst: vor Gilles' bleichem Gesicht mit dem blutroten Mund, das seit gestern unausgesetzt um ihn gaukelte, ergriff ihn ein Ekel, so stark, so überwältigend, wie er ihn noch vor keinem Mörder und keinem Bösewicht empfunden. Er fuhr sich über die Stirn, wusch das Gesicht mit dem frischen Wasser, das Madeleine vor die Türe gesetzt hatte. Was war das nur? In einer knappen Stunde stand er am Altar, und sein Herz war hart und zerrissen. Er hätte andere Worte finden müssen für diesen Mann, ihm drohender ins Gewissen reden, kräftiger warnen sollen. Denn aus Gilles de Rais grinste der Teufel des Hochmuts trotz seiner Zerknirschung, Andacht und Freigebigkeit. Es sprach etwas Neues, Unheimliches, Gotteslästerliches aus diesem Ritter, etwas, dem er in den 45 Jahren seiner Amtszeit nie begegnet war. Dieses Teuflische aber ritt heute zu Johanna zurück, würde morgen um sie sein und weiterhin alle Tage; um Johanna, den rettenden Engel von Frankreich.

Als der Kanonikus vor den flackernden Kerzen des Altars die Hostie für Gilles aus dem goldenen Becher nahm, zitterten seine Hände so sehr, dass er fürchtete, sie könnte ihm entgleiten. Erst als er die Worte gesprochen hatte: «O Herr, ich bin nicht würdig, dass Du eingehst unter mein Dach, aber sprich nur ein Wort ...», wusste er, dass er in seinem langen Leben noch nie so inbrünstig gebetet hatte, Christus möge sich erbarmen dieses Sünders, der doch weniger Schuld auf dem Gewissen zu haben schien, als viele seiner anderen Beichtkinder in dieser wilden Zeit.

Der Engländer

In Jeanville, dem Hauptquartier General Talbots, hatte man eben zu Mittag gegessen. Die Tische wurden abgeräumt, denn die Beratung konnte nur im gleichen Zimmer abgehalten werden, der Raum war knapp.

Sir John Fastolf, der den letzten Sieg der Engländer erfochten hatte, im Februar, ehe die Jungfrau gekommen war – derselbe Fastolf, der als Falstaff in Shakespeares Dramen eingezogen ist, wenngleich mit großer dichterischer Freiheit gezeichnet – Fastolf also wartete ungeduldig auf das Wort.

Es sei unnötig, führte er aus, als Talbot geendet hatte, dass man weiterhin versuche, die großen Verluste zu beschönigen, die man vor Orléans und neuerdings wieder erlitten habe. Allein in Jargeau seien elfhundert Leute erschlagen worden. Man müsse sich aus der Zwickmühle ziehen und Zeit gewinnen. Die Schar der Franzosen sei mächtig angewachsen, wenn das Unglück wolle, könnten alle Eroberungen der letzten Jahrzehnte zunichte sein. Er schlage vor, Verhandlungen anzuknüpfen und diese so lange hinzuziehen, bis der Herzog von Bedford neue Verstärkungen schicke; soweit man höre, sei der Erzbischof Reginald einem Vergleich nicht abgeneigt.

Talbot, ein Mann mit Adlernase und gebieterischem Auge, mehr Waghals und Heißsporn als Stratege, wurde von der Begierde gestachelt, den wenig ruhmvollen Abzug von Orléans wettzumachen. «Ich schwöre, dass wir uns den Franzosen stellen, sobald wir auf sie stoßen. Mag die französische Hexe unlautere Künste treiben beim heiligen Georg! mich soll das nicht kümmern. Eine Memme, wer anders spricht!» Sein Blick rollte über Fastolf und die Reihen der Offiziere am Tisch. «Wir suchen den Kampf. Das ist mein letztes Wort.» Fastolf brummte erbost, dass man noch an ihn denken werde, wenn es zu spät sei. Dann erhob er sich und schlug die Tür hinter sich zu.

Mit Wimpeln und Fahnen zogen die Engländer am nächsten Morgen aus, hinter Beaugency dachte man auf das feindliche Heer zu stoßen. Aber Beaugency hatte sich bereits ergeben, in der Ebene von La Beauce warteten die Franzosen in voller Schlachtordnung. Sie hatten eine kleine Bodenerhebung ausgewählt – «sehr geschickt», sagte Fastolf schadenfroh vor Talbots Ohren. Talbot befahl Halt, und die Bogenschützen steckten, wie es üblich war, ihre Piken schräg in den Erdboden. Man wartete hüben und drüben, dass der andere beginnen sollte. Es war Nachmittag, die Sonne neigte sich.

«Gebt Ihr zu, dass die Sache noch ungünstiger steht, als man annehmen konnte?», fragte Fastolf mit schlecht verhehltem Hohn.

Talbot schwieg und besann sich. «Wir könnten es mit einem Zweikampf versuchen.»

Doch die abgesandten Herolde brachten die Antwort zurück, die Jungfrau lasse sagen: «Geht und sucht euch ein Quartier für heute Nacht, denn es ist schon spät. Aber morgen werden wir, wenn es Gott und unserer lieben Frau gefällt, euch näher besichtigen.»

Talbot hielt Kriegsrat, und jetzt ließ er sich überstimmen. In der Dämmerung zogen sich die Engländer nach Meung zurück, einer Stadt, die die Franzosen umgangen hatten. Noch in der Nacht ließ er alle Schilde, die sich auftreiben ließen, sammeln, selbst die Türen einer ganzen Gasse mussten ausgehoben werden, um die Söldner, die in vorderster Linie den Angriff führen sollten, besser auszurüsten.

Im Morgengrauen rückten die Franzosen auf der weiten, mit Buschwerk und Wäldern besetzten Ebene vor, aber kein Feind ließ sich blicken. Etliche Dutzend Reiter wurden ausgesandt, sie kamen unverrichteter Dinge zurück.

La Hire wurde rückfällig und begann zu fluchen, vor den vereinten Heeren Talbots und Fastolfs war auch ihm nicht recht wohl. Die Feldhauptleute berieten, was geschehen sollte: ob man erst über das Plateau von La Beauce vorgehen und dann sich zur Schlacht stellen solle? – während das Mädchen in aller Ruhe sagte: «Wir werden beides gleichzeitig machen. Ihr habt einen guten Führer.»

Immer noch zeigte sich kein Engländer, nur ein Hirsch lief, aufgescheucht von dem ungewohnten Anblick eines Heeres, quer über die Wiese. Er kam an der Gruppe der Feldhauptleute vorbei, blieb einen kurzen Augenblick witternd stehen – es war, als äuge er herüber – und eilte dann leichtfüßig dem nächsten Dickicht zu. Johanna sah ihm nach und horchte gespannt auf das Knacken von niedergetretenem Gebüsch. Gleich darauf tönte ein lautes Hallo aus jagdlustigen englischen Kehlen.

«Die Godons! Greift an!»

Der Hirsch hatte Talbots Schlachtplan über den Haufen geworfen. Ehe die Bogner, die nach ihm geschossen hatten, aufs Neue ihre Armbrüste spannten, machten sich die Franzosen über sie her. Eintausendfünfhundert Engländer fielen und fünfhundert ergaben sich. «Dagegen wurden von den Unsern nicht drei tot gefunden, was ich alles durch ein göttliches Wunder geschehen glaube», schrieb der Ritter Parzival von Boulainvilliers drei Tage darauf an den Herzog von Mailand. Gegen zwei Uhr mittags war alles zu Ende, und Talbot, der Franzosenschreck, stand gefangen vor Alençon.

«Das habt Ihr Euch heute morgen nicht träumen lassen, wie?», fragte der ‹schöne Herzog› unverkennbar triumphierend in der bitteren Erinnerung an seine eigene Gefangenschaft.

Talbot verlor nicht die Haltung. «Das ist Kriegsgeschick», erwiderte er achselzuckend.

Einzig Fastolf war entkommen und gelangte erschöpft und betrübt nach Vincennes, wo ihm der Herzog von Bedford, da jede Niederlage ein Opfer braucht, den Hosenbandorden abnahm. Es war die erste offene Feldschlacht, die die Engländer seit Menschengedenken verloren, und sie bedeutete nicht nur Niederlage, sondern Verlust des Rufes der Unbesieglichkeit.

La Hire nahm den Helm ab, trocknete den Schweiß und nickte nachdenklich mit seinem großen Kopf. «Par mon martin, wir haben Anlass, Gott zu danken und der Jungfrau. Wo ist sie nur?»

Man musste nicht lange suchen, einer der Ritter sah, wie sie am Waldrand einen französischen Söldner schalt, der mit dem Stiefel nach einem röchelnden Engländer getreten hatte. Nun saß sie im Gras und hatte den Kopf des Godon im Schoß, ihr Visier war hochgeklappt, das gerötete Gesicht nass von Tränen. Dem Engländer war die Schädeldecke eingeschlagen, und über seine Augen, sein ganzes Gesicht, strömte das Blut. «So viele Tote», schluchzte das Mädchen, «und wenn sie mit ihren Sünden gestorben sind, bin ich schuld.» Sie weinte, wie Kinder weinen, trostlos und verzweifelt.

Niemand beobachtete, dass Gilles de Rais kein Auge von der Szene wandte, ein roter Streifen lief auch ihm übers Gesicht, aber er wischte mit der Hand achtlos darüber hin. Seine Nasenflügel waren geweitet, der Mund quoll auf, die Augen sogen sich fest an dem, was er sah. Bis Artus Richmont ihm derb auf die Schulter schlug. «Ihr seid wohl eifersüchtig, Gilles?»

Gilles zuckte zusammen. Sein Gesicht verschloss sich, und die Augen blickten hochmütig. «Richmont, habt Ihr heute morgen den Hirsch gesehen? Johanna hat ihn gerufen.»

Der Konnetabel lachte gutmütig auf. «Auch Sankt Hubertus ist auf unserer Seite. Aber was machen wir, dass die Jungfrau sich tröstet?» Er hatte Töchter daheim in der Bretagne, und Johanna, so kurze Zeit er erst um sie war, rührte an sein väterliches Herz.

Wer zum König reite mit der Botschaft, fragte Alençon dazwischen, und als Gilles und La Hire sich erboten, legte Johanna den Toten sorgsam ins Gras, stand auf und kam langsam näher. Die Tränen waren getrocknet. «Herzog von Alençon, wenn Ihr dafür sorgt, dass die Verwundeten und die Toten nicht vergessen werden, reite ich mit. Habt ihr alle gute Sporen? Die Englischen werden sich nicht mehr verteidigen, und wir müssen ihnen auf den Fersen bleiben.»

Dieser tote Engländer auf Johannas Schoß war es, den Schiller zum Lionel umgedichtet hat. Es stimmte nicht, dass er ihr im Zweikampf begegnet war, Johanna hat, das sollten später Freunde und Feinde beschwören, nie selbst das Schwert geführt. Aber es liegt ein tiefer Sinn in Schillers dichterischer Erfindung: ihre Taten waren letztlich auch für England geschehen. Doch das erkannten erst spätere Jahrhunderte. Schillers Jungfrau entbrennt im Zweikampf mit Lionel in menschlicher Liebe, und diese Liebe, der Verrat an ihrer Aufgabe, führt in der Sühne des Dramas zum Tod auf dem Schlachtfeld. Johannas Schuld – wenn es eine solche gegeben hat – lag auf anderer Ebene, und ihr Tod wird hundertmal bitterer sein.

Johann von Alençon, der in jenen Wochen Oberbefehlshaber war, sollte Jahre später aussagen: «Sie verstand sich auf alles, was den Krieg betraf: sie konnte eine Lanze einlegen und Heerschau abhalten, die Schlachtreihen aufstellen und die Kanonen platzieren. Alle wunderten sich, dass sie so umsichtig zu Werke ging wie ein Feldhauptmann mit zwanzig- oder dreißigjähriger Erfahrung.»

John Lamond, der schottische Biograf Johannas aus dem 20. Jahrhundert, meint, Anhänger der Reinkarnationsidee täten sich leicht, diese außerordentliche Tatsache zu erklären: man werde das Mädchen ganz einfach für einen wiedergekehrten Kriegshelden halten. Aber dies hieße die Schicksalsgesetze verkennen. Johannas ganzes Wirken stand im Zeichen einer viel weiter gespannten Begabung: der Begabung, Inspirationen zu empfangen. Um uns alle wogt und brandet das Meer des Geistigen, doch nur Auserwählte haben die Kraft, Gehörtes und Geschautes bewusst und exakt über die Schwelle des irdischen Seins zu tragen.

Näher liegend schiene es, ihre «Schwestern aus dem Paradies», Katharina oder Margareta, deren Leben viel Ähnlichkeit mit Johannas Schicksal bieten, für eine ihrer vergangenen Verkörperungen zu halten. Doch auch dies hieße lediglich logische Parallelen ziehen und das Gesetz der Metamorphose, dem alles Lebendige folgt, außer Acht lassen. In der Kirche von Domrémy, wie übrigens in vielen mittelalterlichen Gotteshäusern, gab es zwei Standbilder jener beiden «Schwestern», die häufig im Zusammenhang mit Sankt Michael dargestellt wurden. Das heranwachsende Mädchen Jeanne mag die geschauten Wesenheiten in jene Vorstellungen gekleidet haben, die sie räumlich umgaben. Das soll nicht die Realität ihrer Schau bestreiten, aber es ist ein Unterschied zwischen dem geistigen Wesen und einem in der Vorstellung des Menschen gespiegelten Bild; immer wird dem Spiegelbild etwas von der Beschaffenheit des Spiegels beigemengt sein. Silber spiegelt anders als Kupfer und unedles Glas anders als geschliffenes. «Wir sehen jetzt durch einen Spiegel», schreibt Paulus an die Korinther, «jetzt erkenne ich's stückweise, dann aber werde ich erkennen, gleich wie ich erkannt bin.» Die beiden Gestalten, Margareta und Katharina, gehörten zu dem Zyklus symbolischer Figuren, die in mittelalterlichen Domen den Aufstieg der Seelen versinnbildlichten, der Seelen, die aus dem Sündenfall in die Materie, aus der Gottferne, sich wieder zu ihrem ewigen Urbild erhoben. Die Figur der heiligen Margareta stellte in vielen Kirchen, z. B. auch im Freiburger Münster, die Seelenkraft des «liberum arbitrium», dar, die «freie Wahl», weil Margareta sich über den äußeren Zwang erhoben und dem einmal erkannten Ziel hingegeben hatte, wodurch sie den «Drachen» der Triebe unter ihre Füße zwang. Die heilige Katharina war das Bild für die «scientia», sie gelangte durch ihre Willensbetätigung zum Lichte göttlicher Intelligenz und vermochte dadurch fünfzig heidnische Gelehrte zu überzeugen. Die Inschrift des Engels, der der Katharinen-Figur zu Füßen schwebte, hieß: Vigilate et orate – wachet und betet; sie wies auf stetes, waches Bewusstsein. Nach Albertus Magnus hatte gerade diese Inschrift Bezug auf den göttlichen Bräutigam, der nach Matthäus den klugen Jungfrauen die Türe öffnete, – dem strebenden Menschen, der zu geistigem Bewusstsein erwacht.

Johanna, die von all diesen, den mittelalterlichen Bauhütten angehörenden Geheimnissen nie etwas gehört haben konnte, gab späterhin an, der Erzengel Michael habe ihr diese beiden Heiligen zugeführt. Sie konnte auch nicht ahnen, wie getreu sich die Aufgaben von Margareta wie Katharina in ihrem Lebensgang spiegeln sollten. Doch waren und blieben die beiden Jungfrauen für sie – eine einzige verdüsterte Stunde der Qual ausgenommen – durch das ganze kurze Leben hindurch und bis in die Stunde des Todes «die Schwestern aus dem Paradies».

Als Johanna den Kampf bei Patay gewann, war sie immer noch 17 Jahre alt.

Du sollst ihren Namen nicht nennen

Aus den erleuchteten Fenstern des Schlosses von St. Bénoit tönte das Singen einer Frau, die nicht mehr nüchtern sein konnte. Trémouille hatte einen freigebigen Tag, und nach üppigem Mahl auf seinem Stammschloss Sully an der Loire, wo die königliche Familie zu Gast weilte, war er mit Karl zu einer kleinen Überraschung nach dem nahen Jagdschloss St. Bénoit geritten. Zwei Mädchen, die bis vor wenigen Monaten das Heer, seine Offiziere und Söldner erheitert hatten, sollten den Abend vertreiben helfen. Diese Geschöpfe liefen zu Hunderten brotlos herum, seit Johanna sie nicht mehr in ihren Reihen duldete.

«Siehst du, alter Knabe, so wollte Talbot geküsst sein», sagte die Dirne auf Trémouilles Schoß und biss ihn ins Ohr.

«Katze, wenn du dich bis zu Talbot verstiegen hättest, wärest du nicht so billig zu haben. Aber deine Zähne sind gut. Zeig sie dem König.» Trémouille hob die Frau wie ein Bündel hoch. «Karl, gib das Ding, das du auf dem Schoß hast, mir. Diese da ist besser für dich.»

Karls Augen waren glasig und die Zunge lallte. «Mir ist es gleich, die oder eine andere.»

Trémouille setzte das Mädel auf die dünnen Knie des Königs.

«Du bist schwer, Mädchen», jammerte Karl, «hast du so viel getrunken?»

«Weniger als du, Kleiner. Wie alt bist du eigentlich? Wenn du König spielst, schaust du aus wie ein Greis.»

«Er ist weder alt noch jung», sagte Trémouille, «versuch, was du kannst.»

«Dein Haar ist dünn, ich verstehe, dass Johanna dir eine Krone aufsetzen will. Sag, kann sie mehr als ich?»

Karl wurde weinerlich, wenn er getrunken hatte.

«Schweig, ich kann es nicht hören. Du sollst ihren Namen nicht nennen –»

«Du musst wissen, der König hat einen Erzbischof zu ständigem Umgang, der unterrichtet seinen Herrn nur in Heiligkeit.»

«Reginald, meinst du?» Das Mädel zog die Nase kraus. «Den kenn ich auch.»

«Das lügst du, kleine Katze. Reginald liebt nur sich selbst.»

«Trinken wir auf Reginald!» Das eine der Mädchen hob den Becher gegen Trémouille, der aber schlug ihn ihr aus der Hand.

«Still, verdammte Hure.» Trémouille hob den Kopf und horchte angestrengt in die Nacht hinaus. «Es kommt jemand.»

Durch das Bogenfenster hörte man das Getrappel von Pferden, den Ruf von Wachen, und Karl sprang so rasch auf, dass das Mädchen auf seinem Schoß zu Boden fiel.

«Die Engländer?», flüsterte er, plötzlich ernüchtert. Noch immer saß ihm der Schreck in den Gliedern seit damals, als er, ein 16-jähriger Junge, im Nachthemd aus Paris hatte flüchten müssen.

«Unsinn. Es wird Botschaft sein vom Heer. Ich werde Weisung geben –»

Trémouille kam gerade noch zur Tür, als sie aufgerissen wurde. Gilles de Rais stand in voller Rüstung vor seinem Oheim. «Verdammter Bengel, siehst du nicht, dass ich Gäste habe?»

Gilles' Zähne schlossen sich aufeinander, mit kaltem Blick maß er die Runde, eingehend, unerbittlich. Karl hatte sich auf seinem Stuhl zurechtgesetzt, so gut es ging. «Ah, Gilles! Nachricht vom Heer?»

Gilles beugte kein Knie, er verneigte sich nicht einmal, ängstlich starrten die Mädchen an ihm empor, sein Atem ging rasch.

«Doch nicht – doch nicht eine Niederlage?»

«Nein. Ein vollständiger Sieg über Talbot. Sein Heer ist vernichtet, Talbot selbst gefangen. Der größte Sieg, den wir je gehabt haben.» Er machte eine Pause und dann kam es erbarmungslos: «Ein Sieg für den kleinsten König, den wir je haben werden.» Er wandte die Schultern jäh und warf die Tür dröhnend hinter sich ins Schloss.

Es war höchste Zeit. Johanna und La Hire standen schon auf der Treppe. «Der König kann heute niemand mehr empfangen, er muss ins Bett.»

«Auch Trémouille?», grollte La Hire. «Verdammt noch einmal, der wird doch nicht in den Windeln liegen?»

«Doch, auch er. Aber nicht mehr lang. Kommt, Jungfrau Johanna, ich suche Euch Quartier.»

La Hire schlug mit der Faust aufs Geländer. «Zum Teufel auch, sind wir dafür die halbe Nacht geritten? Verzeiht, Jungfrau Johanna», fügte er sanfter hinzu, aber sie beugte den Kopf, das Gesicht war nicht zu sehen.

«Auf morgen», sagte sie und stieg, so schnell es in der Rüstung ging, die Treppe hinunter, rief nach d'Aulon und dem Pagen und erklärte, in der nächsten Ortschaft wolle man Quartier suchen.

Gilles war schließlich in eines der Gemächer im unteren Stock eingedrungen, warf den Diener, der darin schlief, von seinem Lager, rief La Hire und befahl seinen Söldnern, vor der Tür Wache zu halten.

«Betrunken?», fragte La Hire, als die Rüstungen abgeschnallt waren.

«Nicht nur das.»

«Schweinerei. Mir tut nur die Jungfrau Leid. Dieser Trémouille –» La Hire fuhr mit der großen, ungewaschenen Hand durch die Luft, als sei es nicht der Mühe wert, zu Ende zu reden. Ihm fiel ein, dass Gilles Trémouilles Neffe war.

Dann merkten sie beide, wie müde sie waren, und kaum dass sie sich auf den Laubsack gelegt, versanken sie in tiefen, traumlosen Schlaf. Vor den Fenstern von St. Bénoit zirpten die Grillen durch die Juninacht, und auch in Trémouilles Räumen waren die Lichter erloschen.

«Wie, der König ist noch nicht auf?», fragte Bischof Reginald, der gegen Mittag in St. Bénoit angeritten kam. «Hat er die Botschaft noch gar nicht gehört?»

«Wenn der Herr Erzbischof die Nachricht von der Schlacht bei Patay meinen –», sagte würdevoll der Kammerdiener.

«Was denn sonst? Auf allen Gassen redet man davon und hier … Ist die Königin zu sprechen?»

«Die Frau Königin sind nicht hier, nur Herr von Trémouille ist anwesend.»

«Gut, ich möchte ihn sprechen. Und melde dem König, dass ich da bin.»

Als der dickbäuchige, frisch gewaschene Trémouille zur Tür hereinschlenderte, ließ er zuerst ein Gähnen hören. «Oh, Herr Erzbischof, so früh schon auf den Beinen?»

«Früh? Seid Ihr von Gott verlassen? Es ist elf Uhr, und ich denke, wir hätten allen Anlass, wach zu sein. War denn noch niemand von Patay bei euch?»

Trémouille setzte sich. «Doch, Gilles und La Hire. Aber sie sind weggeritten. Auch die Jungfrau kam heute Nacht, sie schläft wohl noch.»

«Sie hat mehr Grund dazu als andere», erwiderte Reginald mit einem strafenden Seitenblick. «Aber wir, denke ich, haben keine Zeit zu verlieren. Die Lage ist völlig verändert seit gestern.»

Trémouille blinzelte. «Wieso? Es sind immer noch genau achtzig Wegstunden bis Reims. Und die Städte auf dem Weg dahin sind nicht weniger geworden, weil Talbot gefangen ist.»

Reginald, verschlossen und in sich versenkt, zog eine Rolle aus den Mantelfalten, entfaltete sie umständlich, mit betonter Langsamkeit, und vertiefte sich in die Schrift, eine geschliffene Linse vor den weitsichtigen Augen. Er schien Trémouilles Anwesenheit vergessen zu haben.

Vor allem Geschriebenen wurde Trémouille unsicher, er konnte selbst nur mit Mühe lesen, und das Lateinische, in dem kirchliche Herren zu korrespondieren pflegten, beherrschte er nicht. «Ein Liebesbrief von der Jungfrau?» grinste er mit gespielter Gleichgültigkeit.

«Ein Brief meiner Reimser Gemeinde.»

«Die Schafe rufen wohl nach dem Hirten? Sie müssen Sehnsucht haben nach Euch, denn ich schätze, dass Ihr an die fünfzehn Jahre nicht in Euerm Bistum gewesen seid. Oder sind es schon zwanzig?»

Reginald überhörte die Frage, er hatte, seit Johann XXIII. ihn zum Erzbischof von Reims ernannt, die Stadt noch nicht betreten. «Man schreibt mir, dass die Stimmung dort günstig ist für unseren König.» Er räusperte sich. «Man bittet mich, dass wir sobald als möglich kommen, denn alle Anzeichen weisen darauf hin, dass Bedford nächstens den Knaben Heinrich in Reims krönen lassen will.»

«Wenn der Engländer sich krönen lässt – ich nehme an von Euerm Stellvertreter, wie? – so hindert das wohl nicht, dass Ihr späterhin unsern Dauphin krönt, – falls wir je nach Reims kommen sollten. Jetzt haben wir zwei Ungekrönte, die sich König von Frankreich nennen, danach wären es zwei Gekrönte. Wir leben im Zeitalter der Vielheit: drei Päpste, zwei französische Könige –» Trémouille wippte mit dem Fuß und trommelte auf die Lehne seines Stuhles.

«Ihr redet wie ein Laie. Das Öl des heiligen Remigius macht auch einen Usurpator – nun, ich möchte nicht sagen zum rechtmäßigen König. Immerhin wäre es nach erfolgter Krönung Heinrichs sehr viel schwieriger, eine rechtsgültige Salbung an unserem Dauphin zu vollziehen. Es gäbe da eine Reihe theologischer Fragen zu bedenken –»

Ehe Reginald beendete, wurde der Vorhang zurückgeschoben: der König lasse die Herren zu sich bitten.

Reginald verneigte sich als erster vor Karl. «Erlaubt, Sire, dass ich meinen Glückwunsch aus bewegtem Herzen darbringe.»

Karl blinzelte, und dann glitt ein Lächeln über sein blasses Gesicht. «Ihr habt gehört, Bischof? Stimmt es, dass der Sieg so vernichtend war? Ich fühlte mich nicht wohl heute Nacht, als Gilles kam, und heute Morgen – Gott verzeihe mir – konnte ich kaum an so viel

Glück glauben. Aber wo ist die Jungfrau? Man hat mich heute Morgen schlafen lassen, weil der Arzt –. Es ist mein altes Kopfübel ...»

«Das wäre das erste Mal, dass Weine, die ich besorgt habe, Kopfschmerzen machen», knurrte Trémouille. «Gilles und La Hire sind heute früh zum Heer zurückgeritten. Und die Jungfrau –»

Die Tür wurde feierlich geöffnet, aber ehe der Kammerdiener etwas melden konnte, trippelte in weitem Mantel, mit turmhohem Kopfputz, die Königin ins Gemach. «Ich habe es nicht erwarten können», schluchzte sie, «ich bin herübergeritten. Das Glück! Welche Gnade Gottes!»

Karl war aufgestanden, er umarmte seine Frau und führte sie an seinen eigenen Sessel. Wenn er es auch nicht schätzte, dass seine Frau ihm nachritt, ohne dass er sie rief, – nach solcher Nacht wie dieser spielte er gern den liebenswürdigen Gemahl. «Du erst machst mein Glück vollständig, meine Liebe. Wir beraten eben, wie wir die Gnade Gottes nützen können.»

«Ich will dich nicht stören –», sie lächelte Reginald und Trémouille zu – «ich möchte nur die Jungfrau begrüßen. Unterwegs hörte ich, sie sei bei dir.»

«Ja – das heißt – ich konnte sie heute Nacht nicht mehr sehen. – Und heute Morgen – wollte ich sie noch nicht stören lassen.»

«Aber es ist Mittag, mein Lieber, und so wie ich die Jungfrau kenne, wartet sie nur darauf, gerufen zu werden.»

«Du hast Recht. Lasst der Jungfrau sagen, dass wir sie erwarten.»

Reginald erwiderte, er habe sich erlaubt, Johanna von sich aus herauszubitten, aber eben bringe sein Diener die Meldung, Johanna sei nicht mehr in der Herberge, sondern fortgeritten, wohin wisse man nicht.

«Weggeritten?», rief Karl, und für einen Augenblick verfiel sein Gesicht. Dann stampfte er mit dem Fuß wie ein zorniger Knabe und rief, Trémouille sei schuld. Dieser verteidigte sich mürrisch, er sei heut Nacht so wenig handlungsfähig gewesen wie sein Herr, worauf Reginald sich mit einem Blick auf die Königin gebieterisch räusperte und diese klagte, so sei es eben, wenn eine Frau nicht nach dem Rechten sehe. Warum man die Jungfrau nicht im Schloss untergebracht habe, und ob sie wohl, um Christi willen, gekränkt sein könne?

Reginalds gefasste Stimmung drang schließlich durch, er meinte, Johanna habe sich zweifellos Herrn de Rais und La Hire angeschlossen, die, wie man höre, zum Heer zurückgeritten seien. Am besten werde man tun, die dringend notwendige Beratung der neuen Lage zu beginnen und Bescheid abzuwarten. Worauf die Königin das Zimmer verließ, nicht ohne dass Karl sie galant zur Tür geleitete und ihr mehrmals die Hände küsste.

Johanna war tatsächlich verschwunden. Boten meldeten, sie sei weder beim Heer noch sonst irgendwo aufzufinden. Alençon selbst kam angeritten und hatte ihretwegen einen Auftritt mit seinem königlichen Vetter, dass die Stimmen durch zwei Türen zu hören waren. Trémouille ließ den Wein fließen, freigebiger als je, und brachte die Mädchen wieder ins Schloss, sobald die Königin nach Sully zurückgeritten war und er seinen Leuten im dortigen Schloss eingeschärft hatte, überraschende Ritte der Königin würden in Zukunft – aus Gründen der Sicherheit für die hohe Dame – mit Prügeln bestraft. Aber Karl wollte von keiner Feier und keiner Beratung wissen, er ließ seinen Beichtvater holen, schloss sich mit ihm ein, ging des abends früh zu Bett und hörte am Morgen zwei Messen.

«Da ist nichts zu machen», meinte Trémouille zu Reginald. «Wenn er Katzenjammer hat, packt ihn die Furcht. Was wollt Ihr? Er ist der Sohn eines Irrsinnigen und einer Mannstollen.» Nur wenn Trémouille sehr schlechter Laune war, ließ er seinen Worten freien Lauf.

«Es ist keine Zeit mehr zu verlieren, wir müssen nach Reims», drängte Reginald.

«Wie stellt Ihr Euch vor, dass wir drei feindliche Städte, die auf dem Wege liegen, im Handumdrehen einnehmen? Und dass die Engländer von Reims aus untätig zusehen?»

«Die Jungfrau sagt, die Städte werden sich ergeben.»

«Seit wann schwört auch Ihr auf Johannas Orakel?»

«Ein Christ hat nicht nötig zu schwören, Herr von Trémouille.» Der Bischof richtete sich auf und sah verächtlich über die beleibte Gestalt hinweg. «Ich denke an die Weihe von Reims. Wenn sie erst vollzogen ist, dann hat die Politik ihr Recht. Ein rechtmäßig gesalbter König von Frankreich, dessen Truppen seit zwei Monaten siegreich waren, kann mit den Engländern verhandeln.»

«Und wenn eben diese Truppen in den Gräben von Reims liegen bleiben?»

Der Erzbischof antwortete nicht. Er war aufgestanden und würdevoll zur Tür geschritten. Es gab Wichtigeres zu tun. Er musste Karl ermuntern, der in seinem Kabinett saß und klagte. Johanna sei seit drei Tagen unauffindbar.

«Wenn Gott seine Hand von mir zurückgezogen hat, weil mein Leben zu wenig tugendhaft ist ...» Karl grübelte vor sich hin und besah nachdenklich seine mageren Hände.

«Betet, dass Gott Euch verzeiht, Sire. Versprecht ihm, dass Ihr aufbrechen wollt.»

«Nach Reims?»

«Ja, nach Reims.»

«Habt Ihr nicht gehört, dass Auxerre und Troyes und Châlons sich weigern, uns durchziehen zu lassen? Auch Reims ist in englischen Händen, Bischof. Und sagtet Ihr nicht selbst, dass wir nicht mehr kämpfen, sondern verhandeln wollen?» Karl schüttelte seufzend den Kopf, als könne er so viel Unverständnis nicht fassen.

«Dieses war mein Vorschlag, ehe wir erfuhren, dass der englische Königsknabe nach Reims gebracht und gekrönt werden soll. Erlaubt Sire, Euch daran zu erinnern, dass wir nunmehr keine Wahl haben und keine Zeit verlieren dürfen. Wer die Weihe von Reims erhält, wird Frankreich besitzen. Ein rechtmäßiger König von Frankreich kann mit dem König von England verhandeln – doch kein Dauphin, den man mit einem Schein von Recht Usurpator nennen kann.», Reginald war heftiger geworden, als es seine Absicht gewesen, die

Röte des Zorns stieg ihm ins Gesicht. «Ermannt Euch, Sire, befehlt Aufbruch. Dann stellt auch die Jungfrau sich wieder ein.»

«Und wenn nicht?»

«Dann werden wir allein ausziehen.»

«Ohne sie? Keiner wird es wagen. Und wenn ihr etwas zugestoßen ist, wenn sie nie mehr kommt, was dann?»

Dies zu überlegen sei immer noch Zeit, erwiderte Reginald, doch glaube er sein Wort verpfänden zu können, dass sie sich einstelle, sobald der König aufbreche.

«Sire, Ihr gebt doch Befehl, dass wir reiten?»

«Vielleicht», erwiderte Karl.

Das Öl von Reims

Reginald setzte sich durch, und noch ehe Karl sein Heer bei Gien erreichte, kam Johanna angeritten, mit wehendem rotem Mantel über der schimmernden Rüstung, vom Jubel der Söldner willkommen geheißen, die erklärt hatten, selbst ohne Sold würden sie überallhin mit ihr ziehen. Am 29. Juni brach der König mit ihr und dem Heer auf in Richtung Reims.

Allerdings kam es durch Karls Vertraute bald wieder zu Unstimmigkeiten. Als Auxerre, die stolz ragende Stadt, zwei Tage später ihre Tore nicht öffnete, wollte Johanna sie belagern. Auxerre war von burgundischen Truppen besetzt und Trémouille erklärte, ein Angriff auf diese Stadt würde den Herzog von Burgund in Harnisch bringen, was man nicht wagen könne. Karl gab nach, er befahl, die Stadt zu umgehen, und ahnte wahrscheinlich nicht, dass Trémouille sich für diesen Ratschlag zweitausend Kronen im Voraus von den Burgundern hatte zusichern lassen. Sein Günstling hatte auch die Aussöhnung des Konnetabel von Richmont mit König Karl durchkreuzt, so dass dieser mit seinen zwölfhundert Söldnern wieder abgezogen war. Man flüsterte hinter des Königs Rücken, man empörte sich, Karl selbst jedoch schwieg. Als dann die Stadt Troyes in Sicht kam und Kundschafter die Nachricht brachten, der Statthalter von Troyes wolle «dem Dauphin und seiner Dirne» keinen friedlichen Empfang bereiten, hieß es: an eine Belagerung dieser Stadt sei, weil das feindliche Auxerre im Rücken liege, nicht zu denken.

Die Beratung war ohne Johanna abgehalten worden, aber am Ende bestand Reginald darauf, dass man sie höre.

«Edler Dauphin, wartet doch drei Tage», sagte sie.

«Wenn weiter nichts nötig ist, auch sechs», lachte Reginald. «Bist du sicher, dass Troyes sich nach drei Tagen ergeben wird?»

«Die Stadt wird sich morgen ergeben.»

«Das sollte mich wundern», ließ der Herr von Gaucourt sich hören, worauf Alençon hitzig erwiderte, es könne nur böser Wille sein, wenn einer das Wundern immer noch nicht gelernt habe, Gelegenheit dazu sei, weiß Gott, genug gewesen. Johanna bat, sich zurückziehen zu dürfen, und Alençon folgte ihr. Er fand die Luft immer unerträglicher in der Umgebung des Königs.

Johanna rief Paquerel, um ihm einen Brief an die Bürger von Troyes zu diktieren. Sie brauchten keine Angst zu haben um Leben und Eigentum, hieß es darin, wenn sie den Dauphin in gebührender Ehrfurcht empfingen, andernfalls aber versichere die Jungfrau bei ihrem Leben, dass Troyes und alle Städte des Reiches, wie immer sie hießen, genommen würden. «Antwortet rasch.»

Nun beherbergte die Stadt in jener Zeit einen Franziskanermönch mit Namen Richard, einen gar sittenstrengen Herrn, der vom ersten Hahnenschrei bis tief in die Nacht von Buße und Sünde predigen konnte und dem zuliebe man hoffärtige Kleider, Würfel und Karten verbrannte. Richard behauptete seit langem, das Jahr 1429 werde Wunder über Wunder bringen, er selbst glaubte an eine Dame, die er für eine Prophetin hielt, Catherine de la Rochelle, die, als in französischen Städten die Glocken für den Sieg von Orléans geläutet hatten, ebenfalls behauptete, sie müsse dem König zu Hilfe eilen. Es gab in jenen Jahrzehnten mehr als ein halbes Dutzend Frauen, gelegentlich sogar einen Mann, die für wundertätig gehalten wurden. Einige von ihnen verschwanden als Abenteurer von der Bildfläche, andere wurden ersäuft oder verbrannt, zwei galten als heilig. Nach Johannas Tode tauchten sogar zwei falsche «Jungfrauen» auf, die sich für ihre Nachfolgerinnen ausgaben, eine von ihnen fand bei Gilles de Rais Glauben und Hilfe, ehe auch sie wieder untertauchte.

Bruder Richard wurde als Unterhändler der Stadt an Karl

abgesandt und als er in dessen Zelt Johanna erblickte, schlug er beschwörend ein Kreuz über sich selbst.

«Tretet näher, Bruder Richard, ich werde nicht davonfliegen», sagte das Mädchen verschmitzt.

Der Mönch versprach im Namen der Stadträte, dass Troyes sich ergebe. Karl versicherte die Stadt seiner Huld und winkte Entlassung. Bruder Richard aber, bevor er sich wandte, beugte sein Knie vor dem König und dann vor dem Mädchen. «Verzeiht, Engelgleiche!»

L'Angélique – das war der Name, den das Volk Johanna zurief, wenn sie durch die Ortschaften ritt. Männer und Frauen haschten nach ihrer Hand, und wenn sie diese nicht erhielten, küssten sie den Zipfel ihres Mantels. Man brachte die jüngstgeborenen Kinder, damit die Jungfrau Pate stehe, sie nannte die Knaben Karl und die Mädchen Johanna. Man sah Wolken von Schmetterlingen um ihre Standarte fliegen, während sie durch die Julitage ritt, über brache Felder und wild blühende Wiesen. Immer noch bestand ihr ganzer Besitz aus ihrer Rüstung, dem Kunstwerk des Waffenschmiedes von Tours, aus ihrer Standarte, einem roten Mantel und grünen Waffenrock – letztere die Geschenke der dankbaren Stadt Orléans, und einem Dutzend Pferden. Auch die Pferde waren geschenkt, Johanna liebte schöne Rosse, abgesehen davon waren sie notwendig, denn in ihrer vierzehnmonatlichen Laufbahn hat sie fünftausend Kilometer zurückgelegt, mehr als die Entfernung von Frankreich nach Indien. Dann war noch das Schwert in ihrem Besitz, das geheimnisvolle aus Fierbois, zwei unechte Ringlein an ihren Fingern, die sie schon aus Domrémy mitgebracht und die sie trug, bis man sie ihr abnahm, eines davon zeigte die Initialen von Jesus und Maria. Dennoch stak in ihrer Manteltasche noch etwas anderes, aber davon wusste niemand.

Châlons, die Stadt an der Marne, öffnete weit ihre Tore, und in Châlons geschah es, dass zwei Bauern aus Domrémy sich bei ihr meldeten. Johanna stieg vom Pferd und umarmte beide, ihre Augen glitzerten vor Freude wie zwei kleine Sterne. «Ihr, Herr Pate, und Ihr,

Gérardin Epinel!» Wie schien es lang, dass man sich nicht mehr gesehen, und doch waren erst ein paar Monate vergangen.

«Was hast du alles fertig gebracht!», lobte der Pate Jean Morel. «Wenn wir uns nicht mehr vor den Burgundern und den Godons fürchten müssen –»

«Nein, man muss nichts fürchten – nur den Verrat», sagte sie leise, aber als Morel in sie drängte, was sie damit meine und ob in den eigenen Reihen etwa nicht alles in Ordnung sei, schüttelte sie den Kopf. «Wollt Ihr mir einen Gefallen tun, Herr Pate? Dann nehmt doch mein altes Kleid mit nach Haus. Wenn ich wieder nach Domrémy komme, werde ich froh darum sein.»

Sie zog aus der Manteltasche ihren roten, geflickten Bäuerinnenrock. Nie mehr hatte sie Frauenkleidung getragen. Dachte sie in jenem Augenblick, dass sie den Rock noch einmal tragen würde? Oder dass er als einziges Andenken zurückkommen sollte zu den Eltern?

«Johanna, den wirst du wohl nie mehr brauchen», lächelte Morel.

«Nie mehr?», fragte sie erschrocken. «Das möge Gott verhüten.»

Der Page Louis meldete sich. Ob die Jungfrau eine Abordnung der Stadtbürger empfangen würde? Man bitte inständig darum. Und dieses Schreiben sei von einem Boten des Gouverneurs von Toulouse überbracht worden. Der Herzog von Alençon erbiete sich, es vorzulesen.

«Noch einen Augenblick, Louis.» Sie wandte sich wieder den Bauern zu. Ob Vater und Mutter nicht nach Reims kommen wollten? Am übernächsten Sonntag hoffe sie dort zu sein.

«Aber in Reims sitzen noch die Engländer. Ob sie sich so bald ergeben werden?»

Johanna nickte nur. «Ich würde mich von Herzen freuen, bitte richtet es aus.»

Karl wurde unruhiger von Tag zu Tag, je näher man an Reims herankam. Immer früher befahl er des Abends, Quartier zu suchen. Er hatte jetzt 12 000 Mann hinter sich, aber keine Geschütze.

«Es kann keine Rede davon sein, dass Reims sich ergibt. Es ist Ehrensache für Bedford, die Stadt zu halten.» So predigte Trémouille in jedem unbewachten Augenblick. Doch Reginald drängte, in diesen Tagen hielt er unbeirrt zu Johanna. Schon sah man die Mauern und Türme der alten Krönungsstadt fern und winzig am Horizont aufsteigen.

«Nichts Neues?», fragte Karl, als er sich des Morgens erhob.

«Nein, Sire, nichts Neues.»

Er hatte in einer kleinen Ortschaft übernachtet, in der sich gerade noch zwei Betten auftreiben ließen. In diesem Ort also, wo die Füchse sich gute Nacht sagten, würde man warten müssen, Wochen vielleicht, bis Reims sich ergab. Und wenn Reims uneinnehmbar war – was dann? Dann war man schlechter daran als zuvor. Ganz Frankreich würde über ihn lachen.

«Welches Datum haben wir?»

«Samstag, Sire.»

«Du Tropf. Den wievielten Juli?»

«Den sechzehnten.»

Er ließ sich anziehen und befahl seine Berater auf elf Uhr. Aber ehe es so weit war, hörte man das Klappern von Hufen auf dem armseligen Pflaster, ein Gemurmel von erregten Stimmen kam näher und näher. «Sieh nach!», befahl er, und ein Diener stahl sich zum Fenster.

«Sire –»

«Was gibts?»

«Ein Reiter mit einem Tablett und Schlüssel darauf.»

Es klopfte. Reginald, korrekt wie immer, ließ sich melden. Er trat mit Johanna ein.

«Die Schlüssel von Reims, edler Dauphin!» Das Mädchen strahlte.

«Aber die Engländer?»

«Sind vorgestern abgezogen», fügte Reginald hinzu, um auch etwas zu sagen.

In ganz Reims konnte keiner ans Schlafen denken in dieser Nacht zum Sonntag. Bis vorgestern hatte man den Godons gehorchen müssen, und jetzt war der französische Dauphin innerhalb der Mauern, um morgen schon zum rechtmäßigen König zu werden. Es arbeiteten die Schreiner, die Bäcker, die Fleischer und Kerzenzieher, Frauen und selbst Kinder. Girlanden und Kränze sollten an den Häusern befestigt, Hühner geschlachtet, Kuchen gebacken werden, Vorbereitungen, die sonst Wochen in Anspruch nahmen, musste man in knappen anderthalb Tagen bewältigen. An einem Sonntag nur durfte die Krönung vorgenommen werden, und Samstag früh erst hatte die Stadt ihre Tore öffnen können. Auch Karl konnte vor lauter Poltern und Hämmern nicht schlafen, er wohnte in dem Palast nahe bei Notre Dame; Reginald in seinem eigenen, zum ersten Male im Leben. Johanna selbst hatte sich in einer Herberge einquartiert, die sich «Zum gestreiften Esel» nannte.

Es war eine unerhörte Pracht von farbigem Sonnenlicht, das sich in herrlichen Fenstern brach, von vielfarbigen Prunkgewändern und blitzendem Gold, die man durch die Schleier von aufsteigendem Weihrauch gewahrte, als um neun Uhr morgens die feierliche Handlung begann, durch die Karl, den bisher nicht einmal die eigenen Untertanen zu Recht König nennen konnten, zum gesalbten Herrscher werden sollte. Gestickte Lilien, Seide und Hermelin verhüllten seine schmächtige Gestalt und ließen sie steif, erhaben und über jedem Menschenmaß erscheinen. Nur der kleine, blasse, kümmerliche Kopf, noch unbedeckt und ungekrönt, erinnerte an jenen Kronprinzen, über den durch lange sieben Jahre Engländer, Burgunder und Franzosen so bitterlich gespottet hatten. Allerdings fehlten die Kleinodien des Reiches, Szepter und Krone, sie waren von den Engländern rechtzeitig nach St. Denis in Sicherheit gebracht worden. Man musste eine andere Krone bereithalten, was jedoch, wie der Erzbischof erklärte, der Gültigkeit der Weihe keinen Abbruch tat. Es gab ohnedies bei dieser Zeremonie, die nach jahrhundertelangem Brauch zu einer komplizierten, bis in alle Einzelheiten gehenden Vorschrift erstarrt war, mancherlei unerhörte Neuigkeiten. Eigentlich musste der Herzog von Burgund gleich anfangs dem zu Krönenden den Ritterschlag erteilen, um darzutun, dass auch die Fürsten die Würdigkeit des künftigen Herrschers anerkannten. Der Herzog von Burgund aber diente dem Engländer, und so musste der Herzog von Alençon, als Blutsverwandter des Königshauses, ihn vertreten. Vor allem jedoch war da die gänzlich neue, niemals vorgesehene Frage der Teilnahme eines Mädchens aus dem Volk an dieser Handlung, bei der nur die höchsten Spitzen des Adels und der Kirche ihre Rollen hatten. Doch war keine Wahl, man musste Johanna einen Ehrenplatz einräumen, nicht nur das Volk, sondern auch ihre Waffengefährten hätten es nicht anders geduldet. Reginald, in dessen Machtbereich die Kathedrale und zu dessen höchster Amtshandlung die Krönung gehörte, war einverstanden, dass das Mädchen neben dem König stehe, umso mehr als nicht zu bestreiten war, dass sie den Dauphin bis hierher geführt hatte. Ab morgen würde man ein neues Blatt aufschlagen in der Geschichte Karls des Siebten ...

Johanna erschien in ihrem Mantel aus scharlachrotem Brüsseler Tuch, darunter sah man die grüne Tunika mit den goldgestickten Nesseln des Hauses Orléans. Nur der siebzehnjährige Mädchenkopf trug keinen andern Schmuck als das dunkle Pagenhaar. Es muss ein unvergesslicher Anblick gewesen sein. In der Rechten hielt sie feierlich ihre Engelsstandarte. Dies war nicht vorgesehen und nicht verabredet.

«Warum hast du deine Standarte mit in die Kirche gebracht?», fragte Reginald.

«Sie hat die bösen Tage gesehen, sie soll auch an dem guten dabei sein.»

Der Erzbischof fand in der Eile keinen Grund, ihr diesen Wunsch zu verwehren, und so schwebten die Bildnisse Sankt Michaels und Sankt Gabriels beschützend über dem barhäuptigen Karl, als er Punkt neun seinen Platz vor dem Hochaltar einnahm.

In dem weiten Schiff der Kirche stand Kopf an Kopf die Menge der Ritter, Bürger, Söldner und Bauern, die Türen mussten offen bleiben, denn noch auf dem Platz vor der Kathedrale stauten sich die Menschen. Nicht ganz hinten, aber auch nicht ganz vorn, genau so, dass man gut sehen konnte, was vor dem Altar geschah, stand ein Bauer in sauberer Tracht neben einem Söldner. Sie hatten sich nie vorher gesehen, aber der großartige Augenblick machte alle miteinander bekannt. Der Söldner hörte es an der Sprache, dass der Bauer nicht aus der Gegend sein konnte, daher fühlte er sich als Kenner in dieser hochfeierlichen Stunde, obwohl er auch noch keine Krönung mit angesehen hatte, denn Karls Vater war gekrönt worden, als er selbst noch in den Windeln lag.

«Das ist das Öl des heiligen Remigius», flüsterte er seinem Nachbarn zu, als Gilles de Rais, am heutigen Tag zum Marschall ernannt, dem Erzbischof eine kleine Phiole reichte, aus der Reginald mit einer goldenen Nadel das Öl entnahm.

Der Erzbischof salbte Karls Stirn, seine Hände und Schultern; die Gebete, die er dazu sprach, waren lateinisch, und das Volk konnte sie nicht verstehen.

«Es ist das Öl, das von einer weißen Taube gebracht worden ist, als der Merowinger Chlodwig sich taufen ließ», belehrte der Söldner den Bauern. «Der Platz, an dem die Jungfrau steht, dem König am nächsten, gebührt ihr zu Reeht. Sie ist es, der wir alles verdanken. Sieht sie nicht wunderbar aus?»

Der Bauer nickte, doch hatten seine Augen einen fernen, abwesenden Blick.

«Der Dicke dort ist Herr von Trémouille, der heute zum Grafen ernannt worden ist. Neben ihm, im roten Mantel, steht der Bastard von Orléans.»

«Still», grollte einer vor ihnen. Die Stunde rückte vor. Aus der Reihe der weiß und violett gekleideten Bischöfe wurde Reginald eine Krone übergeben, er hob sie mit ausgestreckten Armen hoch in die Luft. Das Mädchen war, wie Karl selbst, in die Knie gesunken, nur ihre weiße Engelsstandarte stand aufrecht und triumphierend über des Dauphins Kopf. Jetzt senkte sich die Krone nieder.

«Noël! Noël!», rief das Volk, und der Schrei pflanzte sich in nimmer endenden Wogen bis in die Stadt hinaus fort. Die Trompeter setzten mit lauten Fanfaren aus vollen Lungen ein, dass es war, als müssten die alten Mauern zittern. Karl der Dauphin war zu Karl dem Siebenten geworden.

«Es lebe der König! Es lebe die Jungfrau!» Keine Kehle blieb stumm, es war ein einziger Jubel. Nach einer Weile entdeckte der Söldner, dass der Bauer an seiner Seite still und reglos stand. Empört stieß er ihn mit dem Ellbogen in die Seite. Da erst gewahrte er, dass seinem Nachbarn Tränen über das hagere, sonnverbrannte Gesicht rannen.

«Freut Ihr Euch nicht?», schrie der Söldner ihm ins Ohr.

«Doch, es ist nur – die Jungfrau ist meine Tochter.»

Der Söldner hatte ihn im allgemeinen Jubel nicht verstanden, auch wurde es Zeit, sich gegen den Ausgang zu schieben, die Zeremonie ging zu Ende, es mochte an zwei Uhr sein, und man tat gut, sich zu eilen, wenn man noch zu einem ordentlichen Festessen kommen wollte.

Der Vater Jakob d'Arc hatte vor der Krönung nicht mehr mit Johanna reden können. Sein Pferd war nicht das stärkste, man hatte im Winter zu wenig Hafer gehabt, die Nacht durch musste er reiten, um gerade noch zurechtzukommen. Nach der Feier, so dachte er, werde Johanna gewiss mit dem König tafeln. Nun, er würde in ihrer Herberge warten, vielleicht traf er dort seine Söhne.

«Wisst Ihr, wo die Jungfrau wohnt?», fragte er den nächsten Bürger, der sich fassen ließ, als er mühsam, eingekeilt in die feste Masse des Volkes, den Ausgang der Kathedrale erreichte.

«Gewiss, in der Herberge Ane raye in der Parvisstraße. Dort, seht Ihr den Giebel um die erste Ecke?»

Er klopfte mit dem Messinghammer, der an der Haustür hing, und dachte, es wäre doch gut, die Mutter dabei zu haben, sie wusste sich bei feinen Leuten so viel besser zu benehmen als er. Ein Junge in gar prächtigem Seidenkleid öffnete und fragte sehr höflich, was er wünsche.

«Ich möchte – wisst Ihr vielleicht, wo die Jungfrau Johanna ist?»

Der Junge hatte lustige Augen und ein pausbäckiges Gesicht.

«Gewiss», sagte er, «sie ist oben und setzt sich eben zu Tisch. Ich bin ihr Page und heiße Louis.»

«Es ist nur – ich würde sie gern sehen, ich bin ihr Vater.»

Louis blieb der Mund offen, er vergaß seine gute Erziehung, immer zwei Stufen auf einmal nahm er die Treppe hinauf. Aber Johanna kam ihm schon entgegen, auch sie stürmisch wie ein zwölfjähriger Junge. «Vater!»

Jakob d'Arc musste sich gleich mit ihr zu Tisch setzen, und jetzt erst merkte er, dass der Magen ihm weh tat vor lauter Hunger. Die beiden Söhne schenkten dem Vater ein, der Herbergsvater legte ihm die besten Bissen auf, und es gab ein fröhliches Schmausen, bei dem Jakob d'Arc nur dann und wann verstohlen nach der Tochter blickte, die genauso wenig aß wie früher daheim, obwohl es Dinge gab, die das Wasser im Mund zusammenlaufen ließen.

«Stolz könnt Ihr sein», meinte der Herbergsvater, «wie kein Vater in ganz Frankreich. Eine solche Tochter zu haben, ist eine Gnade Gottes.»

«Das stimmt», rief seine Frau, die eben den Mägden einen riesigen Teller voll frischem Gebackenem abnahm. «Ihr könnt da hinten in Lothringen gar nicht wissen, was die Jungfrau alles getan hat und wie dankbar wir ihr sind.»

Johanna neigte sich auf ihren Teller, dann sah sie dem Vater in die Augen und schüttelte lächelnd den Kopf, als müsse sie wegen der vielen Worte, die man um sie machte, um Verzeihung bitten. Nein, sie hatte sich nicht verändert, nur, freilich, um die langen Haare war es schade, und die Hosen gefielen ihm nicht.

Dann aber saßen Vater und Tochter in der kleinen Kemenate im Erker, von wo man über schmalen und spitzen Giebeln die Türme der Kathedrale in den blauen Julihimmel steigen sah.

«Warum ist die Mutter nicht mitgekommen? Zürnt sie mir sehr?»

«Sie hat das Vieh nicht deiner Schwester allein überlassen können.

Und das Reiten wäre nichts für sie. Nein, sie zürnt nicht. Im Anfang, weißt du, haben wir es nicht verstanden, dass du fortgegangen bist. Die Mutter weinte, und ich war zornig. Aber wie dann erzählt wurde, was du alles getan hast, und dass du ein braves Mädchen geblieben bist, da haben wir uns an das Wort in der Heiligen Schrift erinnert: ‹Wer nicht Vater und Mutter verlässt um meinetwillen, der ist meiner nicht würdig.› Wir wissen, dass es nichts zu verzeihen gibt.» Jakob d'Arc sagte es stockend und mühsam, als schäme er sich, so große Worte für sein kleines Leid zu gebrauchen. Die hellen Augen waren tief in sich gekehrt, und jetzt sahen Vater und Tochter sich ähnlich.

«Ich danke Euch, Vater, etwas Schöneres habt Ihr mir heute nicht sagen können.»

Gern hätte sie jetzt nach ihren Gespielen gefragt, nach jedem einzelnen Tier daheim, aber nachdem der Vater ihr versichert hatte, dass die Ernte sich gut anlasse und in ganz Lothringen weniger gebrandschatzt und geplündert werde, seit das Volk wieder Hoffnung habe, wollte er die Rüstung und die Standarte besehen, und Johanna musste erzählen von Orléans, von den Waffengefährten, vom König und vom Hof. Jetzt erst gab sie ihrem Herrn den Titel König, nie anders als Dauphin hatte sie ihn bisher genannt.

«Der Ritter, der die Phiole brachte und dann hinter dir stand, der mit dem schwarzen Haar, ich habe seinen Namen nicht behalten, hat der auch mitgekämpft?»

«Herr de Rais? Ja, er ist tapfer gewesen, deshalb ist er heute zum Marschall ernannt worden, obwohl er erst 25 Jahre zählt.»

«Hm», machte Jakob d'Arc, «er gefällt mir nicht sonderlich, sein Gesicht ist finster.»

Nun lachte Johanna. Das dürfe er niemandem sagen, denn am ganzen Hof gebe es keinen, der nicht den Marschall de Rais für den schönsten Ritter von ganz Frankreich halte.

«Und dir, gefällt er dir auch?»

Sie antwortete nicht gleich. «Der Marschall de Rais ist ein Herr, für den man beten muss.»

Die Brüder kamen und erkundigten sich, wo der Vater sein Pferd untergebracht habe und ob es dort gut versorgt sei.

«Ist es die braune Stute?», wollte Johanna wissen.

«Ja», erwiderte der Vater, aber sie habe unterwegs zu lahmen angefangen und er fürchte, der Ritt nach Hause werde ihr beschwerlich sein, sie sei doch nicht mehr die Jüngste. Johanna erwiderte, ans Heimreiten sei noch nicht zu denken, aber was das Pferd angehe, werde sie die Bürger von Reims bitten, dem Vater ein neues zu schenken. Man habe sie gestern gefragt, ob sie nicht einen Wunsch äußern wolle. Auch um die Zeche im Wirtshaus, in dem der Vater heute und hoffentlich noch etliche Tage wohnen werde, dürfe er sich nicht bekümmern.

«Ich dachte – das heißt, die Mutter meinte es –, wenn der Herr König dich jetzt entlassen wollte, ob wir alle zusammen zurückreiten könnten? Die beiden Buben fehlen auch zu Haus ...»

«Glaubt nicht, dass ich es vergessen habe, Vater. Gott allein weiß, wie gern ich mit Euch käme.»

«Du hast doch erfüllt, was du versprachst: Orléans ist frei und unser Herr König gekrönt.»

«Ihr habt Recht, Vater, mehr versprach ich nicht.»

«Warum kommst du dann nicht mit?»

«Ich habe den König gebeten, mich zu entlassen, aber er will, dass ich bleibe.»

«Vielleicht, Johanna, wenn du ihn heute oder morgen noch einmal bittest ... Man sagt, er tue alles, was du willst.»

«Sagt man das?»

Die Reimser schenkten Jakob d'Arc ein neues Pferd, und die Zeche wurde beglichen. Auch der König hat ihm 60 turnesische Pfund auszahlen lassen und auf Johannas Bitte wurden Domrémy und dem Nachbarort Greux gnädigst Steuern und Abgaben erlassen, eine Gnade, die durch drei Jahrhunderte eingehalten wurde. Doch die Bitte, die erste und einzige, die das Mädchen für sich selbst stellte, wurde nicht gewährt: Karl hat Johanna nicht entlassen.

So nahm Jakob d'Arc Abschied und ritt nach Domrémy. Die Söhne ließ er bei Johanna zurück, obwohl er daheim alle Hände gebrauchte. Es war das Opfer, das er bringen wollte in der Nachfolge dessen, der gesagt hatte: «Wer nicht Vater und Mutter verlässt um meinetwillen …»

Er hat seine Tochter nie wieder gesehen.

*

Vier Tage später zog der Neugekrönte mit der Jungfrau und dem Heer weiter von Stadt zu Stadt, zögernd, sich heimlich zurückwünschend in seine Schlösser an der Loire, während Johanna, sie machte keinen Hehl daraus, Paris im Auge hatte. Eine Woche darauf tat er, was Trémouille und Reginald stillschweigend eingeleitet hatten: er unterschrieb einen fünfzehntägigen Waffenstillstand mit den Burgundern, die versprachen, nach Ablauf dieser Frist Paris zu übergeben. In Paris aber regierten nicht die Burgunder, sondern die Engländer, die froh waren, Zeit zu gewinnen. Trémouille hatte sich für den Waffenstillstand von den Burgundern bezahlen lassen, und Reginald war entschlossen, die Politik von nun an selbst in die Hände zu nehmen.

Johanna war nicht gefragt worden, doch wusste sie Bescheid. Am 5. August, neunzehn Tage nach der Krönung, diktierte sie einen Brief an die «lieben und guten Freunde von Reims». Diese hatten sich voll Vertrauen und Sorge an sie gewandt.

«Johanna, die Jungfrau, gibt Euch Nachricht von sich und bittet und fleht Euch an, niemals an der guten Sache ihres Kampfes für das königliche Geblüt zu zweifeln, und ich verspreche und verbürge Euch, Euch niemals zu verlassen, solange ich lebe. Es ist wahr, dass der König einen Waffenstillstand von fünfzehn Tagen mit dem Herzog von Burgund geschlossen hat, wonach dieser die Stadt Paris am Ende der fünfzehn Tage friedlich zu übergeben hat. Seid trotzdem nicht erstaunt, dass ich das nur so kurz erwähne, denn ich bin durchaus nicht einverstanden mit Waffenstillständen, die auf solche

Art zustande gekommen sind, und weiß nicht, ob ich ihn halten werde. Wenn ich ihn aber halte, so nur um der Ehre des Königs willen, damit dem königlichen Geschlecht kein Abtrag geschehe, denn ich werde das königliche Heer zusammenhalten, im Falle es nach Ablauf der fünfzehn Tage nicht zum Frieden kommen sollte.»

Ein deutscher Kanonikus fragt nach der französischen Sibylle

Neunzehn Wochen, auf den Tag genau, war es her, seit Johanna nach Chinon gekommen war. Die Bäume, die damals in Blüte gestanden, setzten ihre Früchte an, und in dieser kurzen Spanne Zeit hatte ein siebzehnjähriges Mädchen Frankreich einen französischen König gegeben, obwohl neun Jahre zuvor ein Engländer durch feierlichen Staatsvertrag zum Herrn des Landes gemacht worden war; es hatte die Franzosen nach achtzig Jahren der Niederlage von Erfolg zu Erfolg geführt – trotz Zweifel, Gegnerschaft und leeren Kassen. Es gab noch nicht jene Erfindungen, die an einem Tag Millionen von Papierbogen mit den neuesten Nachrichten füllen oder diese durch den Äther leiten, aber es wurden Briefe geschrieben, Chroniken verfasst, Boten gesandt, man erzählte sich an Kaminfeuern, berichtete an fremden Höfen. Europa erfuhr, ehe es Herbst wurde, alles, was sich in Frankreich zugetragen. Zauber oder Wunder? Was sollte man von diesem Mädchen halten? Das Volk so gut wie hohe und gelehrte Herren, deutsche und italienische Universitäten waren erpicht darauf, Bescheid zu wissen. In allen Ländern gab es hellsichtige Frauen, die behaupteten, Anweisungen und Erscheinungen zu haben, die einen waren Hexen, die anderen Heilige, und die gelehrtesten Männer der Zeit schrieben lange Traktate, wie die einen von den anderen zu unterscheiden seien. Johanna, das Mädchen von Orléans, schien ein Fall für sich zu sein.

Der italienische Chronist Antonio Morosini notierte schon vor dem Sieg von Orléans: «Alle sind sich einig, dass diese junge Dame Wunder vollbringt. Was mich anbelangt, so sage ich: die Macht Gottes ist groß; ich weiß nicht, ob ich glauben soll, was man erzählt, oder nicht ... Aber Tatsache ist, dass der Dauphin von Tag zu Tag an Boden gewinnt.»

Perceval de Boulainvilliers, ein alter, dem Hause Orléans treu ergebener Ritter, schrieb dem Herzog von Mailand, Philippo Mario, drei Tage nach dem großen Sieg von Patay einen Brief, der ein biografisches Porträt jenes Mädchens enthält, das kein zeitgenössischer Künstler gemalt hat, des Mädchens, von dem wir nicht wissen, ob es helle oder dunkle Augen, braune oder schwarze Haare hatte, ob es groß oder klein war von Wuchs.

«... Sie ward geboren in einem kleinen Dörflein, genannt Domrémy, an dem Flusse Maas in Lothringen. Man weiß, dass sie von gerechten, einfältigen Eltern geboren ward. In der Geburtsnacht des Herrn*, wo die Völker der Werke Christi in größerer Wonne zu gedenken pflegen, ist sie eingegangen in das Licht der Sterblichen. Und wunderbar ward alles Volk desselben Ortes von einer überschwenglichen Freude bewegt; unbekannt mit der Geburt der Jungfrau lief es hin und her und fragte: was Neues geschehen wäre. Etlichen ward das Herz von der neuen Freude ganz erschüttert. Ja, was noch mehr: die Hahnen, gleichsam als die Verkündiger der neuen Freude, ließen sich mit ungewöhnlichem und sonst noch nie gehörtem Schrei vernehmen. Man sah, wie sie, länger denn zwei Stunden mit ihren Flügeln an den Leib schlagend, dieses neuen Dinges Geschichte weissagten.

Das Kind wuchs heran, und da es sieben Jahre zählte, ward ihm nach Sitten der Ackersleute die Hütung der Schafe aufgetragen. Dabei ist ihm, wie man weiß, kein Schäflein verlorengegangen, kein einziges ward ihm von den Tieren gefressen, und solange sie in ihres

* In der Nacht vom 5. auf den 6. Januar 1412, also vor dem Jahrestag der Jordantaufe.

Vaters Haus war, beschützte sie alles Gesinde mit solcher Sicherheit, dass weder der Feinde Bedrängen noch der Barbaren Bosheit ihnen das Geringste anhaben konnte.

Danach, da ihres Alters zwölf Jahre verflossen waren,geschah ihr die erste Offenbarung in folgender Weise: sie hütete mit den Jungfrauen ihrer Gesellschaft die Schafe ihrer Eltern, ging in einer Wiese umher und ward von ihnen gefragt, ob sie für eine Handvoll Blumen oder etwas dergleichen springen wolle. Sie vollführte es, und da sie es verheißen hatte, ward sie zum andern und zum dritten Male im Laufe mit solcher Schnelligkeit bewegt, dass die allerwenigsten glaubten, sie berühre die Erde, dergestalt, dass eine der Jungfrauen rief: ‹Johanna, ich sehe dich über der Erde durch die Lüfte fliegen.›

Als sie den Lauf vollbracht hatte und am Ende der Wiese gleichsam verzückt und den Sinnen entfremdet ihren Geist sammelte und ihren ermüdeten Leib ausruhte, stand eine Jungfrau bei ihr, die sie also anredete: ‹Johanna, eile nach Hause, denn die Mutter hat gesprochen, sie bedürfe deiner Hilfe. Und glaubend, dass es eines der Nachbarskinder sei, kam sie eilends nach Hause, begegnete ihrer Mutter, die sie fragte und ausschalt, warum sie die Schafe verlassen habe. Da sprach die unschuldige Jungfrau: ‹Hast du nicht nach mir geboten?› Worauf die Mutter Nein sagte. Da glaubte sie sich zuerst betrogen, und wie sie zu ihrer Gesellschaft zurückkehren wollte, da fiel plötzlich eine überaus glänzende Wolke vor ihre Augen, und aus der Wolke geschah eine Stimme an sie, die sprach: ‹Johanna, dir geziemet, einen andern Weg zu gehen und wunderbare Taten zu verrichten, dieweil du die bist, die der König des Himmels erwählt hat zum Schutz und Schirm für Karl den König …› Als die Stimme aufgehört, da verschwand die Wolke, und die Jungfrau erschrak und ward gleichsam ganz verwirrt. Die Unschuldige wusste nicht, ob sie jetzund glauben sollte … und da dergleichen Offenbarungen Tag und Nacht geschahen … schwieg sie doch … und blieb in Ungewissheit so eine Zeit von fünf Jahren.

… Das Mägdlein ist von anmutiger Schönheit und besitzt männliche Haltung, es spricht wenig und zeigt wunderbare Klugheit; in seinen Reden hat es eine gefällige, feine Stimme nach Frauenart. Es isst mäßig, noch mäßiger trinkt es Wein. An schönen Rossen und Waffen hat es sein Gefallen. Gewappnete und edle Männer liebt es sehr. Die Zusammenkunft und das Gespräch vieler ist der Jungfrau zuwider. Sie fließt oft von Tränen über, liebt ein fröhliches Gesicht, erduldet unerhörte Arbeit, und in der Führung und Ertragung der Waffen ist sie so beharrlich, dass sie sechs Tage lang Tag und Nacht ohne Unterlass vollständig gewappnet bleibt. Sie spricht, die Englischen hätten kein Recht an Frankreich, und darum habe, wie sie sagt, Gott sie gesandt, auf dass sie jene austreibe und überwinde …

Erlauchter Fürst, damit ich ein End' mach', es sind mehr Wunder geschehn, als ich Euch schreiben oder mit Worten ausdrücken kann. Während ich dies schreibe, ist die genannte Jungfrau schon nach der Gegend der Stadt Rheims in Champagne gezogen. Erlauchtester und großmächtigster Fürst und mein höchst zu verehrender Herr! Ich empfehle mich Euch sehr demütig, indem ich den Allerhöchsten bitte, dass er Euch behüte und Eure Wünsche erfülle.

Geschrieben: Biteromis, am 21. Tage des Monats Junius.

Euer demütiger Diener
Percival,

Herr von Boulainvilliers, Rat und Kämmerer des Königs der Franzosen und des Herrn Herzogs von Orléans, Seneschall des Königs, gebürtig aus Berry.»

Dieser Brief, datiert vom 21. Juni 1429, gerichtet an den Herzog von Mailand, wurde in Europa herumgereicht. Es gibt von ihm auch eine deutsche Übersetzung aus dem gleichen Jahrhundert, die im Königsberger Archiv aufbewahrt wurde.

*

An einem kühlen Septemberabend des gleichen Jahres 1429 saßen auf einem Schloss westlich Compiègne – das dem Herzog von Burgund gehörte, aber von diesem einem englischen Marschall zur Verfügung gestellt worden war – zwei Gäste um das brennende Kaminfeuer. Der eine war ein noch junger Kanonikus mit dem Namen Rupertus Geyer, der im Auftrage des Generalvikars Seiner Gnaden des Bischofs Rabanus von Speyer Botschaften an ein burgundisches Kloster hatte überbringen müssen und sich nun auf der Heimreise nach Landau in der Pfalz befand. Die Dunkelheit war überraschend hereingebrochen, und da die Straßen nicht eben sicher genannt werden konnten, bat er im Schloss um ein Lager für die Nacht. Der englische Marschall, ein wohlwollender Mann, gewährte gerne Gastfreundschaft, vorausgesetzt, dass der Kanonikus es nicht mit den Französischen hielt. Beim Mahle kam Rupertus Geyer neben Peter Macaulay zu sitzen, einen Oxforder Doktor der Rechte, der vor zwei Wochen über den Kanal gekommen war, um, wie er sagte, sich aus eigenem Antrieb über jene französische Sibylle zu unterrichten, die in seinem Lande nicht ohne gute Gründe verhasst sei. Kein Thema konnte für Geyer willkommener sein, denn nicht nur, dass er sich selbst für alle Fragen der Prophetie interessierte, auch sein Generalvikar daheim hatte ihm ans Herz gelegt, sich auf der Reise über alles, was in Frankreich neuerdings geschehen war, wohl zu unterrichten, sein Augenmerk aber ganz besonders auf jenes Mädchen zu heften, das seit der Befreiung von Orléans so viel von sich reden machte. Der Generalvikar war in vielen einschlägigen Schriften belesen und betonte seinen Amtsbrüdern gegenüber, wie wichtig es für jeden Priester sei, Wahrheit von Zauberei, Besessenheit von Heiligkeit, Krankheit von Sünde zu unterscheiden.

So ergab es sich, dass der Engländer und der Deutsche nach dem Mahle, als Ritter und Damen sich zu Spiel und Trunk zusammenfanden, eine stille Kemenate aufsuchten, um ungestört zu besprechen, was ihnen am Herzen lag; der englische Gelehrte in dem gerechten Bemühen, jenseits von Hass und Verblendung, lediglich aus den gesammelten Phänomenen, einen eigenen Standpunkt zu gewinnen, und der Kanonikus, um nach Art der Deutschen hartnäckig und systematisch der neuen Erscheinung auf den Grund zu gehen. Das Lateinische war ihnen beiden geläufig, die Verschiedenheit der Sprachen fiel nicht ins Gewicht.

«Es sind bei uns so gut wie hier in Frankreich», sagte der Engländer, «eine Menge Gerüchte aufgetaucht, die die Ohren der Hörer kitzeln. Jene Jeanne – ich nenne sie Sibylle aus Gründen, die Euch erklärlich sein werden – wird in ganz Frankreich von einem sonnengoldenen Schein umgeben, der Duft guter Meinung begleitet sie, wo immer sie auftritt. Das Volk sagt, sie glänze vor Heiligkeit, und dass sie geschickt im Kriegshandwerk ist, hat sie zu unserem Nachteil bewiesen. Ebenso sicher scheint, dass sie künftige Dinge vorhersagen und Geheimnisse aus den Herzen lesen kann. Ich sah die Abhandlung eines niederländischen Gelehrten, der gerade auf jene beiden Eigenschaften den Beweis ihrer göttlichen Sendung gründet. Unsere Theologen in England dagegen behaupten, ein solches Weib könne nur durch Bündnis mit dem Bösen seine Kräfte erlangen. Dies alles scheint mir Grund genug, den Gerüchten nachzuspüren, um so mehr, als es sich um ein Mädchen handelt, das unserem Land mehr zu schaffen macht als sämtliche Franzosen seit achtzig Jahren zusammengenommen.»

Rupertus Geyer hatte, die Hände in seinen schwarzen Ärmeln verborgen, höflich und aufmerksam zugehört, nun räusperte er sich, um seinem Gegenüber in ebensolchem blumenreichen Latein zu antworten. Auch er habe Grund, sich gleichermaßen für die genannte Sibylle zu interessieren, wenngleich vielleicht von einem andern Gesichtspunkt aus. «Priester, seht Ihr, Herr Doktor, sind dazu angehalten, zur Ehre Gottes und der Engel sich der übersinnlichen Anschauung zu befleißigen, da ja bekanntermaßen einige mit göttlicher Weisheit begabt werden und Schauungen haben, die den Engelwelten benachbart sind. Solche Begnadeten verstehen sich darauf, die Wunder Gottes auszulegen und die Art der Menschenwesenheit zu offenbaren. In Wahrheit ward allein durch solches Wissen unser hinfälliges Zeitalter gestützt und gelenkt. Denn es ist doch klar: Die Dinge, durch die Gott wunderbarerweise in der Erdenwelt wirksam ist, eben diese Dinge sind es auch, die er seinen Erwählten offenbar werden lässt, jenen, die er eingesetzt hat, auf dass sie Erben seien und die Schätze der Weisheit und Wissenschaften verwalten und verbreiten.»

Peter Macaulay stocherte in dem Feuer, das zu erlöschen drohte, legte ein neues Scheit auf und warf dann bescheidenen Tones ein, der Kanonikus sei wohl schon viel weiter in seinen Forschungen, er selbst befinde sich sozusagen noch im Stadium der Voruntersuchung. Und ob er seine Fragen vorbringen dürfe? Die Einwände, die ihm in Oxford ganz prinzipiell und gerade auch von seiten der Theologen entgegengetreten seien, bezögen sich zunächst auf Fragen der Lebensführung besagter Sibylle. Es heiße, sowohl in den Büchern des Alten wie des Neuen Testaments stehe geschrieben, dass es einer Frau niemals erlaubt sei, in Männerkleidern herumzulaufen, noch viel weniger, in Heeren mitzukämpfen. Dies sei das erste Argument gegen die französische Sibylle. Ihre Männertracht beweise, dass sie durch keinen guten Geist gelenkt sei und somit nur zum Abfall vom Guten verführen könne. Ferner sei darüber hinaus die Meinung der meisten Gelehrten, dass Johanna ihre Wunder durch magische Künste und Teufelseingebungen bewerkstellige. Er, Peter Macaulay, gebe zu, dass diese Fragen zuerst geklärt sein müssten, und da sie nicht in das Gebiet der Jurisprudenz, sondern der Theologie gehörten, wäre er dankbar, des Herrn Kanonikus Meinung zu hören.

Rupertus Geyers blasses Gesicht färbte sich rosig, teils von dem glimmenden Feuer des Kamins, zum größeren Teil aber durch den Eifer seines Herzens. «Es stimmt», sagte er, «dass das Kirchengesetz einer Frau verbietet, Männerkleidung zu tragen, genau wie das Umgekehrte den Männern verboten ist. Das Tragen von Waffen ist in unseren christlichen Zeiten den Frauen ebenfalls unerlaubt – auch in heidnischen Jahrhunderten trugen nur jene, die sich dem Dienst des Mars ergaben, Mannskleider und Waffen. Jedoch sind auch heutigentags noch Ausnahmefälle zugegeben, so kann, wie der heilige Thomas von Aquino es in seiner ‹Summa› darlegt, eine Frau ohne Sünde zu begehen Männerkleidung tragen, wenn die Notwendigkeit es fordert: um vor dem Feind verborgen zu bleiben oder aus irgendeinem andern vernünftigen Grund. Hierher gehört wohl auch der Fall des Frater Marinus, von dem der heilige Hieronymus berichtet. Eine Jungfrau mit Namen Mariana nahm den christlichen Glauben an und wollte in ein Kloster eintreten. Ein Mann, der sie liebte, verfolgte sie jedoch bis hinter die Klostermauern. Da legte das Mädchen die Weiberkleider ab, nannte sich Marianus und trat in ein Männerkloster ein. Der heilige Hieronymus fügt hinzu, dies sei unter der Zeugenschaft und mit Zustimmung von 72 Bischöfen geschehen. Soweit ich mich erinnere, zitiert er unter diesen auch Papst Gelasius. Wenn aber Gott an der wehrhaften Jungfrau Mariana Gefallen hat, so scheint mir, dass ihn unter den gegebenen Umständen auch die Jungfrau Johanna nicht beleidigen kann, wenn sie Waffen trägt und Mannskleider anzieht. Könnte sie sonst unbeschadet mit den rauhen Kriegsknechten ausziehen? Dieses aber musste sie tun, denn erst seit sie beim Heer ist, sind den Franzosen Wunder geglückt.»

«Zugegeben. Eure Argumente in bezug auf die Männerkleidung scheinen mir schlagend, umso mehr, als Ihr sie mit gewichtigen Aussprüchen belegt. Was jedoch die Wunder anbelangt, so setzen sie eine Antwort auf zwei Punkte voraus: sind sie durch göttliche oder satanische Eingebung geschehen? Wir in England nehmen das letztere an, doch muss ich zugeben: da sie gegen uns geschehen sind, mögen wir nicht unbefangen sein.»

Der Kanonikus wechselte die Stellung seiner Füße und fuhr sich unruhig durch das braune Haar. «Diese Eure zweite Frage ist berechtigt, und sie bildet sozusagen das Alpha und Omega. Mich wundert es, dass die Kirche nicht den außerordentlichen Fall einer allgemeinen Prüfung unterzieht. Wahrscheinlich hat der schwierige Stand der kirchlichen Angelegenheiten – die Inanspruchnahme durch das Konzil zu Basel und die höchst beklagenswerte Erscheinung der beiden Nebenpäpste – solche Untersuchungen bislang verhindert. Natürlich gebe ich zu, dass der Satan sich manches Mal in einen Engel des Lichts verkleidet, dass er die Seelen umgarnen kann und über vielerlei Künste verfügt, wie es schon aus den Sentenzen des Isidorus hervorgeht. Ihr kennt doch des Isidorus Schriften, Herr Doktor?»

Peter Macaulay schüttelte den Kopf. Er sei in jener Materie noch nicht ganz zu Hause, sagte er aufrichtig, und Isidorus bedeute für ihn kaum mehr als einen Namen.

«Einerlei. Ihr wisst doch, dass es zahlreiche Künste gibt, die nach Zeugnis des heiligen Augustinus den Menschen durch Dämonen eingegeben werden?»

«Ihr meint die Nekromantie?»

Geyer nickte, sichtlich in Fahrt. «Es gibt da die verschiedensten Dinge. Einige üben das Wahrsagen mit Hilfe von Verstorbenen aus, andere durch besonders geeignete lebende Menschen, manche wollen aus dem Wasser, aus dem Feuer oder der Luft weissagen, andere aus den Eingeweiden der Tiere oder aus dem Vogelflug, wie die alten Heiden. Eine Reihe von weiteren aus den Bewegungen der Sterne. Auch Träume dienen dazu, künftige Geschehnisse vorauszusagen.»

Macaulay winkte lächelnd ab. Der Traum, meinte er, sei doch wohl ein zu schwankender Boden.

«Das kommt darauf an, denn es gibt zweierlei Ursachen der Träume. Einmal die körperlichen: wenn im Schlafe eine Phantasie in den Menschen gelangt, die einem Körpervorgang parallel ist. Ein Mensch, der kalte Säfte hat, träumt leicht von Wasser oder Schnee, wenn die cholerischen Säfte vorherrschen, glaubt der Mensch sich im Feuer. Einer unserer Ordensbrüder träumte, er habe einen spitzen Pfeil im Bauch und schrie, dass wir nachsehen kamen. Als er erwachte, gab er große Mengen schwarzer Galle von sich. Diese Träume sind wichtig für den Arzt. Aber es gibt eine zweite Art: der Körper wird dabei durch die Luft oder Gestirnseinflüsse angeregt, und es erscheinen dem Schlafenden Phantasien, die den himmlischen Wesenheiten entsprechen. Auf diese Weise lässt Gott durch Vermittlung der Engel im Traum Offenbarungen zukommen. Denkt an das vierte Buch Mosis. Aber auch hier muss man vorsichtig sein, denn durch geheimen Pakt mit dem Teufel kann Ähnliches in der Phantasie des Schlafenden bewirkt werden. Nehmt zum Beispiel Kapitel 27 bei Matthäus, wo von der Frau des Pilatus berichtet wird.»

Peter Macaulay zwinkerte ein wenig aus seinem knabenhaften Gesicht, dem man ohne die grauen Haare an den Schläfen nicht mehr als dreißig Jahre zugezählt hätte. Er fürchte, nicht eben bibelfest zu sein, sagte er, doch interessiere ihn alles außerordentlich. Er schenkte die leeren Gläser voll und bat, einen Augenblick unterbrechen zu dürfen. Auf sein Klingeln mit einer zierlichen Glocke, die auf dem Tisch stand, erschien sein Diener, dem er Befehl gab, eine neue Flasche zu bringen. Der heutige Abend lasse sich gut an, meinte er, zu Geyer gewandt, und was ihn angehe, hätte er es nicht besser treffen können, als unter so viel ungelehrtem Kriegsvolk auf einen Fachmann zu stoßen. Die Weine der Franzosen aber, das müsse man zugeben, seien allen anderen überlegen. «Sie regen den Geist an, ohne ihn zu beschweren, findet Ihr nicht auch, Herr Kanonikus? Doch ich habe Euch unterbrochen, verzeiht. Schon meine Frage über die Träume schweifte ab.» Macaulay war von Oxford geschult, die Linie eines Gespräches festzuhalten. «Ihr wart bei den Künsten der dunklen Magie.»

«Ganz richtig. Worauf ich hinauswollte, werdet Ihr bald sehen. Die Pakte mit den Dämonen kommen auf vielerlei Weise zustande. Insbesondere durch magische Bilder, Totenbeschwörungen oder gewisse Anrufungen. Die magischen Formeln sind bisher, soviel ich weiß, sprachlich nicht zu ergründen, sie sind weder hebräisch noch griechisch, noch syrisch oder aramäisch. Das ganze Heer der Dämonen mag sie aus verschiedenen Worten zusammengesetzt haben.

Immer aber zielen sie darauf ab, dass derjenige, der sich ihrer bedient, sich zugleich die Kraft der entsprechenden Dämonen aneignet. Was die magischen Bildwerke anbelangt, dürften sie Euch in der Praxis schon begegnet sein.»

«Dies allerdings, und wenn es Euch nicht langweilt, will ich nur einen Fall erzählen. Es war da in der Nähe von London ein sonderbarer Mord vorgekommen, der das Gericht längere Zeit beschäftigte. Ein Mann namens – der Name tut nichts zur Sache, lasst mich ihn Alban nennen – tat aus irgendeinem Grund eine Pilgerfahrt nach Santiago di Compostella. Als er durch Navarra ritt, gesellte sich ein Spanier zu ihm, der sich als Nekromant ausgab und behauptete, Alban schwebe in unmittelbarer Lebensgefahr, doch wolle er ihn gegen ein angemessenes Honorar erretten. Nun war Alban nicht einer von den Tapfersten und lebte gerne, er bat also den Spanier, ihn zu schützen, und dachte wohl an ein abgekartetes Spiel von Räubern. Der Spanier führte ihn in ein Wirtshaus und befahl Alban, in ein Bad zu steigen. Darauf hielt er ihm einen Spiegel vor und fragte, was er darin sehe. Alban, der nie von magischen Spiegeln gehört hatte, erschrak zu Tode, denn er sah seine Londoner Stube darin und seine Frau in der Umarmung mit einem Fremden. Erbittert wollte er aus dem Bad springen, da verwandelte sich das Spiegelbild. Der Liebhaber seiner Frau spannte einen Bogen und zielte nach einer kleinen Wachsfigur. ‹Diese Figur bist du›, sagte ihm der Spanier, ‹wenn er sie trifft, bist du ein toter Mann. Tauche unters Wasser.› Alban tat, wie ihm geheißen. Indes verfertigte der Nekromant eine andere Figur und versicherte, er sei stärker als jener Liebhaber in London und werde ihn seinerseits töten. Im Spiegel wollte Alban darauf seine Frau erblicken, die den Mann erdrosselte und mit Hilfe der Magd im Keller vergrub.»

«Auch uns sind solche Fälle aus der Praxis bekannt, nur können wir aus nahe liegenden Gründen nicht darüber sprechen. Aber wie gelangte Euer Fall an die Öffentlichkeit?»

«Alban kam nach Hause zurück, stellte seine Frau, und sei es nun, dass die Magd oder die Nachbarn plauderten: der Mord kam vor Gericht, und Alban, wohl um die eigene Frau zu entlasten, die einem Magier ins Garn gegangen war, bezeugte, dass sich alles so zugetragen habe, wie er es im Spiegel des Spaniers gesehen hatte. Nach Auslegung der Kundigen in der Nekromantie besagte der Fall, dass jener Spanier über höhere Dämonien gebieten konnte als der andere in London.»

Der Abend war vorgeschritten, im Schloss wurde es allmählich ruhig, aber Peter Macaulay legte bedächtig neues Holz aufs Feuer. Gewiss hatte der Kanonikus noch manches zu berichten, das sah man aus der Unruhe, die ihn mit langen Schritten im Zimmer hin- und herwandern ließ. Peter hob ihm das Glas entgegen: «Prost!» Er trank es leer und räkelte sich, die Beine weit von sich gestreckt, behaglich in seinem Sessel.

«Wir hatten in Deutschland einen seltsamen Fall, der auch in die Öffentlichkeit kam. Wieweit er allerdings stimmt, weiß ich nicht. Es gab da einen Bischof in Halberstadt, von dem ausgesagt wurde, er habe in der Heiligen Nacht binnen drei Stunden in drei Städten zugleich die Messe gelesen, in persönlicher und körperlicher Anwesenheit. Es hieß, ihm sei ein Geist zu Diensten gewesen, den er durch Exorzismen beherrschte. Der Bischof soll ein frommer und kaltblütiger Greis gewesen sein, der sozusagen auf geistigen Antrieb die Macht der magischen Kunst erproben wollte.»

Rupertus Geyer versank in Grübelei, und da er nicht weiterreden wollte, fragte Peter nach jenem Abt des italienischen Klosters Fiori. Ob wohl das Gerücht auf Wahrheit beruhe, dass dieser aus Ehrgeiz sich dem Teufel verschrieben und ihm auch geopfert habe?

Geyer nickte trübe. «Ich weiß, auch uns ist es übermittelt worden. Aber eines Tages hat sich dieser Abt selbst die opfernden Hände abgeschnitten und ist mit verstümmeltem Körper und von Reue gequält im Nachbarkloster erschienen. Damit komme ich auf meine erste Behauptung von heute Abend zurück: magische Künste, einerlei welcher Art, werden auf die Dauer nie geheim zu halten sein. Wenn besagte Sibylle Johanna mit Teufelskünsten ihre

Wunder vollbrächte, müsste längst Verdächtiges an ihr bemerkt worden sein, wo doch sozusagen Tag und Nacht Freund und Feind ein Auge auf sie werfen. Dagegen hörte ich zuverlässig, dass sie von allen Priestern, die ihr begegnet sind, gelobt wird. Sie fliehe die Nichtigkeiten der Welt und führe ein untadeliges Leben. In keinem andern Namen als in dem der Dreifaltigkeit und des Erzengels Michael vollbringt sie ihre Taten. Und sind diese Taten nicht gut zu nennen? Sie fördert den Frieden, sie lindert die Not eines Landes, sie dient der Gerechtigkeit ...» Hier hielt der Kanonikus ein und sah etwas unsicher zu Peter hinüber, aber dann ermannte er sich. «Mir scheint, dass es wirklich nicht angängig ist, wenn ihr Engländer, wo ihr doch ein eigenes Land besitzt, auch ein zweites dazu haben wollt. Und dass euer König, verzeiht, immer noch die Krone Frankreichs erstrebt, nachdem König Karl rechtsgültig in Reims gekrönt worden ist.»

Peter hatte nach Art der Engländer ruhig und unbewegt mit angehört, was Rupertus Geyer nicht eben zur Ehre seiner Landsleute gesagt hatte. Erst jetzt, als das Wort von der Rechtsgültigkeit fiel, meldete er sich zu Wort. Der König von England sei durch rechtskräftigen Vertrag mit dem verstorbenen französischen König bereits vor neun Jahren zum Herrn des Landes gemacht worden. Allerdings, das gebe er zu, fehle ihm die Weihe von Reims. Ob diese jedoch das gültige Testament eines Königs auslöschen könne, sei eine Frage, die er im Augenblick nicht wage zu entscheiden.

Geyer, immer noch behutsam und die Stimme senkend, fragte, wieweit der verstorbene König Karl, von dessen Geistesverfassung die Engländer selbst nicht eben das Beste berichteten, aus freiem Willen und in klarer Erkenntnis eben jenes Testament verfasst haben könne, das seinen einzigen Sohn enterbte.

«Dieser Einwand, Herr Kanonikus, scheint auch mir nicht ganz von der Hand zu weisen, obwohl wir die Frage heute nicht mehr entscheiden können, ob Karl VI., als er das Testament unterschrieb, bereits irrsinnig war oder nicht. Aber Euer Einwand schließt eine

Frage ein, die ebenfalls erst noch zu prüfen wäre: ob der Sohn, der nun eben gekrönt worden ist, wirklich der Spross Karls VI. war oder eines andern Mannes. Man sollte denken, die Königin Isabeau müsste das besser gewusst haben. Wie es heißt, war sie aber die treibende Kraft bei Abschluss des Testamentes. Ein kitzliger Fall, das müsst Ihr zugeben, kompliziert wie vielleicht keiner noch in der Geschichte einer Dynastie.»

Peter Macaulay schien es, als sei der Kanonikus plötzlich hochrot im Gesicht, er wusste nicht, ob aus Empörung oder weil ihm die Frage in Anbetracht seines Standes peinlich und gewagt erschien. «Nun, Herr Doktor», sagte Geyer schließlich, «in dieser Angelegenheit scheint mir Behauptung gegen Behauptung zu stehen. Königin Isabeau bestreitet die legale Abkunft ihres Sohnes, die Jungfrau Johanna hat sich für dessen legale Abstammung mit dem Gewicht ihrer ganzen Person eingesetzt. Ein schlechtes Weib – verzeiht das offene Wort – gegen eine unantastbare Jungfrau. Ihr versteht vielleicht, dass ich letzterer mehr Glauben zu schenken bereit bin.»

«Durchaus. Der Ruf, den die Königin Isabeau genießt, sie lebt ja auf unserem Territorium, wie Ihr wisst, rechtfertigt – nun, gelinde gesagt, jede Vorsicht in bezug auf alle ihre Behauptungen. Jedoch ist der Ruf der französischen Sibylle auf unserer Seite durchaus nicht besser, wenn auch ihre Jungfrauschaft nicht mehr in Frage gestellt wird. Es scheinen in diesem Punkt Gutachten vorzuliegen, die der Erzbischof Reginald bestätigt hat und die selbst unsere Theologen in Rechnung setzen. Doch sind die Anschuldigungen der Magie, wie Ihr zugeben müsst, nicht minder belastend, auch wenn Ihr sie Eurerseits von der Hand zu weisen scheint. Eben deshalb bin ich nach Frankreich gekommen. Es könnte ja sein, dass man eines Tages das Mädchen gefangen nimmt. Dann wäre ein abschließendes Urteil über die Sibylle für Englands Ansprüche auf Frankreich von erster Bedeutung. Denn wenn Karl VII. durch Teufelsmachwerk zu seinen Siegen und seiner Krönung gekommen sein sollte –»

«Wenn!»

«Selbstverständlich. Immerhin, wenn sich diese Frage positiv beantworten ließe, wären alle Wunder hinfällig. Ich habe daher, um einem gerechten Urteil über Johanna nicht vorzugreifen, einstweilen den Ausdruck ‹Sibylle› gewählt. Oder erscheint Euch auch dieser Titel anfechtbar?»

«Nein. Die Existenz von Sibyllen im Altertum ist hinlänglich bezeugt.»

«Auch in christlicher Zeit?»

«Gewiss. Abgesehen davon, dass der Apostel Paulus den weissagenden Geist der Sibyllen aus der Kirche verwiesen haben wollte – womit er, implicite, ihr Vorhandensein zugibt –, findet man auch in neuerer Zeit belegte Beispiele prophetischer Veranlagung bei vielen Frauen, auch solchen, die von der Kirche anerkannt sind. Ich erinnere an eure Brigit aus Irland und unsere Hildegard von Bingen. Dagegen ist nichts einzuwenden, dass Ihr Johanna als Sibylle bezeichnet, ja, der Titel scheint mir sogar wegweisend. Obwohl –»

«Sprecht, bitte.»

«Obwohl die beiden Vorstellungsarten, die ich mir von den Sibyllen einerseits und Johanna andererseits bilden musste, nicht ganz übereinstimmen. Die Sibyllen waren außer ihren Sinnen, wenn sie prophezeiten, sie schrien und delirierten, waren wortreich und tatenlos. Johanna erscheint mir von all dem das Gegenteil.»

Peter Macaulay nickte bekräftigend. «Darin habt Ihr Recht. Aber man müsste Johanna einmal selbst sehen. Für uns Juristen ist der Augenschein unerlässlich. Vielleicht gelingt es mir eines Tages, ihre Bekanntschaft zu machen, weiß Gott, ich gäbe viel darum. Im Augenblick allerdings scheint dies schwieriger denn je. Ihr wisst, wir haben einen Waffenstillstand abgeschlossen. Der Herzog von Bedford ist bereits von Paris nach Rouen übersiedelt. Wenn es so weitergeht, haben wir Engländer bald nichts mehr zu suchen in ganz Frankreich.»

«Vielleicht ist auch das Gottes Wille?»

«Das wird die Zukunft lehren, wahrscheinlich schon eine nahe Zukunft.»

«Johanna spricht, wie ich höre, von zwanzig Jahren. Nach Ablauf dieser Frist werde Karls Sohn unbestrittener Herr in Frankreich sein.»

«So lange Zeit gibt sie uns noch? Da dürfte sie sich irren. Mir scheint, dass England in ein paar Monaten entweder Frankreich verspielt oder auf immer gewinnt. Wollen wir wetten?»

Ehe der Kanonikus antworten konnte, klopfte es an die Tür, und im Schein des Öllichts, das in der hereinflutenden Luft des Ganges zu flackern begann, stand der Herr des Schlosses. «Ich bitte um Entschuldigung, wenn ich störe –»

«Wir haben um Entschuldigung zu bitten, dass wir immer noch die Ruhe des Hauses stören», sagte Macaulay höflich auf englisch. Beide Gäste waren aufgestanden, und der Kanonikus rückte einen dritten Sessel heran, auf den der Marschall sich niederließ, nachdem er, mit einem Blick auf seine Pantoffel und einen sorglich zugehaltenen Mantel, eine neuerliche Entschuldigung gemurmelt hatte.

«Es ist nur – ich habe Nachricht bekommen, dass die Hexe in St. Denis ist und Paris angreifen will.»

«Oh!», ließ Macaulay sich hören und wechselte mit Rupertus Geyer einen Blick, der fragte, ob auch er verstanden habe.

«Wenn ich der Botschaft glauben darf, hat sie für morgen den Angriff auf Paris beschlossen. Sollte sie noch einmal Glück haben – dann kann es sein, dass wir morgen schon Befehl erhalten, uns an die Küste zurückzuziehen, und ich möchte meine Gäste davon unterrichten.»

«Hat denn die französische Jungfrau den Waffenstillstand gebrochen?», fragte der Kanonikus missbilligend.

Der Marschall trank aus dem Glas, das Macaulay vor ihn hinstellte, er wog bedächtig den grauen Kopf hin und her und erwiderte, das sei eine Frage, die leider nicht mit Ja oder Nein beantwortet werden könne. «Als Trémouille vor vier Wochen den Waffenstillstand schloss – es heißt, gegen eine runde Summe, die der Herzog von Burgund ihm auszahlen ließ –, erklärte Johanna sich nur widerwillig bereit, ihn zu halten. In dem Vertrag war vereinbart, dass nach Ablauf von zwei Wochen Paris von uns übergeben werde. Nun, ich muss gestehen, das haben wir nicht getan, aber wir baten um Verlängerung der Waffenruhe. Trémouille gewährte es im Namen Karls, Johanna aber erklärte offen, für sie sei der Waffenstillstand abgelaufen, und schickte uns eine Kampfansage. So weit war ihr Vorgehen durchaus klar und, ich muss sagen, sehr viel mannhafter als das ihres erbärmlichen Königs, der ihr zwar nach St. Denis gefolgt ist, aber anscheinend nur widerwillig. Er glaubt Trémouille, der für den faulen Frieden wahrscheinlich weitere Gelder einsteckt. Seit der Krönung ist auch der Erzbischof Reginald für den Frieden» – der Marschall hielt an und fügte, mit einem Blick auf des Kanonikus' Amtskleid höflich hinzu, an des Bischofs sauberen Händen sei nicht zu zweifeln. Im Übrigen könne Waffenruhe die völlige Rettung für die englische Sache bedeuten.

«Es wird also darauf ankommen, wer stärker ist, Trémouille und Reginald – oder das Mädchen?», fragte Macaulay.

«Ja, so sehe ich es auch.» Der Marschall strich sich nachdenklich über das hagere Kinn. «Das Heer und die Marschälle sind natürlich auf Seiten der Hexe. Verflucht, ich wäre es auch. Schade, dass sie ausgerechnet jenem Schwächling Karl zu Hilfe kam. Hätte sie sich an uns gewandt: der Krieg wäre zu Ende und Frankreich englisch bis an den Rhein.»

«Ist die Frage wohl erlaubt», sagte der Kanonikus zögernd, «ob es in Gottes Willen sein kann, dass die Engländer bis an den Rhein herrschen?»

Der Marschall kniff ein Auge zu. «Ich bin Engländer, seht Ihr, und Soldat außerdem. Solche Frage habe ich mir nie gestellt.»

Macaulay dagegen rückte auf seinem Stuhl, und als der Marschall schwieg, lehnte er sich vor. «Herr Kanonikus, vielleicht könnt Ihr das nicht ganz verstehen. Für uns ist Frankreich kein fremdes Land, sondern etwas wie eine zweite Heimat. Durch Jahrhunderte sind wir von Dover nach Boulogne und zurück gesegelt wie über einen Fluss. Auf französischem Boden haben wir Sitte und Staatsform und Recht gelernt. Vor den Mauern von Chartres erlebten unsere normannischen Vorfahren die Wahrheit des Christentums. Hin und her gehen noch heute die Beziehungen unseres Blutes, meine eigene Mutter ist in Caen geboren, mein Großvater auf französischem Boden gefallen. Unsere Sprache ist der der Franzosen verwandt. Noch vor zweihundert Jahren war unser König Richard Löwenherz mehr in Frankreich zu Hause als in London, und ich glaube, wenn wir den Krieg verlieren sollten, der Herzog von Bedford würde es nicht überleben. Es ist nicht nur Gier, die uns treibt, sondern sechshundertjährige Verbundenheit.»

«Vielleicht muss sich diese Verbundenheit in Zukunft anders gestalten?», fragte Rupertus Geyer leise, aber der Marschall räusperte sich, er wolle die Herren nicht in ihren Gesprächen stören, die zweifellos gelehrter seien als die eines alten Kriegers. «Meine Absicht war, Euch auf alle Fälle zu unterrichten. Ich weiß nicht, ob ich morgen noch die Freude haben werde, auf diesem Schloss Hausherr zu spielen.»

Er erhob sich, auch Macaulay und der Kanonikus standen auf, letzterer meinte, morgen früh müsse er ohnedies weiterziehen, man erwarte ihn daheim in Speyer. Der Engländer und der Deutsche bedankten sich bei dem Marschall, der ein freundliches Lebewohl winkte, bevor er die Tür hinter sich schloss.

«Werden wir uns wieder sehen, Herr Kanonikus?», fragte Macaulay.

«Das weiß Gott allein. Aber unsere Begegnung werde ich in Erinnerung behalten, und da unser Generalvikar begierig ist, allzeit auch in den Dingen der Welt Bescheid zu wissen, könnt Ihr sicher sein, dass ich unser Gespräch und Eure Kenntnisse wohl nutzen werde, wenn Ihr erlaubt.»

*

Der Kanonikus hat Wort gehalten. Der Inhalt dieses Gespräches am Kaminfeuer mit dem englischen Doktor der Rechte, geführt in der denkwürdigen Nacht des 9. September 1429, ist als Manuskript unter dem Titel «Die französische Sibylle» erhalten und vom 27. September 1429 datiert. Im 16. Jahrhundert scheint es von Melchior Goldast erworben und von diesem der Stadt Bremen vermacht worden zu sein. Während des Dreißigjährigen Krieges wanderte das Manuskript nach Schweden, von wo es die Königin Christine nach Rom brachte, anscheinend als Geschenk für die Archive des Vatikans. Der Name des Autors ist in dem beschädigten Manuskript zu Verlust gegangen, er fungiert bereits in der Goldastschen Sammlung als «anonymer Kleriker». Eine Abschrift dieses vatikanischen Manuskriptes aus dem Jahre 1787 erwarb die Pariser Nationalbibliothek.

Das Schweigen

Warum ging Johanna nicht nach Hause nach der Krönung zu Reims? Von allem Anfang an hatte sie nichts anderes versprochen, als die Befreiung von Orléans und Karls Salbung zum rechtmäßigen König Frankreichs. Beides war erfüllt. Johannas verzweifelter Brief an die Reimser Bürger, «nie an der guten Sache ihres Kampfes für das königliche Geblüt» irre zu werden, zeigt deutlich, dass sie um die dunklen Fäden wusste, die hinter ihrem Rücken gesponnen wurden. Trémouille bat um Verlängerung des Waffenstillstandes, sobald die fünfzehn Tage abgelaufen waren; von Reginald ist aus späterer Zeit ein Brief erhalten, in dem klipp und klar ausgesprochen ist, die Jungfrau hätte nun abtreten sollen, ja Gott selbst habe es gewünscht. Der Mohr hatte seine Schuldigkeit getan, der Mohr konnte gehen. Der Burgunder dachte auch nach Ablauf der fünfzehn Tage nicht daran, sein Versprechen zu halten und sich aus Paris zurückzuziehen; Bedford, der englische Statthalter für Frankreich, schöpfte neue Hoffnung und schrieb einen empörenden Brief an Karl VII.: er sei die Ursache allen Jammers der Franzosen, er und diese «verderbliche, als Mann verkleidete Frau». Karl, nunmehr rechtsgültig gekrönt, hatte seine spärlichen Willenskräfte erschöpft, für ihn gab es keinen andern Wunsch, als sich wieder zurückzuziehen in seine Schlösser an der Loire.

Warum also blieb Johanna? Man kann die Frage umso mehr stellen, als das, was bisher das Mädchen geleitet, von jetzt ab sie freizulassen schien – soweit wir wissen, und in dieser Hinsicht allerdings sind wir auf ihre spärlichen, wortkargen Äußerungen angewiesen: keine Inspiration drängte zu neuer Tat. Wenn sie trotzdem blieb und weiter handelte, kann man sagen, es sei die Stunde ihrer Schuld gewesen? War es nicht eher die Zeit angebrochener Reife, erwachsener Selbständigkeit, mit allen Möglichkeiten von Irrtum oder Schuld? Auf alle Fälle trat nach dem Höhepunkt von Reims jener Umschlag ein, auf den mit unerbittlicher Konsequenz der letzte Akt ihres Lebensdramas sich vorbereiten musste. Johanna brach den Waffenstillstand Trémouilles und Reginalds. Freilich hatte sie von allem Anfang an Freund und Feind, mündlich und brieflich, gewarnt, dass sie willens sei, das Heer nicht zu verlassen, falls es nach Ablauf der fünfzehntägigen Frist nicht zum Frieden komme. Paris ist die Hauptstadt, und Paris ist in Feindeshand.

Es war am 8. September, vormittags elf Uhr, sieben Wochen nach der Krönung zu Reims. Die Pariser kamen gerade aus dem Hochamt zur Feier des Festes Mariae Geburt, als es vor dem Tor St. Honoré im Westen zu schießen begann. Wer der Erste war, der es durch die Straßen rief, die Franzosen seien bereits in die Stadt eingedrungen und man solle sich ergeben, konnte in der allgemeinen Aufregung nicht festgestellt werden. Da nun die Engländer ihrerseits tags zuvor hatten ausstreuen lassen, der «Herr von Valois», wie sie Karl VII. nannten, werde, wenn er einziehe, alle niedermachen, Männer und Frauen, Vornehme und Geringe, so eilten die Bürger Hals über Kopf in ihre Häuser und riegelten hinter sich die Türen ab.

Indes sahen die Söldner, die auf den Mauern standen, dass die Franzosen bereits den ersten Wall genommen hatten und, unterstützt vom Feuer ihrer Geschütze, die Bollwerke zu stürmen begannen. Um zwei Uhr mittags stand die Jungfrau mit ihrem Banner vor dem zweiten Graben und rief hinüber, die Stadt solle sich ergeben. Der Graben war tief und mit Wasser gefüllt, sie suchte nach einer seichten Stelle, indem sie mit der Lanze die Tiefe prüfte, ruhig und unbekümmert, als ob nicht Pfeile und Steine auf sie niederregneten, sondern gewöhnliches Wasser. Der Marschall de Rais hielt sich in ihrer Nähe, ihm und den Nachfolgenden rief sie zu, man möge Faschinen in den Graben werfen, um ihn auszufüllen.

Erst an dem Freudengeschrei, das von den jenseitigen Wällen her anhob, wurde ihr Bannerträger aufmerksam. Er drehte den Kopf nach ihr und sah, dass sie an einem Pfeil zerrte, der in ihrem Schenkelpanzer stak. Besinnungslos, nur in dem Wunsch, der Jungfrau zu helfen, öffnete er sein Visier, aber im gleichen Augenblick flog ihm ein Stein an die ungeschützte Nasenwurzel, dass er tot zusammenbrach.

Neues Hallo von den Wällen und dann die Antwort der Jungfrau: «Freunde, habt Mut, ich weiche nicht, bevor die Stadt genommen ist!» Aber die Verteidiger auf den Mauern sahen gut, dass die Hexe sich kaum auf den Beinen hielt, und als sie hinter einem Graben verschwand, tobte der Kampf unentschieden weiter, bis die Sonne sank. In der Dämmerung ließ Alençon zum Rückzug blasen.

«Jungfrau Johanna, sollen wir Euch zurücktragen?» Johann von Orléans und Alençon kamen an den Wall, hinter dem sie lag.

«Ich bleibe hier, ich habe es versprochen.»

«Ihr könnt hier nicht übernachten, Euer Fuß muss verbunden werden.» Sie sagten es drängend und vorwurfsvoll, in der hereinfallenden Dunkelheit sah ihr Gesicht bleich und traurig aus. Gilles, der dazugetreten war und sich nach dem blutigen Pfeil bückte, den Johanna sich herausgezogen hatte, fragte, ob ihre Stimmen verlangten, dass sie Paris noch heute nähme?

«Nein, sie sagen nicht, dass ich Paris nehmen muss.»

«Allons, Johanna, morgen ist auch noch ein Tag, wir versuchen es in der Früh von der anderen Seite, die Brücke ist fertig», tröstete Alençon, indes der Bastard Gilles de Rais einen Wink gab. Sie wehrte sich und ließ sich dann doch aufs Pferd heben, zu dritt brachten sie sie ins Lager zurück. Gilles dachte grübelnd, es sei zum ersten Mal, dass die Jungfrau sich habe zu etwas zwingen lassen.

Am nächsten Morgen, die Sonne brach eben blass und zögernd durch ziehende Nebelschleier, kamen Reiter von St. Denis her gesprengt.

«Verflucht, wer ist das?», murmelte Alençon. Ihm ahnte seit Tagen nichts Gutes.

«Auf Befehl des Königs», rief der Anführer, Graf Clermont, ein Günstling Trémouilles. «Wo ist die Jungfrau?»

Sie saß mit den Feldhauptleuten vor einem Zelt, im Kettenhemd, mit verbundenem Bein. «Hier bin ich.»

«Seine Majestät der König entbietet Euch Gruß. Er befiehlt, dass der Angriff auf Paris unterbleibe. Heute nicht –»

«Sollen wir warten, bis die Engländer Verstärkung schicken?», schrie Alençon, und Johann von Orléans ergänzte: «Heute oder nie!» Doch Johanna sagte: «Sprecht zu Ende, Graf Clermont.»

Clermonts kühle Augen streiften, seine Macht genießend, hochmütig die Runde. «Der Angriff hat weder heute noch morgen zu erfolgen. Das Heer wird aufgelöst. Sofort. Auf Befehl des Königs.»

Es grollte wie beginnendes Ungewitter, es klirrten Kettenhemden, und im Nu war die Jungfrau umringt, dass Clermont sich der sechzig Edelleute versicherte, die seine eigene Garde bildeten. «Unmöglich! Wir greifen an! Platz da, wir reiten Euch nieder!» Pferde bäumten sich hoch, Fäuste umklammerten Waffen.

«Still», rief Johanna, und der Lärm legte sich, nur ein dumpfes, drohendes Brausen blieb in der Luft und über dem Vorfeld von Paris.

«Graf Clermont, welches sind die Gründe?»

«Ich habe den Befehl ausgerichtet. Weiteres ist mir nicht aufgetragen.»

«Ist dem König bekannt, dass die Brücke fertig ist, über die wir von Nordosten vordringen wollen?»

«Die Brücke haben wir heute Nacht auf allerhöchsten Befehl abgebrochen.»

Johannas Wangen glühten im Fieber. «Und wenn wir dennoch angreifen?»

«Haben wir Befehl, Gewalt anzuwenden, auch gegen Euch, Jungfrau Johanna!»

Es war auf einmal totenstill, dass man glauben konnte, der Blitz habe eingeschlagen und alle Männer im Umkreis getötet.

«Im Namen Gottes, wir ergeben uns. Herzog von Alençon, tut, was der König befiehlt. Sagt den Leuten, die Jungfrau will es.»

Was danach geschah, wusste keiner mehr genau. Es floss kein Blut, die Fäuste entspannten sich, Rosse wurden gesattelt, Söldner entlohnt. Die Sonne stieg über den Türmen von Paris, die Engländer staunten, dann lachten sie. Mit dürren Worten steht das Ende dieser Tage in der Chronik verzeichnet: «So wurde der Wille der Jungfrau und die Armee des Königs zerbrochen.»

In all dem Getümmel war die Jungfrau verschwunden. Söldner, die nach Hause abzogen, Bürger von St. Denis, die vorgestern noch Johannas Mantelzipfel erhascht hatten, Feldhauptleute, die, nagenden Groll im Herzen, nach ihr suchten: keiner fand das Mädchen. Gilles de Rais streifte mit irren Augen umher, er hatte seine Diener ausgesandt, alle Gräben, alle Häuser im Umkreis mussten sie durchsuchen. Sie kamen zurück. Niemand hatte Johanna gesehen. Auch Paquerel nicht, und nicht Louis, der Page. Der König war längst südwärts gezogen, die Ritter sammelten sich, um ihm zu folgen. «Alençon, wo in Christi Namen ist die Jungfrau?», fragte Gilles.

Johann von Alençon sah aus, als habe er geweint. «Ich weiß es nicht. Wir hätten dem König nicht gehorchen sollen. Es ist ein Unglück. Wenn Johanna nicht verwundet wäre …, ich glaube, sie hätte nicht nachgegeben. Kommt, wir müssen fort, sonst holt uns der Goddam.»

«Und Johanna?»

«Sie muss zum König geritten sein.»

Aber Gilles glaubte es nicht, er stieg noch einmal vom Pferd. Es dämmerte, als er in die Kathedrale von St. Denis trat, das Abendlicht ließ die herrlichen Fenster in mildem Grün und Blau und Gold erglimmen, das Schiff lag in Dunkelheit und Schweigen. Nur vor dem Altar des heiligen Dionysius brannten zwei Kerzen – und jetzt, da sich seine Augen an den Dämmer gewöhnten, sah er, dass eine Gestalt dort kniete, eine kleine Gestalt in Kettenhemd und Hosen, ein erhobener Kopf mit rundgeschnittenem Haar.

Hier also kniete sie! Er blieb stehen, wo er war, und starrte in die still brennenden Lichter. Etwas Seltsames ging in ihm vor, das er nicht begriff. Ein Schmerz stieg auf, so qualvoll und hoffnungslos, als habe er sie nicht wieder gefunden, sondern auf immer verloren. Aber was hing dort, über den hundert kleinen Bildern der Opferer, den Wachsfüßen und Herzen derer, die einst in Dank oder Verzicht geopfert hatten, durch Jahrzehnte, durch Jahrhunderte vielleicht? Etwas Großes, Glänzendes ... Er sah schärfer zu, dann wanderte sein Blick zu Johannas Kettenhemd zurück, und jetzt erst verstand er: es war die blanke, makellose Rüstung der Schmiede von Tours, sie hing an einem Nagel dort neben dem Altar – geopfert.

Ein Schrei, wie wenn ein Mensch ins Herz getroffen wird, störte die Stille, Johanna wandte den Kopf. Auf den Fliesen kniete Gilles, den Kopf in den Händen vergraben. Er hörte es nicht, als sie an ihm vorüber zum Ausgang ging, er blieb knien, aber er betete nicht. Hier in dieser Kathedrale lag Dionysius, der Schüler des Apostels Paulus begraben, und mit ihm das Geheimnis der neunfach gestuften Engel, die er, als ein Letzter, noch schauen durfte. Hier an dieser Stelle musste er, Gilles de Rais, seinen Glauben begraben, dass auch jetzt noch einem Menschen das Tor offen stand, jenseits dessen sich die Reiche der Engel erschlossen. Johanna verzichtete, Johanna gehorchte, Johanna war unterlegen dem Teufel Trémouille.

Durch die Herbstnebel, über fallendes Laub, ritten sie alle dem König nach, Johanna mit hochrotem Gesicht und Zähnen, die im Fieber aufeinanderschlugen, die Männer in dumpfem Groll.

«Wenn ich nicht verwundet wäre, hätte ich nicht nachgegeben», sagte sie.

«Warum habt Ihr dann Eure Rüstung geopfert?»

«Zum Dank. Ist das nicht Brauch bei den Kriegsleuten, wenn sie verwundet werden?»

«Und Euer Schwert, das Schwert von Fierbois, habt Ihr auch das hergegeben?»

«Das Schwert von Fierbois ist zerbrochen.»

Johanna sah vor sich hin, ließ ihrem Gaul die Zügel und schwieg. Der Zweifel, dem zuerst Gilles de Rais Einlass gewährt, kroch nun einem nach dem andern ins Herz. Man verstand die Jungfrau nicht mehr.

Erst in Gien holte man den König ein, in pausenlosen Ritten war er zurückgeeilt an die Loire: er habe kein Geld mehr, sagte er den Rittern, jeder sei entlassen und möge zusehen, wie er zu dem Seinen komme. Der Erzbischof und Trémouille stünden in Verhandlungen, die, wenn alles gut gehe, weitere Kriegsführung überflüssig machen würden. Der Wein war geerntet, die Nüsse fielen groß wie Kinderfäuste von den Bäumen. Es wurde Zeit, so erklärte Karl, ein Winterquartier zu beziehen.

Aus St. Denis kam das Gerücht, die Engländer hätten die Rüstung der Hexe aus der Kathedrale geholt und johlend zertrümmert. Mit verbissenem Gesicht drängte Alençon in Johanna. «Lasst uns auf Rouen marschieren! Söldner und Geld finden sich, wenn Ihr dabei seid.»

«Der König erlaubt es nicht, Herzog von Alençon. Kehrt nach Hause zurück, ich habe Eurer Frau versprochen, dass Ihr gesund wieder heimkommt.»

Was das heißen solle, brauste er auf, und ob auch sie nicht mehr an Frankreich denke? Sie schüttelte den Kopf mit einem Lächeln. das ihm ins Herz schnitt. Aber dann, eines Tages, kam er doch, um Abschied zu nehmen. Er hasse Trémouille, sagte er, der sich am Hofe aufführe, als habe man ihn gekrönt. Er kehre auf seine Besitzungen zurück und werde warten, bis Johanna ihn rufe. Sie ließ ihn ziehen, den «schönen Herzog», der an sie geglaubt hatte, seit er sich unter den Augen des Königs im Schloss Chinon zum ersten Mal vor ihr verneigt, ja eigentlich von der Stunde an, da man ihm beim Wachtelschießen erzählt hatte, ein Mädchen sei gekommen, um Frankreich zu retten. In all den sieben Monaten, die seither verflossen waren, hatte nicht der leiseste Schatten ihre Freundschaft getrübt. Er war ihr Bruder, dem sie näher stand als irgendeinem andern, so dass es nicht der Worte zwischen ihnen bedurfte.

Aber jetzt, als er sich vor ihr neigte und sie tapfer lächelnd sagte: «Geht mit Gott, er soll Euch vergelten, was Ihr für Frankreich getan habt», – jetzt ahnte er nicht, wie schwer es ihr wurde, ihn ziehen zu lassen; wie schwer, ihn zweifeln sehen – und dennoch schweigen zu müssen.

Es war ein Triumph für Trémouille, den er des Abends zu feiern gedachte, denn nie hatte er leiden können, dass diese beiden sich verstanden, und alle anderen loszuwerden würde leicht sein, wenn Alençon ging.

Tags darauf kniete Johann von Orléans vor Karl, fußfällig bat er, dass man ihn weiterkämpfen lasse, bis der letzte Engländer vertrieben sei und Frankreich wieder in Frieden leben könne.

Karl hatte einen unsicheren Blick, seine Stimme war dünn und eigensinnig. «Ich wünsche den Frieden wie Ihr, aber warum noch kämpfen? Die Burgunder haben um Verlängerung der Waffenruhe nachgesucht, und die Engländer stellen sich nicht mehr, sie sind müde.» Er stampfte mit dem Fuß. «Ich verbiete, dass man noch weiter in meinem Namen kämpft!»

«Ist das Euer letztes Wort, Sire?»

«Mein letztes.»

So kehrte auch der Orléans in seine Stadt zurück und bat Johanna, ihm als Gast zu folgen. Aber alles, was sie versprach, war, die braven Bürger während der Weihnachtszeit zu besuchen. La Hire war längst ohne Abschied auf und davon geritten. Auf eigene Faust werde er gegen die Normandie vorgehen, ließ er sagen, und wenn jemand ihn daran hindern wolle, könne er sich bei ihm melden. Trémouille begann aufzuatmen.

Da war nur noch Gilles de Rais von allen Freunden Johannas am

Hof. Er trieb sich mürrisch und wortkarg umher, ritt in die Umgebung, um nach Sängerknaben zu fahnden, ging Johanna aus dem Weg und hatte einen bösen, heimtückischen Zug um den roten Mund. Trémouille konnte es sich selbst nicht erklären, aber zuweilen, wenn er Gilles heimlich betrachtete, stieg in ihm etwas wie Furcht vor dem Lieblingsneffen hoch. Vor Jahren hatte ein Astrologe ihn vor den Sprösslingen der eigenen Sippschaft gewarnt, einer wachse heran, der ihm nach dem Leben trachte. Trémouille vergaß diese Worte nie, er war abergläubisch und misstrauisch in seiner zur Schau getragenen Sicherheit. Kürzlich, als er vom Pferd gestürzt und sich beinahe den Hals gebrochen hatte, erklärte sein Stallmeister, ein Zauberer habe das Pferd verhext, jener Florentiner mit dem bösen Blick, der dem Baron de Rais zu Diensten stehe. Dann wieder kostete ein Diener naschhafterweise von dem Wein, den er zum Mahl bringen sollte, und starb drei Tage darauf aus Ursachen, die nicht geklärt werden konnten. Trémouille ließ den Neffen durch einen seiner ältesten Diener beobachten, aber er nahm nichts Verdächtiges wahr, und auch jener Florentiner mit Namen Prelati wurde nie mehr gesehen. Vielleicht war alles ein Irrtum, was Trémouille sich einzureden umso mehr geneigt war, als er Gilles liebte. Warum aber trieb sich der Neffe am Hofe umher? Doch nur, weil er immer noch an Johanna glaubte. Es kam vor, dass Onkel und Neffe gemeinsam zur Jagd verritten und sich des Abends zusammen betranken.

Trémouille fragte Karl, ob Johanna mit seinem Wissen an die Bürger von Reims geschrieben habe, sie werde ihnen zu Hilfe kommen, wenn die Engländer vorrücken sollten – und ob denn auf immer ein Bauernmädchen über Frankreich gebieten solle? Er steckte sich hinter die Königin und blies ihr ins Ohr, Johanna spiele die Rolle der ersten Frau am Hofe, und sagte Gilles, er werde bald am Ende seiner Einkünfte sein, wenn er sich nicht um seine Besitzungen kümmere. Aber Gilles zuckte nur geringschätzig die Achseln, Karl schwieg und die Königin lachte ganz einfach: solche Nebenbuhlerin lasse sie sich gerne gefallen. Nur Reginald nickte verständnisinnig, sprach von Geduld, die der Mensch üben müsse, wenn Gott dabei sei zu handeln. Mehr als sonst trank Trémouille, wenn auch jede Flasche Wein erst von den Dienern gekostet werden musste.

Eines Morgens, nachdem Gilles sich tagelang müßig herumgetrieben, stand er mit abbittenden Augen vor Johanna. Sie solle endlich befehlen, was zu geschehen habe, und ob sie nicht sehe, dass Trémouille es nur darauf anlege, erst alle Feldhauptleute und dann sie selbst abzuschieben. Alles werde er tun, was ihre Stimmen raten.

Er wartete vorgebeugt, mit gerunzelten Brauen. Sie schwieg eine Weile, und dann kam es abweisend, beinahe hoheitsvoll zurück: «Wer sagt Euch, dass meine Stimmen zu etwas raten?»

Er horchte auf – und nun auf einmal wusste er: Johannas Stimme, die er kannte wie keine, war verändert. Augen und Worte mochten das Geheimnis hüten, ihre Stimme aber konnte seine Ohren nicht täuschen. Doch welches Geheimnis? War sie auf einmal ein Mensch mit Zweifeln und Nöten? «Eure Berater aus dem Jenseits, Jungfrau Johanna, hört Ihr sie nicht mehr sprechen?»

Die Augen des Mädchens wandten sich ab. «Nicht mehr vom Krieg», sagte sie leise.

«Und warum bleibt Ihr an diesem Hof?» Es verschlug ihm den Atem, er dachte an Saint Denis. Johanna, die mit den Engeln sprach, die die Stimmen der Toten hörte, die Düfte des Himmels kannte, – war nicht mehr. Was jetzt vor ihm stand, – war es ein Mensch, der etwas von dem durchlitt, was er selbst durchlebte? War sie eine Frau wie andere Frauen auch?

Er streckte die Hände aus, als wolle er das Mädchen umfangen, brüderlich, tröstend, und doch erschauernd in endlichem Triumph. Aber d'Aulon trat, als sei er gerufen, ins Zimmer, und Johanna sagte, ferner denn je: «Ihr könnt nicht alles verstehen, Herr de Rais.»

*

In dieser Woche schien endlich alles nach Trémouilles Wünschen zu gehen. Gilles hatte sich plötzlich und ohne Abschied mit seiner Dienerschaft davongemacht, und Johanna war wieder einmal vor Karl ins Knie gesunken, ihn beschwörend, dass ihr Jahr bald zu Ende sei und er sie verwenden möge, solange die Zeit noch reiche.

Da seien die beiden Städte St. Pierre le Moutier und La Charité, die sich nicht ergeben hätten, riet Trémouille. Ob Johanna sie nicht belagern wolle? Die Stadt Bourges habe sagen lassen, sie wolle 1800 Goldkronen vorschießen, wenn der Bote Gottes, die Jungfrau, etwas unternehme.

St. Pierre le Moutier wurde erstürmt, aber La Charité ergab sich nicht. Es war November geworden, vergebens wartete Johanna auf die von Trémouille versprochenen 1800 Goldkronen. Ohne die wollenen Kleidungsstücke, die das treue Orléans schickte, wäre bittere Not in den Reihen ihrer Söldner gewesen. Unverrichteter Dinge zog sie von La Charité ab, der Winter war hereingebrochen, Weihnachten stand vor der Tür.

«Warum habt Ihr die Stadt nicht eingenommen, wenn Gott es Euch befohlen hat?», fragte Reginald, als sie nach Bourges zurückkam ins Winterquartier des Königs.

«Wer sagt Euch, dass Gott es mir befohlen hat?»

Reginald ließ sich Paquerel kommen, den er vor acht Monaten zum geistlichen Berater des Mädchens bestimmt hatte. Wann immer er diesen Augustinermönch sah, ärgerte er sich. Es war ein Fehlgriff gewesen.

«Wie geht es Euerm Beichtkind?», Reginald hatte jene halb geschlossenen Augen, vor denen der Mönch jedes Mal seine Sicherheit verlor. Ihr habt mir längere Zeit nicht mehr über Johanna berichtet.»

«Sie geht wie immer treu zu den Sakramenten, Herr Erzbischof. Hier in Bourges lebt sie ganz zurückgezogen. Die ehrbare Ehefrau Marguérite la Touroulde, bei der sie Wohnung genommen hat, die für sie kochen lässt und mit der sie ins Bad geht, versichert mir, dass Johanna keusch und mädchenhaft sei in allem.»

«Das wissen wir längst, Paquerel. Es handelt sich um anderes. Wie steht es um ihre Eingebungen?»

«Davon weiß ich nichts. Sie schweigt, wenn ich sie danach frage.»

«Auch in der Beichte?»

Paquerel senkte den Kopf. «Herr, auch in der Beichte.»

«Man hat mir berichtet, sie sei vom Grafen Armagnac gefragt worden, welcher der drei Päpste der richtige sei, wisst Ihr auch davon nichts?»

«Doch, Herr Erzbischof, ich habe diesen Brief bei mir.» Er griff in seine weiten Ärmel und zog ein gefaltetes Pergament heraus, nach dem Reginald hastiger griff, als es seine Art war.

«Meine sehr liebe Frau», las Reginald leise vor sich hin. «Ich wende mich in aller Bescheidenheit an Euch ... Es gibt drei Inhaber des Heiligen Stuhles: der eine wohnt in Rom, nennt sich Martin, und ihm gehorchen alle christlichen Könige; der andere ist in Paniscola im Königreich Valencia und heißt Clemens VII.; vom dritten weiß man nicht, wo er wohnt ... Wollt Ihr doch unsern Herrn Jesus bitten, dass er in seiner unendlichen Güte durch Euch erklären lasse, wer von den dreien der rechte Papst sei. Euer ganz ergebener Graf von Armagnac.»

Reginald legte das Schreiben auf den kleinen Tisch neben sich, und es entstand eine Pause, die Paquerel nicht wohler ums Herz werden ließ. Er beugte sich vor, faltete die Hände, setzte an: «Sie hat kürzlich eine Anfrage wegen der Hussiten bekommen. Auch dieses Schreiben wollte ich Euch –»

«Einen Augenblick», unterbrach Reginald kühl, «wir waren bei dem Schreiben des Grafen von Armagnac. Was hat Johanna darauf erwidert?»

«Nichts, Herr Erzbischof. Sie war im Begriff zu Pferd zu steigen, es sammelten sich Menschen um sie wie immer, und als man an dem Boten das Wappen des Armagnac erkannte, ballten sich schon die Fäuste. Ihr wisst, Herr, die Armagnaken – Gott sei es geklagt – haben ärger gehaust als Engländer und Sarazenen. Johanna sagte in

Eile, sie habe kein Urteil darüber und wisse nicht, dass drei Päpste auf dem Stuhl Petri säßen –»

«Nächstens wird man Kinder zu den Konzilien einladen», murmelte Reginald erbost. «Aber was war es mit den Hussiten?»

«Herr Erzbischof, das Schreiben hat sie noch selbst. Einige Bürger wollen wissen, was es mit dieser Sekte auf sich habe, die in Böhmen Kirchen und Heiligenstatuen verbrennen soll. Sie sagte mir, darauf wolle sie nicht erwidern.»

Reginald stand auf, ging ans Fenster und sah in die treibenden Schneewolken hinaus. Er schien Paquerels Anwesenheit vergessen zu haben.

«Wenn ich mir die Frage erlauben darf: Ihr wart doch auf dem Konstanzer Konzil?», fragte der Augustiner schließlich.

«Ja. In unserer Eigenschaft als Erzbischof von Reims haben wir Johannes Hus brennen sehen ... Ein gar störrischer Kopf, kein Laut kam von seinen Lippen, obwohl er langsam brannte ...» Jetzt erst drehte er sich herum, und gleichzeitig klopfte es an die Tür. Ein Page fragte, ob der Herr Kanzler empfangen werde? Noch bevor Reginald zerstreut nickte, schob sich Trémouille herein. «Ich störe wohl?»

«Das nicht, nur einen Augenblick noch habe ich zu tun.»

Trémouille ließ sich mit betonter Gleichgültigkeit auf einen Hocker fallen und murmelte, er könne sich ja inzwischen am Kamin wärmen, es sei verdammt kalt für einen Dezembertag.

«Stimmt es, dass die Jungfrau heute früh aus der Stadt geritten ist?», fragte Reginald den Augustinermönch.

«Ja, Herr, die Stadt Orléans hat sie eingeladen und ihr ein Haus zur Verfügung gestellt. Johanna will ihre Mutter dort wieder sehen und mit ihr und den Brüdern Weihnachten feiern.»

«Euch hat sie nicht mitgenommen?»

«Der Besuch soll nicht lange dauern. Und ich dachte –»

Reginald legte so plötzlich die Hand auf Paquerels Schulter, dass dieser zusammenschrak. «Ihr habt nicht gedacht! Ihr denkt überhaupt zu wenig. Reitet ihr nach. Und in Zukunft will ich alle Briefe sehen, die sie erhält und diktiert.»

Er streckte die Hand ein wenig vor und ließ sie hängen, so dass Paquerel den Ring an seinem Finger küssen konnte. Dann zog der Mönch sich mit ergeben geneigtem Kopf zurück, während Trémouille ihm, durch die Zähne pfeifend, nachsah.

«Etwas Neues, Trémouille?»

«Ja. In Paris ist ein Aufstand gegen die Engländer ausgebrochen, die Stadt hungert. Der Burgunder verkauft Söldner an die Engländer und möchte, dass wir Compiègne wieder herausgeben, die Stadt sei nur geliehen. Die Reimser Bürger schrieben an die Jungfrau, sie fürchten, wieder belagert zu werden, und Johanna schrieb zurück ...» Er kniff die Augen zusammen. «Nun, hat Euch Paquerel nichts von diesem Brief erzählt?»

«Nein», erwiderte Reginald unbewegten Gesichts.

«Wenn die Burgunder kommen, mögen sie ihre Tore schließen. Sie selbst, die Jungfrau, werde Reims befreien. Mehr wage sie nicht mitzuteilen, der Brief könne abgefangen werden ... Sie war wieder hellsichtig, unsere Johanna: der Brief gelangte zu mir. Was sagt Ihr dazu, dass sie Waffenhilfe verspricht, während wir immer noch Waffenruhe haben?»

«Nun, auch der Burgunder hält seine Waffenruhe nur schlecht. Auch stimmt es, dass er uns Compiègne nur geliehen hat.» Er sah Trémouille starr ins Gesicht, und dieser zuckte die Achseln, denn er hatte sich die Statthalterschaft über Compiègne gesichert und dachte nicht daran, auf die Einkünfte zu verzichten.

«Was Johanna anbelangt», meinte Reginald, «so ist das Mädchen leider hoffärtig geworden, ich fürchte, Gott hat seine Hand von ihr zurückgezogen.»

«Man müsste mit dem Burgunder endlich ins Reine kommen. Es ist eine Katharina de La Rochelle hier in Bourges, die mit dem Herzog auf sehr freundschaftlichem Fuß stand. Ich legte dem König nahe, dass wir sie zur Verhandlung benützen könnten.»

«Jene Dame, die Schätze aus der Erde graben will und Gespenster sicht?»

«Dieselbe. Was die Schätze anbelangt, könnten wir sie gut gebrauchen. Es wäre Zeit, eine Gottbegnadete zu haben, die sich auch unserer Kassen annimmt.»

Reginald – vertieft in den Ring an seiner Hand – erwiderte, Burgund sei nicht das Wesentliche. Wenn man mit England zum Frieden komme, ergebe sich der Burgunder von selbst. Er habe gute Hoffnung, mit dem Herzog von Bedford Fühlung zu bekommen.

«Rüstet er deshalb ein neues Heer?», grinste Trémouille.

«Diese Nachricht ist nicht erwiesen. Meiner Meinung nach ist auch Bedford kampfmüde. Der Krieg ist zu Ende. Was bleibt, ist das Werk der Diplomatie.»

«Und weshalb lebt Johanna noch immer in Bourges?»

Reginald sah in die Luft, schloss die Augen und sprach, als setze er zur Predigt an. «Es gibt Männer, seht Ihr, die die Stärke ihres Willens nicht im Tun, sondern im Widerstreben zeigen. Solchen Seelen darf man nicht mit Hast entgegentreten.»

«Es gibt Knaben», ergänzte Trémouille, die Augen ebenfalls geschlossen, «die sich von einem Spielzeug so lange nicht trennen, bis sie ein neues erhalten ... Warum seid Ihr gegen Frau de La Rochelle?»

«Weil sie uns lächerlich machen würde. Habt Ihr nicht gehört, was ganz Bourges sich erzählt? Sie hat Johanna bewogen, mit ihr im Schloss die Mitternacht und jene Weiße Frau zu erwarten, die sie zu sehen glaubt. Johanna schlief ein, und die Rochelle behauptete danach, natürlich habe sich die Weiße Frau gezeigt. Am nächsten Tag schlief Johanna zu Mittag und war um Mitternacht wach. Aber nichts zeigte sich, und die halbe Stadt jubelte über Johanna, die Eurer Frau de La Rochelle geraten haben soll, nach Hause zu gehen und sich um ihre Kinder zu kümmern.»

Trémouille winkte geringschätzig mit der Hand. Jedenfalls habe besagte Katharina einen Schatz gefunden, der die Kasse des Königs einen Monat lang füllen werde.

«Und dieser Schatz soll nicht tags zuvor von den Söldnern des Herrn von Trémouille versteckt worden sein?»

Trémouille tat, als habe er nicht gehört. Er bereite für Johanna einen Wappenbrief vor – «de Lys» werde sie sich bald nennen dürfen – und ob das nicht Grund genug sei für ein Bauernmädchen, ehrenvoll nach Hause zurückzukehren? Sonst könnte vielleicht eines Tages auch ein Pfeil daneben gehen –.

«Schweigt!», flüsterte Reginald scharf. Trémouille aber zuckte nur mit den Schultern und verbreitete sich mit wichtiger Miene über die Aussicht, dass der Winter sich mild anlasse und der König ihm versprochen habe, im Februar sein Gast auf Schloss Sully zu sein. «Auch Johanna werde ich einladen und persönlich nach ihr sehen – wenn sie bis dahin noch unter uns ist.»

Die Hauptsache sei, dass die Feldhauptleute abgezogen seien, ließ sich Reginald hören. «Nur Euern Neffen Gilles hätte ich gern in der Nähe behalten.»

Wieso gerade Gilles, fragte Trémouille ärgerlich, und ob der Erzbischof glaube, ein Baron de Rais könne ewig bei Kasse bleiben, wenn er sich am Hof herumtreibe und Maulaffen feilhalte?

Reginald strich sich nachdenklich über den Bart. «Er hat einen Kleriker in seinen Diensten, ich glaube, er heißt Prelati. Der Mann gefällt mir nicht.»

«Ach was, Prelati will sich aufs Goldmachen verstehen. Mag er Gilles beschäftigen. Der Junge hat Langeweile, weil er zu viel Geld hat und nichts damit anzufangen versteht. Weil er zu viele Frauen haben könnte und keine ihn mehr reizt. Und weil er nach Dingen verlangt, die es nicht gibt.» Trémouille hatte sich in Eifer geredet, so sehr, dass er etwas außer Atem kam. Kein Mensch, auch Reginald nicht, sollte ahnen, was er selbst als böse Furcht in sich trug.

Der Erzbischof stand auf, hob den Kopf, um unter zwinkernden Lidern die Miene des andern zu betrachten, und sagte abschließend: «Euer Neffe Gilles endet entweder im Kloster oder am Galgen.»

*

Weihnachten feierte Johanna in Orléans, vom 29. Dezember war Karls Wappenbrief datiert, der sie und ihre gesamte Familie mit dem Prädikat de Lys – von der Lilie – in den Adelstand erhob. Sie hat Wappen und Namen nie geführt.

Es waren dunkle Wochen, die folgten. Nie ist ans Licht gekommen, was damals um sie und hinter ihr an Intrigen spielte. Man weiß nur, dass sie am 3. März als Gast auf Trémouilles Stammschloss Sully erschien, wo die königliche Familie weilte. Karl ließ sich, jagend und feiernd, gerne versichern, dass man allseitig Frieden wünsche, und sicherlich ging er dem Mädchen, das immer nur von Pflichten sprach, aus dem Wege, wo er nur konnte.

Freilich unternahmen die Burgunder in den ersten Wochen des neuen Jahres 1430 nichts, was den Frieden störte, sie schienen sich nicht einmal um die «ausgeliehene» Stadt Compiègne zu kümmern, die Trémouille in Händen hielt – Trémouille, den Philipp von Burgund den Mörder seines Vaters nannte. Denn am 10. Januar feierte man in Brügge die dritte Hochzeit des Herzogs, der als der reichste Fürst der Christenheit galt. Mit den Vertretern von siebzehn Nationen, die in der gesicherten Stadt ihre Bankhäuser hatten, trank man durch acht Tage und Nächte zu Ehren Philipps und seiner portugiesischen Braut, aus den Brunnen flossen Rheinweine und Malvasier, die Straßen waren mit Gobelins behangen, und der Herzog von Burgund, Herr über Luxemburg, Holland und Friesland, gründete einen neuen Ritterorden «vom goldenen Vließ, das Jason erbeutet hatte». Sicherlich war dieser Orden nicht ohne tiefere Aspekte – z. B. sollte jeder Ritter sich unnötigen Blutvergießens enthalten –, doch ist nicht zu leugnen, dass sein Großmeister Philipp sich noch im gleichen Gründungsjahr an einem sehr unchristlichen Geschäft beteiligen sollte: an dem Verkauf des Mädchens Johanna.

Die gefallenen Engel

Dämmerung sank über das Schloss Tiffauges. Diener hatten im Speisesaal die Kerzen gelöscht, auch dem Majordomus des Herrn de Rais war bedeutet worden, er werde heute Abend nicht mehr gebraucht. Man kannte das: wenn Herr Prelati zu Besuch war, fanden die beiden des Abends kein Ende. Was gerade dieser Florentiner so Wichtiges melden konnte, war niemandem im Schlosse klar, weder dem Küchenmeister, der sonst alles erfuhr, noch sonst einem aus dem Gesinde. Möglicherweise waren es Geschäfte, die das Tageslicht scheuten und die in diesen Kriegszeiten jeder große Herr betrieb, der bei Kasse bleiben und seine Leute bezahlen wollte. Dagegen sprach, dass nach solchen Besuchen Prelatis jene sonderbaren Kellerräume aufgeräumt werden mussten, wo es Flaschen und Wachspuppen, kleine Essen, Weihrauchfässer und Dreifüße gab, aber keinerlei verstaute Kostbarkeiten, nichts als Gerümpel und unverständlichen Plunder. Die Diener behaupteten, es rieche nach Zauber, und die furchtsamen unter ihnen drückten sich gern um die Arbeit herum, im Keller Ordnung zu schaffen. Laut sprach niemand darüber, denn der Herr Baron zahlte besser als irgendein Herr im Umkreis, und man freute sich, dass er wieder zurückgekehrt war. Gewisse Tage ausgenommen, an denen er wie ausgewechselt erschien, mürrisch und voll quälerischer Launen, war er freundlich und gerecht, sanft und freigebig, in seiner Schlosskapelle spielte die herrlichste Orgel zu jeder Messe, ein paar Sängerknaben sangen, dass man glaubte, im Himmel zu sein. Der Baron, der als Marschall zurückgekehrt war, gab das Beispiel tiefer, manchmal sogar zerknirschter Frömmigkeit, er hielt sich strenge an das Fasten, und man flüsterte, dass er sich bisweilen geißle.

Heute Abend brannte kein Feuer auf der kleinen Esse im hinteren Kellerraum, nur die Kerzen eines vierzehnarmigen silbernen Leuchters spendeten mildes Licht. Gilles saß auf steifem, gepolstertem Stuhl, der aussah wie ein Thronsessel, und spielte mit einem Opal, den er von einem der Tische geholt hatte, die mit Zangen und Pinzetten, Tiegeln und Metallstückchen besät waren. Prelati in weitem schwarzem Gewand hockte vor der Esse, beide Hände auf die Knie gelegt, gleich einer ägyptischen Königsstatue. Sein Gesicht war lang und hager und endigte in einen spitz zugeschnittenen Bart, der die ersten grauen Haare zeigte.

«Herr Baron, ich habe das Horoskop des Herrn von Trémouille gestellt und alle seine Konstellationen berechnet, ich habe sein Bild in Wachs geformt und den Geist jenes Herrn beschworen, den er erschlagen ließ – des früheren Gatten seiner Frau. Der Herr von Trémouille ist von einer Kraft umgeben, die es derzeit unmöglich macht, sein Leben durch magische Kunst zu beenden. Jene Kraft hat ihn auch damals beschützt, als er, durch meine Einwirkung, vom Pferde stürzte und sich den Hals brechen sollte.»

«Hast du nicht gesagt, du könntest jeden Zauber brechen?» Gilles stützte den Kopf auf die Hand, als sei er müde, doch unter den halb geschlossenen Lidern glitzerten die Augen und die Nasenflügel bebten. «Vier Monate lang hast du mich hingehalten mit der Entschuldigung seines Horoskops –»

«Erlaubt, Herr de Rais», fiel Prelati ins Wort, während er beschwörend seine Hand hochhob. «Ich irrte mich. Es war nicht der Stern, sondern eine Kraft, die ich nicht erklären konnte und die ich zu Unrecht einem Himmelskörper zuschrieb. Jetzt erst ist es mir gelungen zu entdecken, dass es die Kraft eines Menschen ist.»

«Welches Menschen?»

«Die Kraft der Jungfrau Johanna. Nur sie kann stärker sein als meine Kunst.»

Gilles lachte, dass eine Reihe langer gelber Zähne sichtbar wurden. Es war kein schönes Lachen, es klang boshaft und verletzend. «Die Jungfrau! Sieh an. Dieses unschuldige Mädchen soll ein Hindernis für dich sein? Kannst du keine bessere Ausrede finden?»

Vor den Fenstern pfiff der Märzwind, er blies durch eine Ritze herein, dass die kleine Goldwaage ins Schwanken kam und klirrend an eine Flasche stieß. Die Blicke der Männer fielen auf die dunkle Flüssigkeit, die darin aufbewahrt war, und Prelati ergriff hastig die Flasche. «Dieses hier, Herr Baron! Sollte es Zufall sein, dass die Waage daran stößt? Hättet Ihr erlaubt, dass dieser Saft in Trémouilles Suppe gemengt wird, wäre Euer Wunsch längst erfüllt.»

«Und ich läge erstochen im Grab. Er ist nicht so einfältig, wie du glaubst. Seine Diener sind so hoch bezahlt, dass man sie nicht bestechen kann, und was er trinkt und isst, lässt er vorher kosten. Wenn er vergiftet wird, erbe ich keinen Sou, denn er hat ein neues Testament gemacht.»

«Geld werdet Ihr haben, so viel Ihr wollt. Wenn mir diese Mischung gelingt» – Prelati lehnte sich über die Esse und blickte liebevoll in eine Phiole – «wird Gold in Euerm Leben keine Rolle spielen.»

«Zu spät. Alles zu spät. Die Sache mit Trémouille ist überholt, ich nehme meinen Auftrag zurück. Aber ich will wissen, wieso Jeanne das Hindernis gewesen sein soll? Du wirst nicht behaupten, dass sie Trémouille schützt, weil sie ihn liebt?»

«Nein, Herr, doch sie hasst ihn nicht, und somit erstreckt sich der Schutz, der alle umgibt, die in ihrer Nähe sind, auch auf ihn. Es sind Kräfte, wie sie sonst nur die kleinen Kinder haben.»

«Bist du sicher, dass diese Kräfte jetzt noch um sie sind, seit wir von Paris abzogen?»

«Ja, Herr. Sonst wäre die Jungfrau nicht mehr am Leben. Seit drei Wochen schon ist sie Gast auf Schloss Sully –»

Gilles nickte wortlos, und dann fragte er, was es auf sich habe mit den Kräften der Kinder. Doch Prelati zögerte, ging zur Tür und lauschte. «Habt Ihr nichts gehört?»

«Nichts als die Ratten, auf meine Ohren kannst du dich verlassen. Antworte mir.»

«Wenn ihr nicht werdet wie die Kindlein, heißt es in der Schrift. Nur das Volk kann glauben, dass es sich um die Einfalt der Kinder handelt, die man sich aneignen muss. Für den Wissenden sind es die Kräfte der Engel.»

«Jetzt verstehen wir uns besser. Man eignet sich also die Kräfte der Engel an. Aber wie?»

Der Florentiner saß zusammengesunken auf seinem Hocker, er öffnete den Mund, schloss ihn wieder und sah dann Gilles starr ins Gesicht. «Es gibt zwei Pfade: den weißen und den schwarzen. Der weiße ist lang und mühsam und nur für wenige Auserwählte zu gehen. Der andere kann tödlich sein, und man gelangt auf ihm nur zu den gefallenen Engeln.»

Gilles hielt die bleichen Hände von sich und betrachtete sie nachdenklich. «Den zweiten Pfad – bist du den schon gegangen?»

«Nein. Es ist, was die Bibel gnädig verschleiert, wenn sie vom bethlehemitischen Kindermord spricht, die Sünde des Herodes, die Gott nicht vergibt.»

«Kann Gott nicht alle Sünden vergeben in seiner Allmacht? Hat nicht auch Kain seinen Bruder getötet?»

Prelati schwieg, er schwieg so lange, dass Gilles endlich zwei silberne Becher ergriff, Wein eingoss, den einen dem Florentiner reichte und den seinen gegen das Licht hielt. «Du bist müde, Prelati. Der Saft des Burgunders gibt fruchtbare Träume.»

Schweigend tranken sie, jeder in seiner Ecke, ohne sich anzusehen. Dann wünschte Prelati eine gute Nacht, und Gilles entriegelte die Tür. «Nach Euch», murmelte der Florentiner zurücktretend, aber Gilles schüttelte den Kopf. Er wolle noch in dem Folianten lesen, den der Abt von Saint Denis ihm verkauft habe, in der Schrift des Scotus Eriugena über die neunfach gestuften Engel. Man sage, sie gehe auf Dionysius zurück, den Paulus-Schüler.

Prelati nahm die Hand, die ihm geboten wurde, und betrachtete scheu das bleiche Gesicht, das im Spiel von Licht und Schatten plötzlich um Jahre gealtert schien. Er dachte, wem wohl dieser Mann sich verschreiben werde: Gott oder dem Teufel? Und laut sagte er: «Ihr steht unter dem Sternbild des Skorpions wie keiner, den ich kenne. Aus der Asche des Skorpions steigt ein Adler auf.»

Gilles lachte, selbstbewusst und spöttisch. «Erst muss der Skorpion im eigenen Feuer sterben. Schlaf wohl, Prelati. Morgen früh um neun gibt es in der Kapelle etwas Besonderes, einen dreistimmigen Gesang meiner Knaben in Oktaven und Quinten, Gesang der drei Jünglinge im Feuerofen.»

*

Der gleiche herrliche Frühling wob auch um Schloss Sully, auf dem Trémouille sich als unvergleichlicher Gastgeber des Hofes erwies, tagsüber gab es Jagden und abends Tanz und Spiel, mit Speise und Trank wurde nicht geknausert, und seit sogar die Jungfrau Johanna zu Gast war, nahm die Festeslust kein Ende. Freilich hatte sich das Mädchen nicht im Schloss, sondern in einem Bauernhaus einquartiert, und es war jedermann deutlich, dass sie nur auf die kurzen Augenblicke wartete, die der König ihr zu Unterredungen gewährte.

«Wir werden einen allgemeinen Friedenskongress mit England und Burgund zustande bringen», sagte er ihr, genau die Worte wählend, die Reginald ihm täglich vorsprach. «Hab Geduld, Johanna, bald sind wir so weit.»

«Sire, die Burgunder bedrohen Reims. Sie denken nicht daran, Waffenruhe zu halten. Paris hungert und wartet auf uns. Warum zwingt Ihr mich, allein zu handeln? Bald ist das Jahr um, das mir gesetzt ist. Oh, warum glaubt Ihr mir nicht?»

Es war ein wunderbarer Tag, aus den knospenden Bäumen sangen die Vögel, milde kam die Luft zu den Fenstern herein, und Karls hageres Gesicht sah froher aus als je. «Doch, ich glaube dir, Johanna. Aber mir ist bang, dich nochmals kämpfen zu lassen. Auch müssten wir erst die Marschälle zusammenrufen und ein Heer aufstellen.»

«Bis das alles geschehen ist, wird es zu spät sein, Sire. Ich kann nicht mehr lange bleiben.»

«Hast du es nicht gut bei uns? Die Königin und ich, wir lieben dich.»

«Mein Platz ist nicht bei Hofe, Sire.»

«Haben wir dich nicht, damit alle sehen, wie wir dich schätzen, in den Adelsstand erhoben? Warum trägst du dein neues Wappen nicht?»

«Sire, verzeiht, ich muss meiner alten Standarte treu bleiben.» Still war es gesagt und endgültig. Wieder war jenes Ferne, Leuchtende an ihr, an das er glauben musste, ob er wollte oder nicht.

«Hat Gott dir befohlen, auszuziehen?»

Sie schwieg und lächelte nur in seine Augen. Ein Jahr war vergangen, seit sie zum ersten Mal vor ihm gestanden hatte. ‹Ein Jahr und ein klein wenig darüber›, war ihr verheißen worden, wie oft hatte sie es ihm gesagt?

«Tu, was du musst», sagte er schließlich, während Johanna Abschied nehmend ein Knie beugte.

«Gott möge mit Euch sein, Sire.»

Leise, wie es ihre Art war, ging sie aus dem Zimmer, und ihm war beklommen zumute, obwohl die Sonne vor den Fenstern schien und eine Glocke zu Mittag läutete. Anderntags fragte er vergeblich nach ihr. Johanna war davongeritten. Nie mehr hat Karl VII. das Mädchen wieder gesehen.

Etwa neunzig Männer zogen mit ihr nordwärts, der Ile de France zu. Keiner der Feldhauptleute war von ihr gerufen worden, nicht Johann von Orléans, nicht La Hire oder Alençon. Nur d'Aulon, der Stallmeister, und die beiden Brüder kamen mit. Ganz allein musste sie für den Unterhalt der Leute aufkommen. Aber das alles wäre leicht zu tragen gewesen. Um das Schwerste, das ihr auferlegt war, wusste keiner. Paris musste genommen, die Arbeit vollendet werden, sagte ihr Verstand … Doch die Weisung aus dem Jenseits blieb aus.

In der Karwoche pflanzte sie ihre Standarte auf die Wälle von

Mélun. Der Übergang über die Seine war erzwungen, fünfzig Meilen nordwestlich lag die Hauptstadt.

Ostern … Zu ihren Füßen blühte das Land, für das sie hundertmal zu sterben bereit war, schon läuteten die Glocken für ihren Einzug in die Stadt. Johanna stand auf dem Feld und lauschte. Da sprachen sie wieder, Margareta und Katharina, die beiden Schwestern aus dem Paradies. Aber sie sagten etwas Unerhörtes: noch vor Johanni werde sie gefangen sein.

Gefangen? Vom Feind gefangen? Johanna lauschte nicht mehr, sie schrie auf in der Qual ihres Herzens. Wie konnte das sein, wo Frankreich noch schmachtete? Was galt ihr Leben, wenn die Aufgabe unerfüllt blieb?

«Erschrick nicht, Gott wird weiterhelfen. Auch die Gefangenschaft musst du auf dich nehmen.»

Johanna war schlau, selbst in den Augenblicken, da ihr Sinn nicht der Erde gehörte. Wenn die beiden Schwestern, so überlegte sie schnell, Ort oder Stunde verkünden würden, konnte sie sich hüten, an diesem Tag auszuziehen …

«Wann wird das sein?», fragte sie zurück. Sie horchte, aber nur die Vögel sangen, die Sonne tauchte golden in den Westen, und jubelnd kamen die befreiten Bürger von Mélun, sie in die Stadt zu geleiten. Stumm blieb es in ihr, sobald sie nach der Stunde forschte, nur das grausame Wort von der Gefangenschaft kam täglich zu ihr zurück.

Wie bisher ritt sie in vorderster Linie zu Kampf und Angriff, das Schwert blieb in der Scheide, die Standarte wehte, und keiner der Männer, die Tag und Nacht um sie waren, wusste, was sie in ihrem Herzen verbarg. Wenn sie gefangen wurde, wer sollte das Werk vollbringen? Wer die Engländer verjagen? Niemand durfte um das dunkle Schicksal wissen, dem sie entgegenging; wer die Gabe der Vorschau hat, darf sie nicht für sich selber nützen. In diesen Wochen, da sie weiterritt, als sei nichts geschehen, in weitem Umkreis die Ile de France bezwang, zu Lagny die Engländer zerstreute und gegen die Oise vordrang, um dem Knaben Heinrich VI., der in

Calais landen sollte, die nordwestliche Straße nach Paris abzuschneiden, war Johanna nichts als ein Mensch, der handelte, wie der tagwache Verstand es eingab, der die Prüfung auf sich nahm: von der Unabänderlichkeit eines rätselhaften Unheils zu wissen und doch ihm tapfer entgegenzugehen.

Rupertus Geyer, jener «anonyme Kleriker», hatte recht gesehen: wenn es irgendwo in der Geschichte einen Vergleich für Johanna gibt, kann er nur bei den Sibyllen gesucht werden, jenen prophetischen Frauen der heidnischen Zeit, aus denen die Götter sprachen. und doch liegt zwischen ihnen und ihr eine ganze Welt.

Naturgewalten ergriffen jene Frauen, Schwefeldämpfe, betäubende Gerüche, rieselnde Quellen. Im Zustand der Ekstase sprachen sie aus, was sie nicht mehr wussten, wenn sie zu sich kamen. Jede höhere Einsicht fehlte ihnen im tagwachen Sein, sie waren nichts als die Schreibtafeln unkontrollierbarer Mächte. «Denn die prophetische Gabe ist ihrer Natur nach gleich einer unbeschriebenen Tafel, unvernünftig und bestimmungslos», sagte Plutarch. Die Menschen horchten wohl auf, wenn die Sibyllen «zungenredeten», und doch mögen sie jene Werkzeuge übernatürlicher Rede zugleich verehrt und gemieden haben.

Auch aus Johanna redeten Bereiche, deren Grenzen nur sie allein überschritt; sie konnte sich in Ekstase erheben im Gebet, beim Glockenläuten, in stiller Natur, aber es war eine Ekstase, ein Heraustreten aus dem Sinnensein, das sie beherrschte und aus dem sie nüchtern und ich-bewusst zu sich kam, um das Geschaute und Gehörte in Erdenwort und Erdentat zu übersetzen. Bei ihr blieb in die Helligkeit von gesunder Bewusstheit und weiser Mäßigung getaucht, was bei den heidnischen Schwestern entrücktes Rasen umdunkelter Sinne gewesen war. Sie ritt und kämpfte mit den Männern, schlief neben Frauen und Kindern und konnte lachen wie sie alle. Klar und einfach, ohne Rückhalt und Geheimnis, sagte sie, was zu geschehen hatte. «Wartet noch drei Tage, dann wird sich die Stadt übergeben.» – «Haltet aus, in einer Stunde seid ihr Sieger.» – «Zum Mitfasten werde ich dem König Hilfe bringen.» Ihre Worte, ihr Leben und Tun hatte sie bedachtsam des Rätsels entkleidet; das Rätsel blieb nur sie selbst. Als ihr Unheil für sie selbst verkündet wurde, verschloss sich ihr Mund, und keiner wusste um die dunkle Kunde. Immer, selbst im Angesicht des Feuertodes, wird ihr bewusst sein, was zu sagen erlaubt war und was nicht.

Seit den Tagen des Apostels Paulus wurde den zungenredenden Frauen das Schweigen auferlegt in der Gemeinschaft der Christen, denn «für das Zungenwort ist der Geist, der es gibt, verantwortlich – für das vernunftbegabte prophetische Wort dagegen der sprechende Mensch». Lieber fünf Worte sollten die Christen seiner Gemeinde mit wachen Sinnen weissagen, als zehntausende durch Zungenreden. Des Geistes Sprache sollte übersetzt werden in die Sprache der Menschen, damit der Mensch des Geistes Rede mit Vernunft begleite; und nur was der Weissagende mit seiner Vernunft begriffen und sich angeeignet hat, sollte er in Worte bringen. Jeanne d'Arc hat niemals deutlicher bewiesen als in jenen Wochen, dass sie Verantwortung trug für ihre vernunftbegabten Prophetenworte und mit wachen Sinnen zu weissagen – wie auch zu schweigen verstand. Mit Vernunft begleitete sie, was die Inspiration ihr zukommen ließ, und nur einen Teil dessen, was sie hörte, hat sie in Worte gebracht. Zwischen ihr und den Sibyllen liegt die heilende Tat auf Golgatha. Jeanne d'Arc hätte vor Paulus die Prüfung bestanden.

Gerade aus jenen Wochen werden sonderbare Dinge berichtet, und der Glaube des Volkes an den «Gottesboten» war stärker denn je. In Lagny drängten sich Männer und Frauen in ihre Nähe und hielten ihr Gebets-Rosenkränze hin. «Berührt sie, Jungfrau Johanna, dann sind sie geweiht!» – «Berührt sie selbst, das wird ihnen ebenso gut tun!»

Wo anders kamen klagende Frauen zu ihr: ein neugeborenes Knäblein sei gestorben, es liege ungetauft vor dem Bilde der Madonna. Ob Johanna nicht ein Gebet sprechen wolle? Sie ging und betete mit den anderen Mädchen des Ortes vor dem kleinen verfärbten, reglosen Gesicht. Da wollte man sehen, wie die Farbe zurückkehrte und der Neugeborene drei Atemzüge tat, während man ihn schnell noch taufte. Johanna habe eine Auferstehung bewirkt, flüsterte es durch Lagny. Aber in dem Buch, das die Überschrift trug «Die Hexe Johanna», wurde eine neue Seite aufgeschlagen.

Das Kreuz von Compiègne

Am 23. April landete Heinrich VI., der Neunjährige, nur dem Titel, nicht der Weihe nach König von Frankreich, mit frischen Truppen in Calais. Bedford wollte es erzwingen, Reims aufs Neue einzunehmen, um auch seinen Neffen mit dem Öl des heiligen Remigius salben zu lassen. Anfang Mai standen die englisch-burgundischen Truppen an der Oise, und Johanna zog ihnen entgegen. Ihre Schar war inzwischen auf einige tausend Mann angewachsen, obwohl sie keinen der alten Feldhauptleute rief. Niemand sollte in ihr Schicksal hineingezogen werden.

In den zehn Tagen, die folgten, war das Glück nicht auf Johannas Seite. Als sie den Brückenkopf Pont l'Évêque angriff, wurden die Söldner zurückgeschlagen. Freilich standen sie gegen feindliche Übermacht, doch wann waren Johannas Leute nicht in der Minderzahl gewesen? Als sie gegen Soissons zogen, fanden sie die Tore verschlossen, und kurz darauf ergab sich die Stadt an die Burgunder.

«Der Kommandant hat viertausend Golddukaten dafür bekommen», meldete d'Aulon, bereute jedoch gleich darauf seine Worte, denn Johanna fuhr ihn so zornig an, wie er es noch nie erfahren: dieser Mann gehöre gehängt und gevierteilt für seinen Verrat, sagte sie. Mit einigen hundert Mann ritt das Mädchen im Schutz der Nacht durch dichten Wald und feindliche Vorposten nach Compiègne, der Stadt, über die Trémouille sich hatte zum Gouverneur machen lassen, der reichen Einkünfte wegen. Auf dem westlichen Ufer der Oise saßen, dicht vor den Toren, die Burgunder.

Compiègne war die nördliche Schlüsselstellung auf dem Weg nach Paris, die Stadt musste gehalten werden.

«Hat man auch dem Kommandanten von Compiègne Geld versprochen, wenn er sich ergibt?», wollte Johanna wissen.

«Es heißt ja, aber er hat nicht angenommen.»

«Brave Leute, wir werden ihnen einen Besuch abstatten.» Diese Worte sind noch heute unter ihrem Standbild in Compiègne zu lesen.

Auch Erzbischof Reginald hielt sich in Compiègne auf. Er zürnte Johanna, ja, er hatte ihre Eigenmächtigkeiten satt. Hatte man dem Mädchen nicht deutlich genug zu verstehen gegeben, dass ihre Dienste nicht mehr vonnöten und nicht mehr erwünscht seien? Selbst die Feldhauptleute gehorchten, nur Johanna wollte aus Stolz und Trotz nach eigenem Willen handeln. Offensichtlich hatte Gott – Reginald glaubte mehr als einen Beweis dafür zu besitzen – sich bereits von ihr zurückgezogen. «Jeanne, an welchem Ort hoffst du zu sterben?», hatte er sie vor einiger Zeit gefragt, als es sich traf, dass sie ein Stück Weges zusammen ritten. «Wo es Gott gefällt, ich kenne Ort und Zeit nicht besser als Ihr», war ihre Antwort gewesen. Kein Zweifel, die Gabe der Prophetie hatte das Mädchen verlassen.

Jeden Tag erhielt Reginald Kundschaft, dass sie im Umkreis einmal dieser und ein andermal jener Ortschaft Hilfe brachte. Das alles aber, während er selbst, der Kanzler des Königs, dem Burgunder versichern ließ, man wolle Waffenruhe halten.

Reginald hatte am 23. Mai mittags eben seine Briefe diktiert, er wollte sich zum Mahle begeben, als ihm gemeldet wurde, Flavy, der Stadtkommandant, wünsche ihn zu sprechen. Flavy war sein Halbbruder und ließ sich in diesen Wochen außerordentlich klug an.

«Nun, was gibt es so Eiliges?»

«Herr Erzbischof, Ihr befahlt, Euch auf dem Laufenden zu halten. Die Jungfrau ist heute Morgen in die Stadt eingeritten –»

«Ich weiß.»

«Sie besuchte die Messe in der Jakobskirche, es war gerade Kindergottesdienst. Danach stand sie lange an eine Säule gelehnt, und als sie aus der Kirche trat, wartete eine Menge von Frauen mit ihren Kleinen. Ihr wisst, sie hat eine besondere Art mit Kindern, auch meine eigenen drängen sich zu ihr, wenn sie auf der Straße vorüberreitet. Heute Morgen nun – ich habe es zuverlässig berichten hören – sagte sie laut, dass alle es hörten: ‹Meine Kinder und meine lieben Freunde, ich sage euch, ich bin verkauft und verraten, und bald wird man mich dem Tode übergeben. Betet für mich. Ich werde nicht mehr dem König und unserm Frankreich dienen können.› Nun frage ich Euch, was soll das? Habt Ihr je gehört, dass sie so sprach?»

Reginald strich sich nachdenklich über den Bart, die Blicke begegneten sich. «Nein. Das ist neu.»

«Nun bin ich dem Herrn von Trémouille verantwortlich für alles, was geschieht in dieser Stadt. Ich weiß, er ist einer Meinung mit Euch, und dass die Jungfrau weiterkämpft, ist nicht nach seinem Sinn. Doch sie hat das Volk auf ihrer Seite, die Söldner und die Frauen. Meine eigene liegt mir in den Ohren, dass ich nichts tun solle zu ihrem Verderben ... Ich möchte nicht, dass es später heißt, ich hätte Jeanne verraten. Jedoch – wenn sie weiter fortfährt, gegen Euern Willen zu handeln, weiß ich nicht, was geschehen soll. Mir wäre lieb, sie hätte sich eine andere Stadt zu ihrem Stützpunkt erwählt.»

Reginald nickte einem Diener zu, der eben kam, um zu melden, das Mahl sei aufgetragen und die Gäste warteten auf den Herrn Erzbischof. Er stand auf und gab Flavy die Hand. «Wenn sie in Hoffart fortfährt, nach eigenem Gutdünken zu handeln, wird Gott seine Hand von ihr zurückziehen, verlasst Euch darauf. Und wir könnten nichts tun, als uns in Demut beugen.»

Flavy warf einen raschen Blick in des Bischofs Gesicht – leider hielten sich die Worte hoher Herren immer auf des Messers Schneide zwischen Ja und Nein. Wehe, wenn man das Falsche herauslas; die Verantwortung würde weder der Erzbischof noch Trémouille tragen, sondern er, Flavy, Kommandant von Compiègne. In schwere Gedanken versunken ging er die Treppe des Bischofspalastes hinunter. Es war ein schönes Stück Geld, das der Burgunderherzog insgeheim versprochen hatte, wenn er die berüchtigte Jungfrau in seine Hände fallen ließ, so nebenbei, ohne dass man jemandem die Schuld geben konnte. Er hatte nicht geantwortet, weil er erst noch Trémouilles Stimmung genauer ergründen wollte, aber seine eigene Frau ließ seither in warnendem Ton das Wort «Verrat» vor ihm fallen.

Der Kommandant von Compiègne war ein Mann, von dem es hieß, er morde Männer und schände Frauen und schrecke vor nichts zurück. Einige Jahre später ist ihm von seinem Barbier die Kehle durchschnitten worden, und da er noch atmete, soll ihn seine Frau erstickt haben. Karl VII. hat Madame Flavy begnadigt, weil sie beweisen konnte, dass Flavy ihren Vater umgebracht und sie selbst hatte ertränken wollen.

Auf den Nachmittag dieses selben 23. Mai hatte Jeanne einen Angriff gegen den burgundischen Brückenkopf Baudot am jenseitigen Ufer der Oise angesetzt. Baudot lag unter einem steilen Hügel in sumpfigen Auen und wurde durch schwache Kräfte verteidigt, die zu so später Stunde kaum mehr einen Angriff erwarten konnten. Flavy öffnete das Westtor der Stadt, Johanna ritt mit vier- oder fünfhundert Mann über die Brücke, die Wälle sollten mit Bogenschützen besetzt und eine Anzahl gewappneter Boote bereitgestellt werden, um den Rückzug zu sichern.

Es war keine Schlacht, es war ein Scharmützel, kaum erwähnenswert in der langen Reihe von Johannas Kämpfen. Sie ritt ein hellgraues Pferd, ihr scharlachroter Mantel wehte über der blinkenden Rüstung. Schon flohen die Burgunder nach allen Richtungen, ein Lager war überrannt, Johannas Leute begannen, die Befestigungen zu zerstören …

Da sahen die scharfen Augen eines Reiters, der in der Abendkühle im Nachbarlager einen Besuch hatte abstatten wollen, herunter ins

Tal. Es war Johann von Luxemburg. Und was er sah, war mehr als sein eigenes Schicksal.

Seine Diener wurden im Galopp ausgesandt, sie mussten sammeln, was sich im Umkreis an Pikarden und Burgundern finden ließ. Von allen Seiten ritten sie heran und umzingelten die kleine Schar der Franzosen. Zweimal trieben Johannas Leute sie zurück, hinaus in die sumpfigen Auen. Aber jetzt kamen von Süden auch noch die Engländer Montgomerys angerückt, der Chronist spricht von fünftausend Mann. «Sauve qui peut!», rief es durch die Reihen der Franzosen. Kämpfend zogen sie sich zurück, Brust an Brust mit den Feinden, kamen zur Brücke – Compiègne deckte den Rücken, das Tor war offen, wer Compiègne erreichte, war gerettet.

Pferdegetrappel, Waffenklirren, rauhe Rufe diesseits und jenseits der Oise ... Johanna selbst deckte den Rückzug, bis alle sich aus der Umklammerung gelöst und die Brücke erreicht hatten. Mit d'Aulon, ihren beiden Brüdern und zwei schottischen Bogenschützen stand nur noch sie auf dem feindlichen Ufer. Die weiße Standarte wehte, der rote Mantel war weithin sichtbar im Abendlicht. «Los! Die Hexe! Fangt sie!», rief es in zwei Sprachen. Hunderte stürzten sich auf die fünf einsamen Franzosen ... Ein Schritt noch, und sie waren auf der Brücke. Da rasselten die Ketten, es ächzte das Holz, die Brücke wurde hochgezogen.

Jeanne sah es, dann gab sie ihrem Pferd die Sporen, zum letzten Mal im Leben. «Freunde, flieht!», rief sie noch, als eine harte Hand sie vom Pferde riss. In der schweren Rüstung, die jeden Krieger unbeweglich machte, lag sie im Gras. Männerhände klappten das Visier hoch – und da sah man es: das Mädchengesicht.

«Ergib dich mir! Ergib dich mir!»

«Ich habe einem andern geschworen und halte meinen Eid!»

Gefangene, die sich nicht ergaben, konnten niedergemacht werden. Aber die lebend gefangene Jungfrau war die kostbarste Beute, die in diesem Krieg gemacht werden konnte, das wusste jeder.

Johannas Gebet, sterben zu dürfen, wenn sie dem Feind in die Hände fiel, wurde nicht erhört. Ein Bogner im Dienste des Bastards Lyonnel de Wendonne brachte sie ins Lager zu Johann von Luxemburg.

Die Sonne ging unter, und drüben am andern Ufer der Oise lag Compiègne, die Stadt, vor der sich seither so manches Schicksal der Franzosen erfüllen sollte. Die Oise mit ihren beiden Nebenflüssen bildet an dieser Stelle ein Kreuz.

Um die dreißig Silberlinge

Zum letzten Mal an diesem Abend des 23. Mai 1430 legte Johanna ihre Rüstung ab, zum letzten Mal hatte sie ein Lager erstürmt, für immer wurde ihr die Standarte mit dem Bildnis Christi und dem Engel, der sein Antlitz ist, geraubt. Der Kampf auf dem Schlachtfeld war zu Ende. Was jetzt begann in diesem achtzehnjährigen Leben, war ein Kampf mit anderen Waffen und anderem Gegner, ein Kampf nicht minder auf Leben und Tod.

Die Gefährten der Erde blieben zurück, auf jenseitigem Ufer verhallte das Sturmgeläut von Compiègne, unter höhnenden Feinden stand sie allein. Ihre Standarte wurde von Söldnern, die sich am Lagerfeuer betranken, im Rausch des Sieges zerbrochen.

Dennoch war das nur der Schein. Auf dieses Mädchen sah die Welt der Engel und die Welt der Toten. Jeanne d'Arc war es, durch die sich in diesem Augenblick die Geschichte der Menschen vollzog. Margaretas Vermächtnis war erfüllt; die Stunde der Erbschaft Katharinas brach an. Irdisches Wissen bereitete sich zum Kampf gegen eine Weisheit, in deren Morgenrot das Mädchen Johanna lebte, stritt und litt. Schon rückten die Jahrhunderte heran im Strom der Zeit, da unblutig und dennoch auf Gedeih und Verderb die Mächte gottleugnender Gelehrsamkeit anstürmen sollten gegen die verdämmernde Erinnerung an des Menschen göttliche Abkunft; da menschliche Köpfe und Herzen zum Schauplatz wurden, auf dem gefallene Engel kämpften gegen den Christuskündenden Archangelos mit Namen Michael. Was Johanna bisher getan, war für

Frankreich, für England, für ein neues Europa geschehen; was von nun an gefordert wurde, sollte als leuchtendes Rätsel dastehen vor allen Völkern einer kommenden Zeit.

Indes verfiel jenes Geschöpf, dessen Engelsstandarte gröhlend zerbrochen wurde, einem irdischen Rechtsstreit besonderer Art: es ging um den Besitzanspruch auf die wertvollste Beute dieses Krieges, der nun seit 80 Jahren über Frankreichs Erde zog. Ein Bogenschütze des Herrn Lyonnel von Wendonne hatte die Hexe vom Pferd gerissen; Wendonne war ein Gefolgsmann des Grafen von Luxemburg, der die einmalige Chance erkannt und das bereits verlorene Scharmützel gewonnen hatte. Der Luxemburger aber war dem Herzog Philipp von Burgund lehenspflichtig, und der Burgunder seinerseits dem englischen König, welcher nach englischem Recht Anspruch auf jeden Gefangenen von hohem Rang erheben konnte.

Der stolze Gewinner Johann von Luxemburg beeilte sich, seine gefesselte Gefangene noch am gleichen Abend seinem Oberherrn Philipp Herzog von Burgund vorzuführen, Philipp, dem reichsten Fürsten des Kontinents, dem Jan van Eyck als Maler diente, der sich zum Großmeister seines neuen Ordens vom Goldenen Vließ gemacht hatte, dem man 24 Mätressen und eine Schar illegitimer Kinder nachsagte, der niemand über sich anerkannte als den englischen König. Wir wissen nicht, was sie sich sagten, das Mädchen und er, aber der Brief ist erhalten, den Philipp von Burgund am gleichen Abend an den Herzog von Bedford schrieb: «Unserem gebenedeiten Schöpfer hat es gefallen, uns das Weib, die sogenannte Jungfrau, gefangen zu geben.»

Johann von Luxemburg wusste zunächst nur das eine: die Engländer würden es sich nicht wenig kosten lassen, ein Mädchen in die Hände zu bekommen, vor dem ihre Söldner sich mehr fürchteten als vor allen französischen Heerführern zusammen. Aber auch Karl würde nicht zögern, alles daranzusetzen, sie loszukaufen. Mit des Luxemburgers Finanzen stand es nicht zum Besten, im Gegenteil, man konnte sagen, er stak bis zum Halse in Schulden, und der unerwartete Fang bedeutete sein Glück. Gefesselt und unter bester Bewachung wurde Johanna auf Schloss Beaulieu gebracht, den befestigten Sitz des Grafen Johann von Luxemburg.

Bis tief in die Nacht brannten die Kerzen im Bischofspalast zu Compiègne. Reginald hatte die Botschaft, dass Johanna nicht heimgekehrt sei, mit der Genugtuung aufgenommen, eigenes Urteil von Gottes Fügung bestätigt zu sehen. «Gott hat gesprochen», sagte er zu Flavy, und dieser beeilte sich, ihm Recht zu geben.

«Aber in den Straßen rottet sich das Volk zusammen, die Frauen heulen, und es heißt, nun werde unsere Stadt durch Feuer und Schwert umkommen.» Flavy verschwieg, dass es an allen Ecken flüsterte, die Jungfrau sei verraten worden, der Kommandant habe die Brücke voll Absicht zu früh hochgezogen.

«Sagt allen, sie sollen nach Hause gehen, Johanna hätte uns nichts mehr nützen können. Für Frankreich ist ein anderer Gottesbote ausersehen, er heißt Wilhelm und ist ein Hirte wie sie. Morgen werde ich ihn dem Volk zeigen, er soll selbst verkünden, was ihm aufgetragen ist.» Huldvoll verabschiedete Reginald seinen Halbbruder und rief nach dem Sekretär. Heute Abend noch musste er an den König und die Stadt Reims schreiben, um jede unnötige Aufregung zu verhüten.

«Sie hat auf keinen Rat hören wollen, sondern handelte nach eigenem Gutdünken», diktierte Reginald. Die Gefangennahme sei Gottes Strafe für ihre Hoffart. Ein Hirte, der sich ihm vorgestellt, scheine bestimmt, Johannas Taten bei weitem zu übertreffen. Auch er sage, Gott habe Johanna verlassen, weil sie stolz geworden sei und prächtige Kleider trug. Wann der Hirte sich bei Hof vorstellen dürfe?

Diesen Brief erhielt Karl zwei Tage später in Jargeau; einen ähnlichen die Stadt Reims, die ihn bis heute aufbewahrt.

«Um Gottes willen, jetzt ist es gesehehen! Wir werden sie loskaufen müssen, was immer es kostet», sagte Karl aus bleichem Gesicht.

«Womit, wenn ich fragen darf?» Trémouille gab sich keine Mühe, seine gute Laune zu verstecken.

«Wir haben Talbot und Suffolk in unseren Händen. Wenn wir die beiden freigeben –»

«Du glaubst doch nicht im Ernst, dass die Engländer so dumm sind? Aber wie wäre es, wenn du diesen Wilhelm kommen ließest? Das Volk hat sich daran gewöhnt, einem Bauernmädchen zu glauben. Auch Wilhelm ist ein Schäfer. Es scheint, dass in unserer Zeit die Hirten mehr Glauben finden als die Könige.»

«Schweig!», schrie Karl. Und dann fragte er kleinlaut: «Was sie wohl mit ihr machen werden?»

«Das ist nicht schwer zu erraten: verbrennen oder ersäufen.»

«Und ich bin schuld!»

«Du? Wieso du?»

«Ich hätte sie nicht ziehen lassen sollen.»

«Sie hat auf dich so wenig gehört wie auf uns alle. Ihre Stimmen haben sie irregeführt, sollen ihre Stimmen ihr weiterhelfen. Ich jedenfalls –»

Ein Kammerdiener unterbrach, der auf silbernem Tablett ein Schreiben brachte. Karl entfaltete die Rolle, während Trémouille ihm über die Schulter blickte, aber er gab es bald auf, seine Augen konnten solch kleine Schrift nicht mehr lesen.

«Siehst du, er meint das gleiche wie ich», nickte Karl trübe.

«Wenn du mich unterrichten wolltest, wer es ist, könnte ich besser folgen.»

«Der Erzbischof von Embrun, mein alter Erzieher.» Halblaut, mit erstickter Stimme, las Karl: «Erforschet Euer Gewissen, Sire, strengt alle Kräfte an und scheut keine Ausgaben, dieses Mädchen wiederzugewinnen, ihr Leben muss erhalten bleiben, was immer der Preis sein mag. Sonst würdet Ihr die unaustilgbare Schande verabscheuungswürdiger Undankbarkeit auf Euch laden.»

Die Rolle sank auf Karls dünne Knie, er schluchzte. Trémouille aber erklärte: «Ich habe kein Geld übrig.»

«Dann werden wir sammeln lassen, vielleicht dass die Städte eine Summe aufbringen. Trémouille, wenn du mein Freund bist –»

«Ich werde nachdenken. Aber das Wetter ist schön, willst du mitkommen auf die Jagd? Und lässt du Reginald schreiben, dass du bereit bist, den Schäfer Wilhelm zu empfangen?»

«Lass uns reiten», sagte Karl.

Die Einwohner des englischen Paris brannten ein Feuerwerk ab am Abend des 24. Mai und sangen das Te Deum als Dank, dass die gottlose Dirne gefangen war. In der Universität, die sich die Mutter der Studien, die Sonne Frankreichs und der ganzen Christenheit nannte, setzten sich gelehrte Köpfe der Theologie und Jurisprudenz zusammen, um ein Schreiben zu verfassen. Keiner von den Professoren hatte die Jungfrau gesehen, aber das Urteil stand längst fest. Johanna war Englands größter Feind, und sie alle lebten von Englands Gnaden.

«Das genannte Weib, die sich Pucelle nennt, hat die Ehre Gottes über alle Maßen verunglimpft, den Glauben aufs Äußerste verletzt, die Kirche entehrt, so dass Götzendienerei, Irrglauben und unvorstellbare Übel über dieses Königreich kamen. Wir bitten Euch, den mächtigen und ehrenwerten Herrn Grafen, um der Ehre Gottes und der Erhaltung des heiligen katholischen Glaubens willen, dass Ihr diese Frau vor Gericht stellt. Sendet sie hierher, vor das Tribunal der Inquisition von Paris, Ihr werdet Euch damit die Gnade und Liebe der höchsten Gottheit erwerben.» So lautete ein Schreiben an Johann von Luxemburg. Indes waren ähnliche Briefe englischerseits an den Luxemburger und den Herzog von Burgund verfasst worden, sie forderten die Gefangene «im Auftrag und Namen unseres Herrn, des Königs von England und Frankreich» – des neunjährigen Knaben, der in den Gärten von Rouen spazieren ging. Aber da die Interessen Englands und der Pariser Inquisition sich in diesem Falle deckten, einigte man sich rasch. Auch der gemeinsame Unterhändler war bereits gefunden.

Sechs Tage nach der Gefangennahme kam im Schloss des Luxemburgers der Bischof von Beauvais angeritten, der den peinlichen

Namen Cauchon trug, und überbrachte das Schreiben der Inquisition. Ein besserer Vertreter der gemeinsamen Sache hätte sich nicht finden lassen. Cauchon ist ein großer Kenner der Theologie und Jurisprudenz, welterfahren, bewandert im Umgang mit Fürsten, ehemaliger Rektor der Sorbonne. Dazu verkündete er seit langem, Johannas Treiben sei des Teufels, denn im vorigen Jahr, als sie ihren König nach Reims geführt, hatte die Bischofsstadt Beauvais sich Karl ergeben und ihn, den englandfreundlichen Bischof, vertrieben. Seither lebte Cauchon in Rouen, vom Herzog von Bedford zum Ratgeber des Königs von England und ersten Seelsorger des besetzten Frankreichs ernannt. Nun wollte es außerdem die Fügung, dass die Hexe auf dem Boden gefangen wurde, der zur Diözese Beauvais gehörte.

«Ich komme vom Lager des Herzogs von Burgund», sagte Cauchon, «und traf Euer Gnaden dort leider nicht an. Es handelt sich um das Weib, genannt Johanna, das der Inquisition von Frankreich auszuliefern ist. Am besten wird es sein, Ihr gebt mir die Gefangene gleich mit. Wenn Ihr einige Leute zu ihrer Bewachung stellt, mache ich mich verantwortlich, dass sie sicher nach Paris kommt, auch wenn sie böse Künste üben sollte. Ihr habt sie doch hier im Schloss?»

«Nein», log Johann von Luxemburg. «Was hat man mit ihr vor?»

«Es wird ihr der Prozess in aller Form gemacht, durch die gelehrtesten Herren des Faches.»

«Und dann?»

«Nach verkündetem Urteil wird sie zweifellos der weltlichen Gerichtsbarkeit zum Strafvollzug übergeben. Ihr wisst, die Kirche scheut sich, Blut zu vergießen.»

Der Luxemburger war ein noch junger Mann, er hatte sich die Hexe Jeanne, die er vor sechs Tagen zum ersten Male gesehen, anders vorgestellt. Sie war ein Mädchen mit sanfter Stimme und, weiß Gott, schönen und klugen Augen. Da er dem Burgunder diente und dieser es mit England hielt, war auch er von der englischen Partei. Aber wenn eines Tages Karl VII. mit Hilfe dieses Mädchens die Engländer in ihr Land zurücktrieb – was focht es ihn an? Die Hauptsache war, dass er Schulden hatte, und Jeanne bedeutete das große Beuteglück. Er wünschte ihr nichts Böses, nur sollte sie Geld einbringen. «Das heißt», sagte er hitzig, «dass die Engländer sie verbrennen werden.»

Der Bischof sah dem Luxemburger väterlich belehrend in die Augen. «Es ist besser, Herr Graf, dass der sterbliche Teil eines Sünders getötet wird, als dass seine unsterbliche Seele auf immer der Verdammnis anheimfällt. Ihr versteht das doch?»

Johann von Luxemburg verzog das Gesicht. «Ich meine, dass man zu diesem Zweck auch einen ehrlichen Dolchstoß geben könnte.»

Cauchon war nicht all die Meilen von Paris gekommen, um mit einem ungelehrten Ritter über Fragen zu diskutieren, die der theologischen Einsicht bedurften. Er stöhnte ein wenig, aber dann bezwang er seine Ungeduld. Die Sache ließ sich nicht so einfach an, wie er in Paris gedacht hatte. Dass Johanna, nachdem man sie glücklich gefangen, sang- und klanglos verschwand, damit es hernach heißen konnte, sie sei auf übernatürliche Weise befreit worden, war keineswegs beabsichtigt.

«Ihr versteht nicht ganz, um was es sich handelt, Herr Graf. Dass eine Hexe der Bestrafung zugeführt wird, braucht nicht mehr erörtert zu werden. Jeder, der das verhindern wollte, würde sich vor Gott eines Vergehens schuldig machen, eines schwer zu sühnenden Vergehens! Dem weltlichen Gericht gegenüber wäre es in diesem Fall Hochverrat. So weit sind wir uns einig, nicht wahr?» Cauchons Gesicht zeigte nun gestrenge Falten, er beobachtete die Wirkung seiner Worte und war nicht zufrieden. Der Luxemburger entzog sich seinem Blick, er beugte sich nieder, um eine Dogge zu streicheln, die, auf die Hinterpfoten gestellt, unruhigen Blickes bald den Gast, bald den Herrn betrachtete. Dann erst wandte er sich Cauchon zu und lächelte unschuldig.

«Johanna steht den Engländern natürlich im Wege, das ist klar. Was sie mit ihr zu tun gedenken, darüber habe ich noch keine Weisung erhalten. Ich nehme an, dass sie es meinem Herrn, dem Herzog von Burgund, selbst mitteilen werden.» Er legte einen kaum merklichen, boshaften Nachdruck auf dieses «selbst».

«Ich sehe, dass Ihr noch nicht auf dem Laufenden seid, und kann Euch hierüber unterrichten.» Cauchon lehnte sich im Sessel zurück und machte eine Pause. «Ich habe dem Herzog von Burgund gestern Abend im Lager einen Brief übergeben, wonach er im Namen unseres Herrn, des Königs von England, aufgefordert wird, zum Heil seiner Seele das besagte Weib an uns, die Inquisition von Paris, herauszugeben.» Er hatte seine Stimme erhoben und ihr den Ton eines Befehles gegeben.

«Ihr verpflichtet mich zu Dank, Herr Bischof. Doch wisst Ihr selbst, dass das Lösegeld nach französischem Recht mir gehört.»

«Deswegen bin ich zu Euch gekommen.»

«Das ehrt mich. Jedoch Ihr versteht: Beute ist Beute. Was verspricht mir die Inquisition, wenn ich sie herausgebe?»

«Die Gnade des Allmächtigen. Er wird sich Eures Wohlergehens annehmen und die Ehre, die Ihr ihm bereitet, tausendfach vergelten. Außerdem wird sich der König von England zweifellos erkenntlich zeigen.»

Die Dogge zu des Luxemburgers Füßen wurde unruhig, sie gähnte erst, dann stand sie auf, um sich zu schütteln. «Setz dich», befahl ihr Herr. «Verzeiht, Herr Bischof, aber der Krieg hat uns alle arm gemacht. Die Gnade des Himmels hat mir die Hexe in die Hände gespielt. Die Zeiten zwingen mich, dies zu nützen. Auch muss ich den Ritter entlohnen, der Johanna gefangen nahm. Der König von England soll mir erst bestimmte Zusagen machen, das ist nicht mehr als recht und billig. Ich verlange 8000 turnesische Pfund.»

Cauchon saß so unbeweglich auf seinem Stuhl, dass man glauben konnte, er sei versteinert, nur die Wangen färbten sich hochrot. «Für dieses Geld kann man sich ein Heer kaufen», sagte er empört.

«Johanna dürfte mehr wert sein als ein Heer.»

«Ihr verwechselt die Begriffe, Herr Graf. Doch kann man das Eurer Jugend und mangelnden Gelehrsamkeit zugute halten. Die Inquisition ist kein Handelshaus.»

«Ich bitte um Entschuldigung. Aber wenn die Inquisition im Namen der Engländer verhandelt, wird sie sich an die Gepflogenheiten halten müssen, die unter uns ungelehrten Rittersleuten üblich sind.» Der Luxemburger wippte mit dem Fuß und kräuselte die Lippen.

«Auch der König von England hat seine Kassen angreifen müssen für den Krieg.»

«Ich noch mehr, Herr Bischof. 8000 turnesische Pfund und keinen Sou darunter. Darf ich Euch zum Mahle einladen? Meine Damen würden sich freuen. Hernach allerdings muss ich zu meinem Bedauern ins Lager zurück.»

Bischof Cauchon verlangte es nicht nach den Damen des Luxemburgers, auch der Appetit war ihm vergangen. Mit dem Luxemburger war nichts zu wollen, man musste die Sache anders aufziehen. Seine Zeit sei leider bemessen, sagte er, und wenn dies das letzte Wort bedeute, müsse er noch einmal bei dem Herzog von Burgund vorsprechen. Vielleicht, dass dieser einen Ausweg wisse, fügte er mit dem Blick eines Lehrers hinzu, der dem ungezogenen Schüler mit seinem Vater droht.

«Es sollte mich freuen.» Der Luxemburger lachte; er wusste genau, dass Philipp von Burgund, so reich er auch war, nicht für die Gnade des Himmels allein gewonnen wurde. Aber er atmete doch erst auf, als er den Gast an der Tür seines Schlosses verabschiedet hatte und glücklich davonreiten sah. Es galt, Zeit zu gewinnen. Noch immer war keine Botschaft von Karl eingetroffen. Wenn er die 8000 Pfund bot, mochte er seine Jungfrau haben. Freilich: wie man ein plötzliches Verschwinden Johannas erklären sollte …

«Was Neues?», fragte er den Majordomus, der ihm über den Weg lief, als er nachdenklich die Treppe hinaufstieg, um sich zu Tisch zu setzen. Es war heiß, der Sommer setzte früh ein in diesem Jahr.

«Doch, Herr Graf –» Der Majordomus, sonst die Würde selbst, war sichtlich nicht ganz auf der Höhe.

«Mit der Jungfrau?»

«Die Gefangene hat eben vorhin versucht, zu entkommen. Ich weiß nicht, durch welche List, öffnete sie die Tür und schloss den

Wärter ein. Wir fingen sie, als sie schon am Gartengitter war. Die Hunde winselten, aber sie bellten nicht, es ist ein Rätsel.»

«Verflucht! Habe ich nicht befohlen, dass man zwei Schlösser anlegt?» Er schob den Majordomus zur Seite und stürmte die Treppe abwärts zum westlichen Flügel des Schlosses und wieder hinauf ins oberste Gelass. Erst als er Jeanne durchs Guckloch in ihren Reiterhosen auf der Bank sitzen sah, war ihm leichter ums Herz. Er stellte zwei bewaffnete Diener vor die Tür und an den Ausgang weitere drei. Wenn ihnen ihr Leben lieb sei, sollte es nicht noch einmal vorkommen, schnaubte er, und die Adern schwollen an seiner Schläfe. Dann erst ging er zu seinem Mittagessen.

Zwei Gräfinnen von Luxemburg saßen bereits an der Tafel, seine Frau und seine Tante. Die Tante blickte gestrengen Auges auf den Neffen, der, atemlos noch, eine Entschuldigung murmelte. «Das verdammte Weib –»

Jeanne von Luxemburg, die Tante, 67 Jahre alt, hob die rund gezeichneten Augenbrauen, während ein Page ihr die säuberlich zerlegten Teile einer Forelle auf den Teller legte. «Sprichst du von dem Mädchen Johanna?»

«Ja, sie hat versucht zu entkommen.»

«Ich verbitte mir, dass du in meiner Gegenwart ungezogene Redensarten gebrauchst. Johanna ist ein unschuldiges Mädchen und kein Weib. Ich bin alt und sehe mehr als du.»

Der gescholtene Neffe hatte sich eben den Becher voll schenken lassen und wollte ihn hastig an die Lippen führen, doch unter dem Blick der Dame setzte er ihn wieder auf den Tisch. «Verzeihung, ich habe nichts gegen das Mädchen, aber wenn sie mir entschlüpft –»

«Ich denke, es ist das Recht jedes Gefangenen, zu entkommen, wenn er kann. Auch hat sie dir nicht das Versprechen gegeben, keinen Fluchtversuch zu machen.»

«Du hast Recht, wie immer. Darf ich auf dein Wohl trinken, Tante Jeanne?»

Sie nickte bejahend, aber ihre Miene mahnte zur Vorsicht.

«Für dieses Mal ist es gut abgegangen, der Verwalter hat sie im Park eingefangen. Aber ich denke, wir werden sie nach Beaurevoir schaffen müssen, im Turm dort ist die Bewachung leichter. Das Mädchen ist schlau – und weiß Gott, welche Listen sie gelernt hat.»

«Sie hat keine Listen gelernt, sondern Gott hat ihr Verstand gegeben und Mut. Das ist alles. Ich habe mich mit ihr unterhalten, unser Kaplan hat ihr die Sakramente gegeben. Mit Johanna ist alles in Ordnung, sie kann bei uns bleiben. Du wirst sie nicht wegschaffen, Johann.» Die Stimme zitterte leicht, genau wie die schmale, beringte Hand, aber dem Luxemburger kroch eine leise Angst über den Rücken hinab. Tante Jeanne war Mutter für ihn und er ihr Erbe; wenn Tante Jeanne sich etwas in den Kopf setzte, würde der Widerstand schwerer zu brechen sein als gegen Cauchon. Doch wie er den Namen des Bischofs dachte, fiel ihm der rettende Gedanke ein.

«Der Bischof von Beauvais war hier. Er fordert, dass ich Jeanne herausgebe an die Inquisition von Paris.»

Die alte Dame straffte den Rücken, lehnte sich im Sessel zurück und legte die Hände auf die Lehnen. Johann kannte die Haltung, sie bedeutete Befehl. «Natürlich hast du verweigert!»

«Ja.»

«Wir werden sie überhaupt nicht herausgeben, ich habe die Sache beschlafen. Wir liefern sie niemandem aus. Mag sie bei uns bleiben. Ich werde ihr abgewöhnen, dass sie Hosen trägt und geschnittene Haare. Wenn die Zeiten wieder friedlich sind, schicken wir sie ihren Eltern zurück. Johanna soll heiraten und Kinder haben, für Karl hat sie genug getan.» Die Comtesse von Luxemburg hatte Karl VII. auf den Armen gehalten, als er im Steckkissen lag, und ihn aus der Taufe gehoben. Für sie war er nicht mehr als ein ungezogener Junge.

Johann von Luxemburg reichte den Becher über seine Schulter zurück und ließ sich aufs Neue einschenken. Er musste sich die Stirn wischen.

«Trink nicht so viel, es ist ein heißer Tag, und du wirst in Schweiß kommen.»

«Es ist nicht nur die Hitze, Tante Jeanne. Siehst du, meine Kassen sind leer, und Johanna ist rechtmäßige Beute. Ich könnte sie, ohne ihr zu schaden, an Karl verkaufen. Natürlich wird er alles tun …» Er konnte nicht vollenden, denn die Comtesse erhob sich langsam, endgültig, und jedermann musste anstandshalber ein Gleiches tun, auch wenn die Fische noch halb gegessen auf den Tellern lagen.

«Für dreißig Silberlinge, wie?», donnerte ihre Stimme. «Mein Neffe wird das nie tun! Und wenn er es täte, würde ich ihn enterben!»

Johann verbiss sich die Entgegnung, dass, was Tante Jeanne zu vererben hatte, kaum reichte, um die aufgeladenen Schulden zu decken; dass Johanna dagegen so viel eintragen konnte, um ein ganzes Leben gesichert zu sein. Er bemeisterte sich und sagte so ehrerbietig, als es ihm möglich war: «Ich habe noch nicht alles erzählt. Cauchon droht mir für den Fall, dass ich mich widersetze. Er ist ein Mann, du weißt es, der nicht zurückschreckt, wenn er etwas will. Ich fürchte, dass Johanna hier nicht mehr sicher ist, vor allem, weil ich heute noch ins Lager zurückreiten muss. Wenn sie im Turm von Beaurevoir säße, wenn wir sie heimlich heute Nacht dahin bringen ließen, wäre ihre Spur verwischt und wir gewännen Zeit.»

Tante Jeanne war eine Frau, die Welt und Leben kannte: den Ehrgeiz der Männer, die Raublust der Großen, und sie wusste, dass auch ein Bischofsgewand nicht Bürgschaft war für ein friedliches Gemüt. «Das ist etwas anderes», sagte sie und legte versöhnt die Hand in den Arm des Neffen. «Wenn du Johanna schützen willst, hast du mich zum Bundesgenossen. Lass uns alle heute Nacht nach Beaurevoir fahren, mich, deine Frau und sie. Ich werde mich deiner Diener versichern, dass sie nicht schwatzen. Bischof Cauchon soll sich verrechnet haben, auch wenn die Inquisition hinter ihm steht und der Herzog von Bedford. Beug dich nieder, dass ich dich segnen kann.»

*

Die starken, von Efeu umwachsenen Mauern des alten Herzogsschlosses zu Rouen sind das Herz der Normandie. Hier hat Wilhelm der Eroberer davon geträumt, nach England zu segeln und die große Insel in Besitz zu nehmen, hier sind die Pläne gereift, von London aus ganz Frankreich botmäßig zu machen. Die Seine, die breit und gelassen an Rouen vorüber nach Westen fließt, trägt den Hauch jenes Meeres herüber, das gegen die weiße Küste von Dover schlägt, und das kalkige Ufer von Albion spiegelt sich längs den Ufern in lauter kleinen weißen, grasüberdachten Hügeln, die wie Kinder der englischen Küste aussehen. Die Normannen, das Volk der Seefahrer, die auf Schiffen geboren wurden und deren Leichen auf Schiffen verbrannten, konnten nicht länger als ein Menschenalter in ihren Hütten und Häusern sesshaft bleiben. Das Heimweh der Zugvögel musste sie westwärts führen, über das schmale Band des Kanals hinüber zu den britannischen Inseln, so gut wie die Vettern des Südens eines Tages vom neapolitanischen Festland die Kiele gegen Sizilien laufen ließen.

Aber als der englische Boden bis an die Gebirge Schottlands erobert war, als normannische Herzöge Könige von England hießen, blieb das alte Band der Liebe zur Normandie, zu dem Boden, der die Wikingersöhne das Pflügen und Herrschen gelehrt. In der Normandie lagen die Gräber der Väter, im Schloss zu Rouen hingen die Schilde und Speere aus glorreichen Eroberertagen, in seinen Mauern spürte man die Geister der Ahnen von Rollo dem Wilden, der aus dem Norden gekommen war und sich vor Chartres dem Christengott gebeugt hatte, – bis zu jenem zweiten Heinrich, der in die Erde beißen und sich die Barthaare raufen konnte, wenn jemand seinem Willen widerstand. Normannischer Boden bedeutete das Pfand auf Europas festländischer Erde, solange die Könige von England Rouen besaßen, würde ihre Hoffnung nicht sterben, einmal ganz Frankreich zu besitzen. Nie würden sie freiwillig weichen.

Nun war seit Monaten ein Weib unter den Franzosen, das die Normannen rebellisch und die englischen Söldner feige machte, es nützte nichts, wenn man diese zu Dutzenden hängen ließ. Burgen und Städte waren gefallen, auch das Stammland der Normandie wurde von zwei Seiten bedroht. Aber jetzt hatte man die Hexe gefangen.

Im alten Normannenpalast zu Rouen empfing der Herzog von Bedford, von der gebieterischen Hakennase bis zur breiten Brust jeder Zoll ein Mann königlichen Geblüts, den Bischof von Beauvais nach seinem vergeblichen Besuch bei Johann von Luxemburg. Der Earl of Warwick war noch zugegen, auch er ein Verwandter des Königshauses, Statthalter von Rouen und Erzieher des zehnjährigen Königs Heinrich.

Bischof Cauchon sah man an, dass er keine erholsamen Ritte hinter sich hatte, sein Gesicht war magerer geworden, aber der Zug entschlossenen Willens um den hart gezeichneten Mund grub sich umso tiefer ein.

«Nun, Bischof, warum habt Ihr die Bäuerin nicht gleich mitgebracht?», fragte Bedford in geläufigem Französisch.

«Herr Herzog, der junge Luxemburger ist in Schulden, und da ich keine Vollmacht hatte, ihm Geld zu bieten, war nichts zu erreichen. Er verstieg sich zu der Forderung von 8000 turnesischen Pfunden. Darauf besuchte ich zum zweiten Mal den Herzog von Burgund und hoffte, ihn zu bewegen, auf den Luxemburger einen Druck auszuüben. Dieses hat er versprochen, jedoch verlangt auch Philipp von Burgund eine Entschädigung; er sprach von 2000 Pfunden, wenn er uns zu Willen sein soll. Somit wären es im ganzen 10 000 Pfund.»

«Unverschämt», schnaubte der Earl of Warwick, doch Bedford hob seine große, sonnengebräunte Hand, um Schweigen zu gebieten.

«Es scheint da ein Irrtum vorzuliegen, Bischof. Es handelt sich weder um den guten Willen des Herzogs von Burgund noch um den seines luxemburgischen Vasalls. Die Hexe ist zwar auf burgundischem Boden gefangen worden, aber nach dem Gesetz hat unser König als oberster Herr Frankreichs das Recht auf jeden Gefangenen von hoher Stellung. Wahrscheinlich ist Euch unser englisches Recht nicht geläufig genug.» Bedford hatte gesprochen, ohne das Gesicht zu bewegen, selbst die Lippen rührten sich kaum. Die zu kurzen Beine übereinandergeschlagen, blickt er mit kleinen dunklen Augen auf den Bischof herab, freundlich, ruhig, und doch mit dem selbstverständlichen Blick des Gebieters. Warwick dagegen bändigt sich nur mühsam, voll Wut bläst er die Luft in kurzen Stößen durch den Schnurrbart besetzten Mund.

Cauchon überhört, was eine Zurechtsetzung sein soll. Mag Bedford den Überlegenen spielen – nicht er hat den Trumpf in der Tasche. «Möglich, Herr Herzog», sagt er, «doch auf unserem Boden wird, soviel ich weiß auch englischerseits, das Beuterecht respektiert. Man wird es nicht umgehen können, den Luxemburger und den Burgunder zu entschädigen.»

«Das habe ich nicht bestritten, Bischof. Was die Summen anbelangt, die Ihr nanntet, nun, sie sind unverhältnismäßig hoch.»

«Ganz lächerlich hoch», grollt Warwick.

«Dennoch wird sich darüber verhandeln lassen. Da auch die Inquisition ein Interesse hat, den Fall vom Standpunkt der Häresie zu klären, könnte man daran denken, sich in die Kosten zu teilen.»

Cauchon hebt seufzend die Hand und lässt sie fallen. Die Pariser Inquisition sei bettelarm, kaum fähig, die Honorare der Professoren zu bezahlen, die hinzugezogen werden müssten. Für den Fall, dass der Herzog darauf bestehe, sie zu Zahlungen heranzuziehen, werde wenig Hoffnung sein, dass die kirchliche Inquisition sich überhaupt beteilige. Cauchon spricht milde und ergeben, die Wirkung im Voraus berechnend, und diese bleibt nicht aus.

Warwick springt auf wie ein gereizter Löwe. Ob dem Bischof die Sache Englands so wenig am Herzen liege? Es handle sich nicht darum, eine gewöhnliche Verbrecherin auf den Holzstoß zu bringen oder in einem Sack zu ersäufen. Ob er vergesse, was dieses Weib alles getan habe? Den besten Heerführer gefangen genommen, einen elenden Bastard zur Krönung geführt, das halbe Land zurückerobert und die Franzosen widerspenstig gemacht! Ob das in drei Teufels Namen mit rechten Dingen zugehen könne? Ob ein Bischof von Beauvais nicht mehr wisse, was die heilige Sache des Glaubens verlange?

Bedford, besonnen und beherrscht, winkt ab. Es ist völlig unklug, zu betonen, wie sehr das Interesse Englands nach dem Arm der Kirche verlangt. Aber Warwick, einmal in Harnisch gebracht, lässt sich nicht mehr beruhigen. Er ist ein mächtiger, glänzender Ritter, hat England auf dem Konzil von Konstanz vertreten, das Heilige Land befahren und den Kaiser Sigismund in Calais abgeholt, als dieser das Herz des heiligen Georg Heinrich dem Fünften zum Geschenk überbrachte. Die Schmach, dass eine Hexe von Weib Ruhm und Recht Englands gefährdet, schürt seit Monaten seinen Zorn.

«Vor aller Welt muss sie gerichtet werden! Ganz Frankreich, ja die ganze Christenheit muss erfahren, dass es der Satan war, der den Franzosen half. Dass Karls Siege nichts als Teufelsspuk sind und seine Krönung eine Tat des Widersachers. Das könnt nur ihr, die ihr die Vollmacht habt, zu entscheiden, wer Gottes und wer des Teufels ist. Ihr müsst es herausbringen in voll gültigem Prozess, die Kirche muss das Urteil sprechen! Was uns dann noch zu tun übrig bleibt, ist klar.»

Cauchon hat unter Warwicks Feuerwerk tiefsinnig geschwiegen. «Ich habe in dieser Sache getan, was ich tun konnte», sagt er bescheiden. «Die Theologen der Sorbonne sind von meiner Ansicht – die sich mit Eurer, Graf Warwick, vollständig deckt – überzeugt worden. Die Inquisition ist bereit zu handeln. So weit sind wir von vornherein einig. Freilich wird die Vorbereitung zu einem ordnungsgemäßen Prozess, den auch Ihr, wie ich zu meiner Freude sehe, wünscht, noch einige Zeit in Anspruch nehmen. Es sind da Zeugenberichte, Gutachten und Ähnliches aufzunehmen; ich werde einen Stab von Mitarbeitern brauchen, außerdem einen gewissen Fonds für meine Reise und sonstigen Ausgaben –»

«Darüber lässt sich reden», meint der Herzog. Wichtig sei vor allem, dass der Prozess bald beginnen könne und dass Johanna in englische Hände komme, um jeder Flucht und jedem Zugriff Karls vorzubeugen. Damit sei man auf den Ausgangspunkt zurückgekommen. Wenn die Inquisition unfähig sei, sich an den Kosten zu beteiligen, werde man dem Burgunder die Hälfte des geforderten Preises bieten, fünftausend turnesische Pfund, und des Burgunders Sache sei, sich mit dem Luxemburger auseinanderzusetzen. Allerdings könne er nicht ohne weiteres sagen, ob die königliche Kasse die Summe ganz oder nur in Raten aufzubringen in der Lage sei.

Es gab einen unruhigen Sommer für Bischof Cauchon. Der Burgunder lachte ihm ins Gesicht, als er die gebotene Summe nannte, der Luxemburger ließ sich überhaupt nicht mehr sehen, und niemand wusste genau, wo Johanna gefangen lag. Er ritt nach Rouen zurück, um neue Weisungen zu holen, dazwischen mussten Boten ausgesandt werden, um an Ort und Stelle von Johannas Taten die nötigen Zeugenaussagen zu Papier zu bringen – mündliche Zeugen brauchte es nicht nach dem kanonischen Recht. Dann wieder beklagten sich die Häupter der Inquisition bei Heinrich, «dem König von Frankreich und England», warum die Jungfrau noch immer nicht bei ihnen abgeliefert sei, wo doch «die weisesten Doktoren, die gelehrtesten Geister» bereit seien, über sie zu Gericht zu sitzen. Wenn er nach Rouen kam, machten die englischen Herren ihm Vorwürfe, er zeige zu wenig Eifer für die gute Sache, und dabei wurde immer noch behauptet, der Preis von zehntausend Pfund sei unerschwinglich. Auch seine Kosten liefen auf. Er musste mehrmals in Rouen vorsprechen, und wenn Warwick nicht gewesen wäre, hätte er sehen können, wie seine Rechnungen in Höhe von 765 turnesischen Pfunden beglichen wurden. Warwick aber erlahmte nicht in seinem Eifer, er war der Pfeiler, auf den Cauchon baute. Bedford hatte noch andere Dinge im Kopf: er wollte sein Mündel in Paris krönen lassen, wenn schon Reims unerreichbar blieb, er ließ ein neues Expeditionsheer in England ausheben, um die Verluste des vergangenen Jahres wettzumachen, und wollte außerdem, dass sein Name im Zusammenhang des Prozesses möglichst wenig in Erscheinung trete. Warwick dagegen dachte nur an die Hexe, durch ihre Verdammung würde Englands Ehre wieder fleckenlos und Karls Überlegenheit zunichte sein. Auch versprach er Cauchon den freigewordenen Bischofssitz von Rouen als Lohn nach vollbrachter Tat.

*

Es war ein kleines, rundes Gelass im obersten Stockwerk des Turmes von Beaurevoir, in dem Johanna gefangen saß. Die Comtesse von Luxemburg sah zu, dass sie keinen Hunger litt, ja, dass sie jeden Tag die Messe in der Kapelle hören durfte. Sie und die Frau ihres Neffen sowie dessen Stieftochter – sie hießen alle drei Jeanne – brachten ihr Stoff, damit sie sich einen Rock nähe, wie es sich gezieme für ein anständiges Mädchen. Aber in diesem Punkt blieb Johanna, obwohl sonst so sanft und leitsam, störrisch. Es sei «noch nicht Zeit», für sie, Frauenkleider anzulegen, Gott erlaube es nicht. Die alte Dame Luxemburg verstand solche Antwort ganz und gar nicht, und sie besprach die Angelegenheit mit Nicolas von Queuville, dem Abt von Amiens, der, sie wusste nicht von wem, geschickt worden war, die Gefangene zu prüfen.

«Ich fürchte, Johanna hat im Umgang mit den Söldnern doch in etwa vergessen, was weibliche Sitte ist. Die Haare werden wachsen, bei mir erhält sie keine Schere. Aber von den fürchterlichen Hosen will sie sich nicht trennen», klagte die Comtesse.

Der Abt schüttelte den Kopf. «Dieses Mädchen ist eine ausgezeichnete Christin.»

Nun, Queuville hatte ihr die Beichte gehört und musste es wissen. Allerdings auf die Frage der Kleider verstand er sich nicht, aber das würde sie, die Comtesse von Luxemburg, schon ins Reine bringen.

Johannas Stallmeister d'Aulon war vor einigen Tagen als Gefangener gebracht worden, und die Luxemburgerin stieg die steile Turmtreppe hinauf, um selbst bei der Begegnung anwesend zu sein. Man sollte nicht sagen, dass Johanna in ihrem Schloss unbehelligt Männerbesuche empfing. D'Aulon weinte beinahe, als er seine Jungfrau wieder sah, und war dabei ehrfürchtig wie vor einem großen Herrn. Auf die Frage, wie ihr zumute sei, winkte sie ab und erkundigte sich ihrerseits nach den gefangenen Brüdern und dem Schicksal der Stadt Compiègne.

«Ach, Jungfrau Johanna», klagte d'Aulon, «die Engländer haben gedroht, wenn sie die Stadt einnehmen, alle Einwohner zu töten, bis herab zu den Kindern von sieben Jahren.»

Darauf gab Johanna, so bescheiden und lieblich wie immer, und doch mit einer Festigkeit, die die Comtesse aufhorchen ließ, zur Antwort: «Nein, d'Aulon, kein Ort, den der Himmelsherr in die Hand unseres Königs gegeben hat, wird wieder erobert werden. Compiègne wird noch vor Martini Hilfe bekommen.»

D'Aulon schien getröstet zu sein, und die Comtesse gedachte, sich die Prophezeiung zu merken. Aber der Sommer war lang und heiß und die Luxemburgerin alt. Man lebte nicht allzu gern in diesen trüben Zeiten, und wenn einen, der an Jahren war, eine Krankheit befiel, tauschte er gern ein besseres Jenseits für die dunkle Erde. Als die Blätter noch grün an den Bäumen hingen, überfiel Jeanne von Luxemburg, die Tante, ein seltsamer Schwindel, und es stellten sich Schmerzen in den Eingeweiden ein, dass sie nach der letzten Tröstung rief und dem Neffen sagen ließ, er möge unverzüglich kommen. Als er eintraf, lag sie mit abgezehrtem Gesicht auf ihrem Lager und hatte Augen, die schon von einer andern Welt wussten.

«Versprich, dass du Johanna nicht verkaufst», flüsterte sie. Johann von Luxemburg versprach alles, was sie wünschte, aber ihre Hand, die in der Luft herumtastete, um auf seiner Stirn ein Kreuz zu machen, fiel kraftlos herab, und in der Nacht war sie tot.

Danach wurde es still und traurig in Beaurevoir. Zwar hielten es auch die jungen Gräfinnen genau wie die Tante angeordnet, aber sie waren unerfahren in Dingen der Welt, und als ein Ritter namens

Haimond de Macy angeritten kam, im Auftrag der Engländer, wie er sagte, ließen sie ihn in den Turm hinaufsteigen und sogar allein bei der Gefangenen bleiben, denn er drohte mit dem Zorn des Königs Heinrich. Der Abt von Amiens hatte, nichts Böses ahnend, und in gerechtem Ärger, dass man Johanna eine Hexe schalt, einem der Amtsbrüder von seinem Besuch in Beaurevoir erzählt, und nun endlich hatte Cauchon die Fährte.

Haimond war ein gewandter Mann, erfahren in allen Künsten, die Frauen gefallen, er zog die verschiedenen Saiten auf, die unfehlbar ans Ziel führen mussten: Mitleid, Beschützertum und schließlich Liebe. Jeanne hörte unbeweglich zu, doch als Haimond sich eines Tages zu ihr auf die Bank setzen und den Arm um sie legen wollte, erfuhr er, dass sie, obwohl jung und mädchenhaft, gefangen und unglücklich, taub war für die Sprache der Männerliebe. Das Mittelalter hat von je solche Naturen gekannt und ihnen besondere Kräfte zugeschrieben; erst unserer Zeit blieb es vorbehalten, aus dieser Tatsache zu schließen, dass Johanna als unausgebackenes Kind zu betrachten sei. Andere Biografen dagegen notierten eifrig, Haimonds Haltung habe einen weiteren Beweis erbracht, dass Jeanne d'Arc nicht des weiblichen Charmes entbehrte. Ob diese Liebeserklärung bestellt war oder nicht, Haimond de Macy nahm die Abweisung nicht übel. 25 Jahre später hat er mannhaft, ohne sich selbst zu schonen, für sie gezeugt.

Haimond ahnte so wenig wie d'Aulon, dass Johannas Seele gerade in diesen Wochen ganz andere Kämpfe auszutragen hatte. Eines Abends, als der Wärter durchs Guckloch sah, war das Zimmer leer, die Jungfrau verschwunden. Er stolperte die Treppe hinab, schrie durchs Schloss, man zündete Fackeln an, durchsuchte den Park. Der Schreck war allen in die Knie gefahren, Pferde wurden gesattelt, sogar d'Aulon durfte suchen helfen. Er stieß auf dem Steinboden unter dem Turm an ein weiches Etwas, bückte sich und rief nach der Fackel. Vor seinen Füßen lag Johanna, reglos, wie tot. «Heda! Hilfe!» Er sah in die Höhe, dicht über ihm lag das Fenster des kleinen Gelasses: Johanna musste aus dem Turm gesprungen sein.

Man trug sie vorsichtig auf ein Lager. Sie atmete noch, und an Armen und Beinen schien nichts gebrochen, doch dauerte es ein paar Stunden, bis sie zu sich kam. «Wo bin ich?», fragte sie verstört.

«In Beaurevoir. Habt Ihr Euch töten wollen, Jungfrau Johanna?»

Sie stöhnte vor Schmerzen und konnte lange nicht antworten. Wenn sie die Augen öffnete, sah sie d'Aulon an mit Blicken, die ihm das Herz stillstehen ließen vor Mitleid.

«Nein, ich befahl mich Gott und wollte entkommen. Ich wollte lieber sterben als weiterleben, wenn so gute Leute wie die von Compiègne niedergemetzelt werden. Ich will auch nicht verkauft werden an die Engländer, lieber will ich sterben.»

D'Aulon verwunderte sich: hatte sie nicht prophezeit, Compiègne würde vor Martini noch gerettet sein? «Haben Eure Berater gesagt, dass Ihr herunterspringen sollt?»

Ihr unglückliches, verschwollenes Gesicht wurde noch verzweifelter. «Nein, die heilige Katharina hat es mir täglich verboten. Gott wird Compiègne helfen, sagte sie. Ich antwortete: Wenn Gott helfen will, möchte ich dabei sein.» Nie hatte d'Aulon sie so matt und hilflos sprechen hören.

Drei Tage lang nahm Johanna weder Speise noch Trank, dann aber sagte sie, die heilige Katharina habe sie getröstet, und gesundete rasch. Vierzehn Tage vor Martini erzählten ihr die Wächter, dass das eingeschlossene Compiègne von den Franzosen befreit worden sei.

Die Zeitgenossen Jeannes wollten diesen Sprung aus dem 60 Fuß hohen Turm bald als Teufelswerk, bald als Gotteswunder betrachten. In unseren Tagen soll sich ein befragter orthopädischer Fachmann dahingehend geäußert haben, dass in Anbetracht von Johannas Jugend, Gesundheit und bäuerlich-mittelalterlicher Konstitution ein Sprung aus zwanzig Meter Höhe nicht unbedingt gefährlich sein müsse. Noch andere behaupten, sie sei wohl nicht frei gesprungen, sondern habe Betttücher zu einem Seil gedreht, das dann während des Kletterns gerissen sei.

Das war im Oktober. Johann von Luxemburg lebte im Lager Philipps von Burgund, er ritt zu allen Scharmützeln, die es da und dort mit den Franzosen gab, aber wenn er sich freimachen konnte, kam er nach Beaurevoir und sah selbst nach seiner Gefangenen. Immer noch war keine Botschaft von Karl eingetroffen, immer drohender wurden die Befehle aus Rouen. Zwei- oder dreimal war Cauchon im Lager erschienen, die Summe, die er bot, war endlich auf 8000 Pfund heraufgerückt. Aber da blieb das Versprechen, das er der sterbenden Tante gegeben hatte, ihr fürchterliches Wort von den dreißig Silberlingen. In seiner Not ließ er sich die Tür zum Gelass Johannas öffnen, an einem friedlichen, mildwarmen Novembertag.

«Johanna, ich würde Euch freigeben, wenn Ihr nur versprechen würdet, nicht mehr zu kämpfen.»

Das Mädchen war vor ihm aufgestanden. «Im Namen Gottes, Ihr verspottet mich. Ich weiß, dass Ihr mich weder freigeben wollt noch könnt.»

«Aber wenn ich es trotzdem täte?»

Sie sah über ihn hinweg mit sonderbar ruhigen Augen. «Ich weiß, dass die Engländer mich zum Tod verurteilen werden. Sie glauben, wenn ich tot bin, haben sie Frankreich gewonnen. Aber wenn es auch hunderttausend Goddams mehr auf der Welt gäbe, würden sie Frankreich nicht erobern.»

Johann von Luxemburg fand keine Antwort. Er ging, aber ohne recht zu wissen, was er tat, verbeugte er sich, ehe er die Tür schloss. Er sollte sie nur ein Mal noch wiede rsehen, an einem Tag, der ihm beinahe den Verstand gekostet hätte.

*

Im gleichen Monat wurde den französischen Einwohnern der englischen Normandie eine besondere Steuer auferlegt: zehntausend turnesische Pfund sollten aufgebracht werden, um die Hexe auszulösen. Achttausend Pfund kamen zusammen, zweitausend Pfund legte Warwick aus englischen Mitteln dazu. Mit dieser Summe erschien Bischof Cauchon im Lager des Burgunders.

Jeanne war um diese Zeit nicht mehr in Beaurevoir. Von Karl war, unverständlich damals wie heute, kein Brief, keine Botschaft gekommen. Man hörte in jenen Monaten so wenig wie späterhin, dass er je den leisesten Versuch machte, das Mädchen zu befreien, dem er alles verdankte. Karl VII. hat wirklich, wie sein alter Erzieher ihm verheißen, «die unaustilgbare Schande verabscheuungswürdiger Undankbarkeit» auf sich genommen.

Johann von Luxemburg sah keinen andern Ausweg für sich und seine zerrütteten Finanzen als den Verkauf. Aber er wollte das Mädchen nicht mehr sehen und ließ sie nach Arras schaffen, in burgundischen Gewahrsam. Im November nahm er das Geld. Lyonnel von Wendonne, dessen Bogner das Mädchen gefangen genommen, wurde ein Jahresgehalt von zweihundert Pfund geboten; wir wissen nichts anderes, als dass der reiche Burgunderfürst ebenfalls zu seinem geforderten Anteil kam – nur der Bogner mag mit einem Trinkgeld abgespeist worden sein. Der Verkauf jedenfalls war zustande gekommen.

Über Crotoy, Eu, Dieppe wurde Johanna nach Rouen gebracht, knapp vor Weihnachten im Jahre 1430.

Hundert Professoren

Das Beutegeld war bezahlt. Jetzt ging es um die Beute selbst. Für England war das Mädchen Staatsinteresse, denn Jeanne d'Arc ist in diesem Augenblick gleichbedeutend mit Frankreich. Ihren Leib einfach hinzurichten, genügte nicht, man musste ihren Geist vernichten. Dies vollgültig, vor Frankreich, vor England, vor der ganzen Christenheit zu tun, vermochte nur die Kirche. Sie allein konnte rechtskräftig und in letzter Instanz entscheiden, wer Gottes und wer des Teufels war. Ein kirchliches Gericht, das erklärte, Jeanne d'Arc habe mit Hilfe des Widersachers gekämpft, gesiegt und den französischen Dauphin zur Krönung geführt, vermochte alles hinfällig zu machen: Karls Krönung, das zurückgewonnene Land und den Glauben des Volkes. Es vermochte Englands wankend gewordenen Machtanspruch auf Frankreich vor den Augen der ganzen Christenheit endgültig zu bestätigen.

England also bedurfte des Rechtsspruchs der Kirche. Doch die höchsten kirchlichen Würdenträger Europas waren in Basel hinlänglich mit den weit wichtigeren Fragen päpstlicher Wirren beschäftigt. Auch befanden sich unter ihnen Theologen von Rang, die durchaus nicht geneigt sein mochten, sich ohne weiteres dem Diktat des Herzogs von Bedford zu beugen. Jedoch das Inquisitionsgericht in Paris hatte kirchliche Vollmacht, über einen Ketzer das Urteil zu sprechen; die Angehörigen dieser Inquisition waren abhängig von Englands Staatsmacht, Paris stand unter englischem Oberbefehl. Es war ein einmalig günstiger Augenblick, und Bedford erkannte, dass dieser genutzt werden musste, so schnell und so gründlich wie möglich.

Heinrich VI. machte durch ein Schreiben bekannt, das freilich von seinem Oheim Bedford stammte: die sogenannte Pucelle werde der Gerechtigkeit der Kirche übergeben, und Pierre Cauchon, Bischof von Beauvais, habe ihr oberster Richter zu sein. Bedford ließ Truppen zusammenziehen für den Fall, dass es einen Aufstand geben sollte.

Der ungleiche Kampf konnte beginnen: zwischen einem Bauernmädchen, das nicht a von b unterschied, und hundert der gelehrtesten Professoren der ersten Universität der Welt; der ungleiche Kampf zwischen Männern, in denen die lebendige Schau zu starrem Gesetz verknöchert war, und einem Mädchen, das aus eigener Kraft in den Büchern Gottes las; zwischen Menschen, die, irdische Macht verkörpernd, aus Furcht vor den Gewalten der Erde handelten, und einem Wesen, das, von aller Menschenhilfe entblößt, Mut aus Bereichen schöpfte, die nicht von dieser Welt sind. Was hier ausgetragen wurde, war nur an der Oberfläche ein Kampf Englands um seine Herrschaft in Frankreich; in Wahrheit ging es um ein neues Zeitalter der Christen.

In die letzte der dreizehn heiligen Nächte, die über Rouen anbrachen, fiel der 19. Geburtstag des Mädchens Johanna.

Sie lag im Turm des Herzogsschlosses, vielleicht sogar in einem eigens verfertigten Käfig aus Eisenstäben, in dem sie die ersten Wochen aufrecht stehen bleiben musste, an Hals, Händen und Füßen gefesselt. Was die Einzelheiten ihrer grausamen Haft anbelangt, weichen die Berichte voneinander ab, man war späterhin nicht geneigt, zur vollen Wahrheit zu stehen. Jedenfalls wurde sie Tag und Nacht von englischen Söldnern belauert, verhöhnt, einige sagen auch bedrängt. Es ist zwar gegen das Recht, Johanna in weltlichem Gewahrsam zu halten, denn Angeklagten der Kirche steht kirchlicher Gewahrsam zu und Bewachung aus den Reihen des eigenen Geschlechtes, doch solche Haft wurde englischerseits nicht erlaubt. Johanna war nicht ein gewöhnliches Weib, sondern ein Wesen, das über magische Kräfte verfügen mochte, es gab mehr als einen, der dahingehend warnte, jedenfalls ließ Katharina de la Rochelle sich hören – die neuerdings in Paris und selbst der Hexerei verdächtig ist –, es sei gleich, wohin man Johanna stecke, der Teufel werde sie überall entschlüpfen lassen. Warwick hat sich geschworen, schlauer zu sein als der Teufel. Es ist auch nicht Sitte, dass zu jeder Tageszeit männliche Besucher sich an dem Anblick weiblicher Opfer erfreuen dürfen, doch Warwick und die Seinen, ja sogar Bedford und der kleine König geben das Beispiel und erscheinen in ihrer Zelle. Unstatthaft ist es – wenngleich diese List schon bei den Albigensern angewandt wurde –, dass ein Kleriker gedungen wird, sich Johanna als Freund vorzustellen und angeblich Nachrichten aus Domrémy zu überbringen. Johanna scheint ihm zu glauben, da er ein Priester ist, und beichtet ihm. Aber die Beichte bringt nichts ans Licht, was für die Schreiber, die sich hinter einer Bretterwand verstecken müssen, wichtig sein könnte. Dies alles jedoch sind nur die kleinen Versuche, die Bischof Cauchon für zweckmäßig hält, um die Gefangene mürbe zu machen. Der Prozess soll in aller Form geführt werden, umso größer wird die Wirkung sein.

Nur Wasser, Brot und spärliche Speise wird der Gefangenen gereicht – Johanna hat kaum je mehr gegessen. Doch wird ihr die geweihte Hostie vorenthalten, die ihr mehr bedeutet als Nahrung. Der Leib des Herrn ist nicht für Teufelsbuhlen.

*

Cauchon hat gesammelt, was sich sammeln ließ: Aussprüche und Briefe, theologische Gutachten, Gefangenenberichte und militärische Beweise. Er hat sich sorgfältig seine Mitarbeiter und Beisitzer ausgewählt und von dem Inquisitor Frankreichs – der selbst abwesend zu sein bedauert – unumschränkte Vollmachten geben lassen, um «mit dem Messer die Krankheit der Häresie auszuschneiden, die gleich dem Krebs im Körper des Kranken wütet». Professoren der Sorbonne sind geladen, die Äbte der gelehrtesten Orden: Dominikaner, Franziskaner; die geistlichen Herren von Rouen, der

Subinquisitor der Normandie, über hundert Doktoren, Lizentiaten und Professoren der Theologie, Jurisprudenz und Philosophie, sämtlich von priesterlichem Rang, und, das versteht sich von selbst, soweit sie der englischen Herrschaft nicht feindlich gesonnen sind.

Doch wird kein einziger Zeuge in Johannas Sache gehört werden. Und nicht vorgesehen wurde, dass ihr ein Rechtsbeistand gewährt werden soll. Als der Prozess bereits über einen Monat in Gang war, bot man Johanna an, sich einen «Berater» zu wählen, doch nur einen aus den Reihen der anwesenden Beisitzer. Sie lehnte ab. Das 19-jährige Mädchen wird ganz allein die Verteidigung führen, nicht nur für sich selbst, sondern für ihren König und die Sache Frankreichs.

Zwei Monate sind vergangen, seit Johanna nach Rouen gebracht wurde, zwei Monate hat sie angekettet gelegen, in der ständigen Qual, höhnenden Blicken und frechen Händen ausgesetzt zu sein, hilflos, schweigsam und voll Gewissheit über ihr Los. Es ist der 21. Februar 1431, acht Uhr morgens.

«He, auf!», schreit eine rauhe Stimme. Knirschend öffnet sich die dreimal verriegelte Zelle, sie wird losgekettet und die Treppen hinuntergestoßen. Die Füße tragen nicht mehr recht, das Licht schmerzt, sie taumelt. Lange Gänge, neue Treppen und viele Türen. Dann, ach wie wohl das tut, ein leiser Weihrauchduft, der von Kerzen erleuchtete Raum einer Kapelle. Sie sieht auf den Altar und will niederknien. Jetzt erst gewahrt sie, dass der Altar leer ist und rechts und links in den langen Reihen der quer gestellten Kirchenstühle Männer sitzen, in Sutanen, in schwarzen und weißen Kutten. Dreiundvierzig Augenpaare starren auf sie, von der Bischof Cauchon berichtet hat, sie liege als ein kleines Häuflein sterblichen Fleisches im Verließ.

Dieses kleine Häuflein ist ein Geschöpf in Reiterhosen und Pagenwams, aber der Körper ist weiblich und wohlgebaut. Haare, die jetzt auf die Schultern fallen, umgeben ein blasses, seltsam liebliches

Gesicht; zwei Augen, die klar und mutig sind, blicken um sich. Mit gefalteten, gefesselten Händen steht sie in der Mitte.

«Man muss sie sitzen lassen, sie könnte ohnmächtig werden», flüstert der junge Dominikaner Isambert seinem Nachbarn zu. Der schüttelt den Kopf, blickt auf Cauchon und legt den Finger warnend an die Lippen.

Bischof Cauchon auf erhöhtem, prachtvoll geschnitztem Kirchenstuhl hebt stolz sein mächtiges Haupt und eröffnet die Sitzung.

«Ein gewisses Weib, gewöhnlich Johanna die Jungfrau genannt, die innerhalb des Gebietes unserer Diözese von Beauvais gefangen wurde, ist von unserm erhabenen und christlichen Herrn, dem König von Frankreich und England, uns übergeben worden, weil sie im Verdachte des Irrglaubens steht. Wir, Bischof von Beauvais, der wir von ihren Taten unterrichtet sind, die unseren heiligen Glauben nicht nur im Königreich Frankreich, sondern in der ganzen Christenheit schänden, haben beschlossen, dass Johanna vor unser Gericht geladen und über die Fragen des Glaubens verhört werden soll, die man ihr vorlegen wird.»

Cauchon macht eine Pause, er blickt von seiner Höhe herab auf das stehende Mädchen. «Johanna, die du hier anwesend bist, wir fordern in Barmherzigkeit von dir, uns die reine und volle Wahrheit zu sagen, damit dieser Prozess zur Erhaltung und Erhöhung des katholischen Glaubens und mit gnädiger Hilfe Jesu Christi, unseres Herrn, dessen Sache wir vertreten, rasch voranschreite und dein Gewissen entlastet werde. Schwöre also, indem du zwei Finger auf das Evangelium legst, die Wahrheit zu bekennen.»

Es ist still im Raum, nur die Federn der beiden Schreiber kratzen übers Pergament, auch sie sind Geistliche. Die alten unter den Richtern blicken gleichmütig vor sich hin, die jungen werfen einen raschen Blick auf das Mädchen und senken dann die Köpfe. Das bleiche Licht der Februarsonne bricht sich im Blau und Rubinrot herrlicher Fenster.

«Ich weiß nicht, über was Ihr mich fragen wollt», hört man die

Stimme des Mädchens sagen. Es ist die Stimme, von der Gilles de Rais, der Kundige, behauptete, nie habe er eine ähnliche gehört. Sie klingt, wie wenn eine silberne Glocke zum Ave läutet, denkt der Dominikaner Isambert, der in der letzten Reihe sitzt. «Ihr könntet mich Dinge fragen, die ich Euch nicht sagen werde.»

«Wirst du schwören, über alles, was den Glauben betrifft, die Wahrheit zu sagen, soweit du sie verstehst?»

«Über Vater und Mutter und alles, was ich gemacht habe, seit ich von ihnen fortgegangen bin, werde ich gerne aussagen. Aber was meine Eingebungen anbelangt, die ich von Gott erhielt, habe ich nie mit jemandem darüber gesprochen, wenn nicht zu meinem König. Ich werde sie nicht sagen, und wenn Ihr mir den Kopf abschneidet. Meine Stimmen haben mir befohlen zu schweigen.»

«Tu, was ich dir sage. Schwöre in Bezug auf die Dinge des Glaubens.»

Einer der Herren hält ihr das Messbuch hin, sie kniet nieder und legt die zwei gefesselten Hände darauf. «Über diese Dinge schwöre ich die Wahrheit zu sagen, im Namen Gottes.» Jetzt gibt Cauchon den Wink, sie solle sich auf die Bank setzen, die für sie bereitsteht.

«Wie heißt du?»

«In meiner Heimat hat man mich Jeannette genannt. Jeanne nennen sie mich, seit ich nach Frankreich kam.»

«Dein Geburtsort?»

«Ich bin in Domrémy geboren.»

«Wie heißen deine Eltern?»

«Mein Vater Jacques d'Arc und meine Mutter Isabelle Romée.»

Wann sie getauft wurde und von wem, will Cauchon wissen; die Namen der Paten und das eigene Alter.

«Neunzehn Jahre ungefähr.»

«Welche Gebete hast du gelernt?»

«Das Vaterunser, das Ave Maria und das Credo. Kein anderes soviel ich weiß.»

«Sag dein Vaterunser!» Es kommt vor, dass Teufelsbesessene die heiligen Worte nicht über die Zunge bringen. Alle sehen erwartungsvoll auf. Wird Johanna beten können?

«Wenn Ihr mir die Beichte hören wollt, gerne.»

«Sonst nicht?»

Sie schweigt. Sie schüttelt den Kopf: nein. Es ist nichts zu machen. Cauchon wirft einen viel sagenden Blick in die Runde. «Wir verbieten dir, aus deinem Gefängnis zu entfliehen, unter der Strafe, des Irrglaubens bezichtigt zu werden. Versprichst du das?»

«Wenn ich entfliehen würde, könnte mir niemand den Vorwurf machen, deswegen den Glauben verletzt zu haben.»

Cauchon zieht die Augenbrauen hoch, und da und dort denkt einer, die Logik sei nicht zu bestreiten. «Hast du dich über etwas zu beklagen?»

«Ja. Dass man mich an Leib und Füßen in Eisen kettet.»

«Du hast anderswo schon zu verschiedenen Malen entkommen wollen, deswegen hat man befohlen, dich zu fesseln.»

«Es ist wahr, ich habe fliehen wollen und möchte es noch heute tun. Jeder Gefangene hat das Recht zu fliehen.»

Cauchon hat nicht vor, die Sitzung heute in die Länge zu ziehen. Er lässt sich noch Einzelheiten ihres Weggangs von Domrémy, ihres Rittes nach Chinon berichten, dann blickt er von ungefähr auf die Kollegen und winkt den Wärtern, das Mädchen abzuführen. Drei weitere Engländer müssen schwören, darüber zu wachen, dass kein Mensch Johannas Gefängnis betritt, es sei denn auf Anordnung des Bischofs.

Tags darauf, an einem Donnerstag, wurde sie zum zweiten Male vor die Richter geführt und sollte neuerdings schwören. Heute hat Bischof Cauchon das Verhör an Jean Beaupère, Doktor der Theologie an der Sorbonne, abgegeben. Es soll nicht heißen, dass er allein das Wort führt, und auf Beaupère kann man sich verlassen, er weiß, was er will. Einer seiner Ärmel ist leer, er hat die Hand im Kampf mit Räubern verloren.

«Ich habe gestern geschworen, das sollte genügen», erwidert Jeanne.

Jean Beaupère schluckt die Antwort, musste nicht auch Cauchon sich gestern manches gefallen lassen? «Hast du irgendein Handwerk oder eine Kunst erlernt?»

«Ja, nähen und spinnen. Was das anbelangt, nehme ich es mit jeder Frau in Rouen auf.»

«Was hast du daheim gemacht?»

«Ich habe im Haushalt mitgeholfen.»

Dr. Beaupère hat sich zurechtgelegt, dass er sich nicht allzu lange bei Nebensächlichkeiten aufhalten, sondern den Hauptpunkt im Auge behalten wolle. «Hast du jedes Jahr deine Sünden gebeichtet?»

«Ja, dem Herrn Pfarrer, und wenn er verhindert war, einem andern Priester.»

«Wann hast du zum ersten Male deine Stimmen gehört?»

«Mit dreizehn Jahren etwa, zur Mittagszeit, als ich im Garten meines Vaters war ... Ich hörte sie zur Rechten, auf der Seite der Kirche. Es war eine große Helligkeit dort.»

Beaupère beugt sich vor. «Wie konntest du die Helligkeit sehen, wenn sie auf der Seite auftrat?»

Hat Johanna gehört? Sie schweigt.

«Unter welcher Gestalt ist dir die Stimme erschienen?»

Beaupère ist ein gebildeter Theologe, der weiß, dass es nicht nur übernatürliche Dinge gibt, die gehört, sondern auch solche, die gesehen werden.

«Es war der Erzengel Michael. Zu Anfang habe ich seinen Namen nicht gewusst ... Die Stimme hat mich zwei- oder dreimal in der Woche gedrängt, nach Frankreich, zum König zu gehen ... bis ich es zu Hause nicht mehr aushielt. Ich sollte den Hauptmann Beaudricourt aufsuchen, er würde mir Männer geben, die mich begleiten sollten, und ein Pferd. Denn ich war ein armes Mädchen und hatte kein Geld. In Vaucouleurs erkannte ich den Hauptmann, die Stimme sagte mir, dass er es sei. Zweimal hat er mich abgewiesen, erst beim dritten Male gab er mir Leute mit.»

«Damals also hast du Männerkleider angelegt, und auf welchen Rat?», fragt nun wieder Cauchon.

Sie schüttelt den Kopf. «Passez outre – weiter.»

In diesem Punkt gilt es, unnachgiebig zu sein. «Ist es ein Mann, der dir das geraten hat?»

Etwas wie ein kleines Lächeln gleitet über Johannas Gesicht. «Dafür ist kein Mann verantwortlich.»

«Haben deine Stimmen es dir geraten?»

«Ich glaube, meine Stimmen haben gut geraten.»

Cauchon sieht Beaupère an mit einem Blick, der deutlich besagt: Siehst du, so muss man es machen, wenn man etwas herausbringen will. Die ehrbaren Gelehrten lauschen mit vorgebeugten Köpfen, da und dort hält einer die Hand an das nicht mehr junge Ohr, um die sanfte Stimme deutlicher zu hören. Manchon und Colles, die beiden Pfarrer, die als Schreiber fungieren, führen eilig die Federn über das Pergament.

«Als ich zum König kam, erkannte ich ihn durch den Rat meiner Stimmen. Ich sagte ihm, dass Gott mich sendet, um Orléans zu befreien und ihn zur Krönung zu führen.»

«Als die Stimmen dir den König bezeichneten, war irgendein Lichtschein dort?» Ist es Neugier oder List, die die Frage stellt? Karl VII. ist der Feind Englands, göttliche Hilfe an seiner Seite zu sehen, ist allein schon Hochverrat.

«Entschuldigt, lasst mich das übergehen. Mehr als einmal, bevor der König mich nach Orléans ziehen ließ, hatte ich Anweisungen und herrliche Erscheinungen.»

«Welche Erscheinungen und Mitteilungen hatte dein König?»

«Das werde ich Euch nicht sagen. Sendet zum König und er wird Euch antworten.» Besseren Anwalt konnte Karl VII. nicht haben als dieses Mädchen, für das er nicht einmal einen Brief schrieb.

«Hörst du deine Stimmen oft?»

«Es vergeht kein Tag, ohne dass ich sie höre. Ich wäre längst gestorben, wenn sie mich nicht trösten würden.»

«Mit welchen Worten trösten sie dich?»

«Gewöhnlich sagen sie mir, dass ich durch einen großen Sieg

befreit werde. Oder es heißt: Sei ruhig, nimm alles hin, am Ende wirst du ins Paradies kommen.»

«Bis wann glaubst du, in Freiheit zu sein?», beeilt sich Beaupère zu fragen; es wäre wichtig, sie auf einer unrichtigen Prophetie zu erhaschen.

«Das geht Euch nichts an, ich weiß nicht, wann ich frei werde.»

«Hörst du deine Stimme auch im Gefängnis?» Es ist die Inspiration, um die es geht, und man wird kreuz und quer fragen, bis man ihr Wie und Woher klargestellt hat.

«Ja.»

«Wann hast du zum letzten Male gegessen oder getrunken?»

«Gestern nachmittag.»

«Und wann hast du zum letzten Mal deine Stimmen gehört?»

«Gestern – und heute.»

«Um welche Zeit?»

«Früh morgens, dann um die Stunde der Vesper und zum dritten Mal, als es zum Ave Maria läutete.» Mit einer Präzision ist es gesagt, einer Bewusstheit und Selbstverständlichkeit, als frage man einen nüchternen Mann, wann er das letzte Mal gebeichtet habe.

«Und gestern?»

«Als ich schlief. Die Stimme hat mich geweckt.»

Cauchon fragt jetzt: «Hat die Stimme deinen Arm berührt, um dich zu wecken?»

«Sie hat mich überhaupt nicht berührt.»

«Ist sie in diesem Raum?»

«Nein, ich glaube nicht, aber im Schloss.»

«Was sagt sie?»

«Antworte mutig, Gott wird dir helfen.» Johanna sieht auf, Cauchon gerade ins Gesicht, dem Mann, der ihr Leben in Händen hält, und für ein paar Augenblicke ist es, als seien die Rollen vertauscht. «Ihr sagt, dass Ihr mein Richter seid. Nehmt Euch in Acht, was Ihr fragt. Denn in Wirklichkeit bin ich von Gott gesandt, und Ihr seid es, der sich in große Gefahr begibt!»

Niemand wagt den Blick zu heben. Cauchon, der Beauftragte der Inquisition und des englischen Königs, wird von der Hexe beschimpft! Doch Cauchon fährt fort, als sei weder er noch irgendein Mensch in diesem Raum betroffen. Mögen die Jüngeren sich ein Beispiel nehmen: der Teufel kann keinen Gerechten verletzen.

«Ändern deine Stimmen nie ihre Meinung?»

«Ich habe nicht erlebt, dass sie doppelzüngig waren.»

«Haben deine Stimmen dir verboten, alles zu sagen? Glaubst du, dass es Gott missfällt, die Wahrheit zu sagen?»

«Die Stimmen sagen mir Dinge, die den König betreffen, und die werde ich Euch nicht sagen.»

«Kannst du deine Stimmen nicht zum König schicken?»

«Ich weiß nicht, ob die Stimmen gehorchen werden, aber wenn es Gott gefällt, kann er es dem König selbst verkünden, und das würde mich sehr freuen.»

«Warum verkehren die Stimmen nur dann mit dem König, wenn du bei ihm bist?»

«Ich weiß nicht, vielleicht ist es Gottes Wille.»

«Hast du auch andere Erscheinungen zugleich mit deinen Stimmen?»

«Ich bin nicht verpflichtet, Euch darauf zu antworten.»

«Haben deine Stimmen auch ein Gesicht und Augen?» Er denkt an die Teufelsfratze, einmal muss sie zum Vorschein kommen!

«Das werde ich Euch noch nicht sagen. Bitte gebt mir Aufschub. Ich habe nicht vergessen, dass man kleinen Kindern sagt, Leute werden manchmal gehängt, weil sie die Wahrheit sagen.»

Kehlen räuspern sich, und einer der Mönche putzt sich die Nase, es geht ein Lächeln durch die Reihen. Dieses Mädchen, wahrhaftig, könnte noch einen Theologen aufs Glatteis führen. Aber Bischof Cauchon bedenkt sich keinen Augenblick.

«Glaubst du, dass du im Stande der Gnade bist?», fragt er hoheitsvoll. Es ist eine Frage auf Leben und Tod, und einige runzeln unwillig die Stirn. Wie kann man einem einfachen Mädchen solche Fragen stellen, die nichts anderes sind als eine Falle? Kein Gelehrter könnte sich aus der Schlinge ziehen, denn bejaht Johanna, spricht aus ihr der Teufel des Hochmuts; verneint sie aber, hat sie sich selbst angeklagt. «Tödliche Frage» kritzelt einer der Schreiber an den Rand des Protokolls und Isambert, der Dominikaner in der letzten Reihe, macht mit der Hand ein Zeichen, dass sie nicht antworten solle.

Aber Johanna bedenkt sich so wenig wie Cauchon, sie wirft den Ball zurück mit sicherer Hand und entwaffnender Grazie. «Wenn ich nicht darin bin, möge Gott mich dahin führen, wenn ich darin bin, möge er mich darin erhalten.»

Es geht beinahe wie ein Aufatmen durch die Kirchenstühle, Beaupère wechselt mit Cauchon einen Blick, und dieser nickt. Beaupère will Näheres über einen bestimmten Baum erfahren, der in der Umgebung von Domrémy steht, Feenbaum geheißen. In seiner Nähe rieselt eine Quelle, und um beide Orte ist es nicht geheuer, sagt das Volk.

Ja, antwortet Johanna, sie habe es mit eigenen Augen gesehen, dass Fieberkranke Wasser aus der Quelle holten. Ob sie davon geheilt wurden, sei ihr unbekannt. Auch habe sie von älteren Leuten gehört, dass man Feen bei dem großen Baum antreffe. Sie selbst sei dort nie einer Fee begegnet, und ob sie anderswo solche gesehen, sei ihr nicht erinnerlich. Gewiss, auch getanzt und gesungen habe sie rund um den Baum, ebenso wie die anderen Kinder, das heißt, um genau zu sein, mehr gesungen als getanzt.

Ob sie von der Prophezeiung Merlins wisse, dass aus jenem Baum eine Fee hervortreten und Wunder verrichten werde?

Doch, sie sei auch schon danach gefragt worden, aber auf derlei Dinge gebe sie nichts.

Johanna saß, während sie so sprach, immer in den alten schwarzen Hosen vor den Richtern, sie mögen fleckig und schadhaft geworden sein, und überhaupt konnten sie nur Anstoß erregen in den Augen ehrbarer Männer. Von den kurzen Haaren dagegen sprach jetzt niemand mehr, sie mögen in der Zwischenzeit auf die Schultern heruntergewachsen sein und ihren anstößigen Rundschnitt verloren haben.

«Möchtest du nicht Frauenkleider haben?», fragte einer der Doktoren. Vielleicht war eine Regung des Mitleids in seinem Herzen. Wenn sie bejahte, und sei es nur aus Eitelkeit, fiel kein kleiner Punkt der Anklage fort.

«Doch, gebt mir welche, wenn ich dann aufstehen und fortgehen kann. Sonst nicht. Ich bin zufrieden mit dem Kleid, das ich anhabe, weil es Gott recht ist, dass ich es trage.»

Was sollte man von einem Mädchen halten, das besser als dreiunddreißig Professoren der Theologie wusste, was Gott gefiel, was zu sagen und zu verschweigen war, das nicht weinte und nicht bereute und zum achten Verhör genauso aufrecht erschien wie zum ersten; das sogar der Versuchung widerstand, ein neues Kleid zu bekommen? Es sah immer wahrscheinlicher aus, dass nur der Teufel solche Hochmutskräfte verleihen konnte. Was allerdings die Hosen anbetraf, gab es einige unter den Herren, die anders dachten. Hatte nicht Thomas von Aquin gelehrt, aus vernünftigen Gründen sei es auch Frauen gestattet, Männerkleider zu tragen? Das Mädel mochte, weiß Gott, Grund genug haben, im Feld und jetzt unter den Augen der Wärter, die Hosen nicht abzulegen.

Da es im Verlauf von drei Monaten zu fünfzig Sitzungen kam, gab es am Ende keine Frage mehr, die nicht mehrmals schon gestellt worden war, angefangen davon, dass der Vater Jakob d'Arc geträumt haben sollte, seine Tochter laufe mit Soldaten davon, bis zu den Verbeugungen, die Johanna angeblich vor Engeln und Heiligen machte. Sie musste die Ereignisse der Schlachten aufs Haar genau erzählen, man verhörte sie über die sogenannte Totenerweckung in Lagny, über das verschwundene Schwert von Fierbois und ihre Selbstmordabsichten, vielmehr ihren Sprung aus dem Turm zu Beaurevoir. Man wollte Näheres über die weiße Dame zu Bourges wissen, man fragte nach der räumlichen Entfernung, in der sie vor dem König gestanden, sowie nach dem Geruch eines Engels. Sie antwortete mit Nein, als man fragte, ob es wahr sei, dass sie eine verlorene Tasse hellsichtig wieder aufgefunden habe, und ob einer der Engel ihr auch Briefe schreibe? Sie schwieg, wenn man nach der Größe, der Gestalt, dem Alter und den Kleidern Michaels fragte, aber sie versicherte, dass sie an ihn glaube wie an die Leiden ihres Herrn Jesu Christi.

Jeden Tag wurde an Wirtshaustischen und hinter verschlossenen Türen erzählt, was sich vormittags oder nachmittags bei den Verhören zugetragen, obwohl nur geistliche Herren in jener Kapelle anwesend sein durften, die selbstverständlich nicht schwatzten. Oder gab es doch einige, die es taten? Jedenfalls sprachen sich die Dinge auf irgendwelche unergründliche Weise herum, und in der Stadt wurde man unruhig: Wie, wenn die Richter sich irrten? Wenn die Standfestigkeit des Mädchens nicht vom Teufel kam, sondern von Gott? Und wieso, wenn sie eine Teufelsbuhlerin war, konnte sie noch Jungfrau sein? Das Mittelalter nahm diesen Begriff wortwörtlich. Bei Johanna aber hatte, das wusste man ganz genau, selbst die Herzogin von Bedford alles in Ordnung gefunden.

Warwick, der sich Tag für Tag berichten ließ – er durfte trotz seines Ranges nur gelegentlich hinter einem Vorhang der Sitzung beiwohnen – ritt mit einigen seiner Ritter Seine-abwärts, um den ersten schönen Frühlingstag zu genießen.

«Der Prozess dauert mir zu lang», sagte er, «ich glaube, ich hätte den Pfaffen nicht so hohe Tagegelder geben sollen. Zwanzig Sous täglich, das wird eine hübsche Summe mit der Zeit. Der Fall ist doch sonnenklar: das Mädel ist des Teufels. Sie ist klüger als vier Dutzend Kleriker und mutiger als ein Regiment. Parbleu, man kann mir nicht nachsagen, dass ich die Frauen nicht kenne, aber wenn das noch ein richtiges Weib sein soll, will ich nie eines besessen haben! Was sagt Ihr dazu, Doktor Macaulay?»

Er wandte sich zu dem Juristen, der an seiner Linken ritt, es war derselbe, der mit Kanonikus Geyer eine Nacht durch über die «französische Sibylle» geredet hatte.

«Ich glaube, dass Johanna einen einzigen Fehler macht. Sie dürfte nicht sagen: ich weiß, meine Stimmen sind der Erzengel Michael und diese oder jene Heilige, sondern sie müsste sagen: ich glaube, es sind diese oder jene. Dann könnte ihr – formell – kein Strick daraus gedreht werden, – von Seiten der Inquisition, Ihr versteht.»

Warwick war heute guter Laune. «Oho, Doktor, gut dass Ihr kein französischer Kleriker, sondern ein englischer Jurist seid. Und Ihr, Captain Baxton, was meint Ihr? Ich lobe mir die Kriegersleute, sie haben nichts gelesen und ihren Kopf nicht verdorben.»

Der Captain hob sich im Sattel und lachte in den Tag. «Bei Gott, das Mädel ist recht. Diese Johanna hat nur den einen Fehler, dass sie keine Engländerin ist.»

Das zehnte Verhör begann am 1. März um acht Uhr früh. Cauchon hält zwei Briefe in Händen und lässt sie Johanna vorlegen. Es ist überflüssig, sie kann nicht lesen.

«Es ist der Brief, den der Graf Armagnac an Johanna geschrieben hat, um sie zu fragen, welchem der drei Päpste, die um den Stuhl Petri kämpfen, man gehorchen müsse», erklärt Cauchon seinen Beisitzern. «Johanna, welchen Papst hältst du für den richtigen?»

«Gibt es zwei?»

«Hast du den Brief des Grafen von Armagnac nicht gelesen? Und hast du nicht das Schreiben diktiert, das vor uns liegt?»

«Ich habe nie einen Brief über drei Päpste geschrieben oder diktiert.»

Das Schreiben wurde herumgereicht, es war lediglich mit einem Kreuz unterzeichnet, wie Johanna es zu machen pflegte.

«Ich bin dafür, dass die Frage der Schuld in dieser Angelegenheit fallen gelassen wird», riet Lemaire, der Stellvertreter des Inquisitors. Er war erst seit kurzem beim Prozess erschienen und nur deshalb, weil ihm unter der Hand mitgeteilt worden, wenn er sich weiterhin abseits halte, werde der Herr Bischof dies zu bestrafen wissen. Seither saß er, mürrisch und von Gewissensbissen gequält, neben Cauchon, und dieser gab ihm deutlich zu verstehen, dass er nicht etwa wegen seiner geistigen Potenz, sondern des Titels wegen unentbehrlich sei.

«Glaubst du an den Papst?», fragte Lemaire mit einem Blick, der geflissentlich vermied, das Mädchen anzusehen.

«Ich glaube, dass wir unserm Herrn, dem Papst, der in Rom ist, folgen sollen.» Diese Antwort konnte nicht klüger gegeben werden, denn zu Avignon saß der Gegenpapst, den man französischerseits für den richtigen hielt. Vielleicht wusste Johanna von all den bedauerlichen Wirren nichts. Lemaire ließ das Thema fallen und deutete mit bescheidener Geste an, dass auch andere fragen sollten. Ihm selbst lag keineswegs daran, allzu sehr in Erscheinung zu treten. Die Sache gefiel ihm nicht.

Vier oder fünf der Herren beugten sich gleichzeitig vor, jeder hatte etwas, das ihm auf der Zunge brannte.

«Nur einer auf einmal, bitte», sagte Johanna mit einem Lächeln, das da und dort in gutmütigen Gesichtern Antwort fand. Nur Cauchon blickte unter buschigen Augenbrauen in die Runde, bis alles erlosch.

«Wie können die Stimmen zu dir sprechen, wenn sie keine Sprachwerkzeuge haben?»

«Das überlasse ich Gott.»

«Spricht die heilige Margareta französisch?»

«Warum sollte sie englisch sprechen, wenn sie es nicht mit den Engländern hält?»

Erstauntes Augenheben und Lächeln, aber das Lächeln galt dieses Mal nicht Jeanne, sondern dem Baccalaureus der Philosophie, der die Frage gestellt hatte, denn wer noch nicht ganz von Gott verlassen war, wusste, dass die Sprache des Jenseits sich jeweils in jene übersetzte, die der Hörende selber sprach. Das war nicht mehr als logisch und auch von den Kirchenvätern mehrfach belegt.

Ein Nächster kommt an die Reihe. «Als Sankt Michael dir erschien: war er nackt?»

«Glaubt Ihr, Gott hat nichts, um ihn anzuziehen?» Entrüstet ist es gesagt, und manch einer nickt ein Bravo dazu, doch der Fragende ist noch nicht befriedigt.

«Trägt er kurze oder lange Haare?»

«Warum sollte man sie ihm abgeschnitten haben?»

Cauchon schaltet sich wieder ein, es ist vom Übel, wenn man das Verhör zu sehr in andere Hände gleiten lässt. «Ist Sankt Michael von einem Lichtschein begleitet, wenn er zu dir kommt?»

«Es ist viel Licht da, von allen Seiten, wie es sich gehört. Aber es kommt nicht ganz bis zu Euch.» Sie sieht den Bischof an, ganz ernsthaft, ganz sachlich, eher mitleidig als herausfordernd. Cauchon gewahrt, dass die Mundwinkel der anderen zucken, aber er hält die Linie, die er sich vorgenommen: die Anwürfe des Bösen können ihn nicht verwunden. «Welchen Rat geben dir deine Stimmen?»

«Das habe ich Euch schon vor acht Tagen beantwortet. Seht nach in Euerm Buch.»

Colles und Manchon, die schreibenden Pfarrer, blättern und finden nichts. «Johanna, du irrst», sagt Colles. «Doch», ruft Manchon triumphierend, «hier steht es!»

Das Mädchen lächelt zu den beiden hinüber. «Wenn ihr noch einmal einen Fehler macht, zupfe ich euch am Ohr.»

Ein Ton droht einzureißen, der sich nicht gehört, Cauchon bewegt verweisend den Kopf, und weil ihm nichts Gewichtiges einfällt, sagt er streng: «Johanna, du musst antworten, was man dich fragt und du musst alles sagen, was du weißt.»

«Eher als dass ich alles sage, was ich weiß, möchte ich, dass Ihr mir den Kopf abschlagt.»

«Glauben alle, die zu deiner Partei gehören, dass du von Gott gesandt bist?»

«Ich weiß nicht, ob sie es glauben. Aber wenn sie es nicht tun, bin ich deshalb nicht weniger von Gott geschickt.»

«Und wenn sie es glauben?»

«Dann täuschen sie sich nicht.»

Thomas Courcelles, Doktor der Theologie, der, obwohl noch

jung, Rektor der Sorbonne und eine Zierde der Fakultät ist, möchte eine politische Frage stellen. Er wagt, was noch keiner gewagt hat. «Glaubst du, dass es den Engländern schlecht ergehen wird?»

Johanna sitzt gerade, aber jetzt richtet sie sich noch höher auf. «Die Engländer werden ein größeres Pfand als Orléans verlieren, sie werden ganz Frankreich verlieren! Ich weiß das durch Eingebung, und auch, dass es in weniger als sieben Jahren geschehen wird. Ich bin sehr ärgerlich, dass es noch so lange dauert, aber ich weiß es so gewiss, wie ich euch alle vor mir sitzen sehe. Den Tag und die Stunde kenne ich nicht.»

Unter dem gleichen Dach lebt Heinrich VI. von England, lebt sein Statthalter Bedford; in einem der Kirchenstühle sitzt heute Beaufort, der Kardinal von Winchester, vor den Türen halten Engländer die Wache. Wagt jemand noch aufzusehen? Cauchon murmelt «unerhört», und Lemaire und Beaupère wenden sich ab. Dennoch wird Karl VII. sechs Jahre später in Rouen einziehen.

Bruder Isambert, der blasse Dominikaner, der Jeanne dann und wann verstohlen ein Zeichen gibt, dass sie still sein oder fortfahren solle, wagt die erste Frage in die peinliche Stille. «Willst du dich dem Konzil von Basel unterwerfen, Johanna? Die christliche Kirche ist dort versammelt.»

Jetzt ist es zu Ende mit Cauchons Geduld. Isambert ist ein einfältiger Mönch, der den ganzen Prozess aufs Spiel setzt. Weiß er noch immer nicht, dass es gerade darum geht, allein fertig zu werden, und das Konzil auszuschalten? Sein angesammelter Zorn bricht hervor, er dreht sich um nach Isambert und seine Blicke sprühen Feuer. Wer untersteht sich darauf hinzuweisen, dass es noch eine kirchliche Institution gibt außer der Inquisition von Paris, dem Kollegium von Rouen?

«Weil hier nur solche von der englischen Seite sind, will ich mich gern dem Konzil von Basel unterwerfen», sagt Jeanne.

«Schweig, beim Teufel!», ruft Cauchon, und dann zu der Bank der Schreiber gewandt: «Das braucht ihr nicht festzuhalten, es gehört nicht zum Prozess!» Laut und mühsam atmet er – sein Ausruf steht dennoch im Protokoll, aber alle sind froh, als er danach die Sitzung schließt, es liegt heute etwas in der Luft, das noch manchen andern, nicht nur Johanna, den Kopf kosten könnte.

Am Sonntag, dem 4. März, gab es viel Arbeit und wenig Muße im Hause des Bischofs Cauchon. Er hat die Beisitzer des Prozesses zu sich gebeten, und niemand entgeht, dass er unzufrieden ist. Vierzehn Sitzungen haben bisher in der Kapelle des Schlosses stattgefunden, die Fragen und Antworten stehen säuberlich festgehalten auf dickem Pergament, nummeriert und gebündelt. Nun gilt es, in einwandfreier Beweisführung Punkt für Punkt die Häresie der Angeklagten herauszuarbeiten. Warwick hat deutlich seinen Unmut kundgetan, dass die Kleriker noch immer nicht Schluss machten, worauf ihm Cauchon versichert, die Sache sei demnächst perfekt, aber im Stillen weiß er nur zu gut, dass unter den Richtern durchaus nicht einerlei Meinung herrscht.

Cauchon ergriff das Wort. In den Antworten dieser Frau liege mehr, viel mehr an Teufelei, als man bisher vermutet habe, ihr Verstand sei dem Bösen offen, sie werde von Teufelsinstinkten geleitet und sei bar jeder Gnade des Heiligen Geistes. Da sei in erster Linie die Frage der Engel. Johanna behaupte, dass der erste, dessen Stimme sie gehört habe, Michael gewesen sei, dass sie besagten Engel mit ihren leiblichen Augen sehe, so gut wie ihre Richter in der Kapelle, und dass er späterhin von ganzen Heerscharen begleitet gewesen sei. Dennoch weigere sie sich, klar zu beantworten, in welcher Form oder Figur die Engel auftraten, ob sie Flügel, Kronen oder Ohrringe trügen. Sie wollte bei dem Erzengel Michael, der, wie allgemein anerkannt, die Seelen zu wägen hatte, keine Waage bemerkt haben. Auch blieb die Frage offen, wieso sie die männlichen Engel von den weiblichen Heiligengestalten unterschied, wo sie doch behauptete, nur die Köpfe zu sehen. Fraglich blieb, wieso sich die Gestalten bewegen konnten, da sie angeblich keine Glieder hatten, und weshalb Johanna, die doch erklärte, die Erscheinungen seien über alle Maßen herrlich, nicht die Stoffe der Gewänder beschreiben wolle? Selbstverständlich – um nur einen weiteren Punkt herauszugreifen – habe Johanna sich auch gegen das vierte Gebot versündigt. Ihre Antwort auf die diesbezügliche Frage: «Da mich Gott fortgehen hieß, wäre ich gegangen, auch wenn ich hundert Väter und Mütter gehabt hätte oder die Tochter eines Königs gewesen wäre», zeige hinlänglich ihre verstockte Art, und ähnlich könne Punkt für Punkt herausgearbeitet werden. Er bäte den Vertreter des Herrn Inquisitors, Dr. Lemaire, sich zu äußern.

Lemaire stand auf und erklärte, anfänglich durch Arbeit verhindert gewesen zu sein, am Prozesse teilzunehmen. Es scheine ihm zweifellos richtiger, wenn erst die Kollegen zu Worte kämen, die in der Materie besser bewandert seien als er selbst. Damit setzte er sich rasch, mit einem Hilfe suchenden Blick auf die Versammlung und nicht ohne dass Cauchon ein unzufriedenes Räuspern hören ließ.

Ein Nächster wurde aufgefordert, ein Theologe aus Paris. «Es scheint mir nicht ratsam zu sein, dass besagte Johanna weiter in weltlichem Gewahrsam gehalten wird. Sie hat Anspruch auf kirchliches Gefängnis und weibliche Wächter.»

Cauchon seufzt verzweiflungsvoll. «Ich bin offenbar völlig missverstanden worden. Es handelt sich nicht mehr um die Prozesshandhabung oder dergleichen. Die Frage des Gefängnisses ist von dem Earl of Warwick geregelt worden, wir können daran nichts ändern.»

Nikolaus von Houpeville springt auf, ein unerschrockener Abt. «Das ist es eben, wir sind nicht unabhängig! In diesem Prozess steht das Urteil von vornherein fest!»

Ein Murmeln der Zustimmung hebt an, Jean von Lafontaine erhebt seine Stimme: «Ein Richter, der nach dem Gefallen oder Missfallen von Menschen sehen muss, kann kein Richter sein!»

«Keiner von uns darf die volle Wahrheit sagen!»

«Niemand von der Gegenpartei ist vorgeladen. Ist das nach Recht und Gesetz? Auch die Gutachten unserer Amtskollegen in Poitiers sind nicht eingeholt worden, warum?»

Pausenlos folgen die Zurufe, Cauchon thront über allen, noch hält er an sich und lässt die Stimmen über sich ergehen wie Sturm und Hagelwetter. Es ist gut, dass das Gewitter losbricht, das längst in der Luft lag. Danach wird er sorgen, dass die Atmosphäre sich säubert.

«Man stellt ihr Fragen, die nicht einmal wir Theologen beantworten könnten, das sind nichts wie Fallen!»

«Oft gehören die Fragen überhaupt nicht zum Prozess!»

Jean Lohier, ein Priester normannisch-arabischer Abkunft, hat die lauteste Stimme. «Der ganze Prozess taugt nicht», schreit er, «man muss ihn von vorne anfangen!»

Cauchon hat sich eine Glocke verschafft und läutet nun Sturm. Man setzt sich wieder, Cauchon wartet mit eisiger Ruhe, bis kein Laut mehr zu hören ist. «Ich fahre fort», sagt er dann, «wenn jemand Beschwerden hat, soll er sie nach der Sitzung vorbringen.» Alle hat er sich gemerkt, die gesprochen haben, kein einziger Name wird ihm entfallen, er sicht, wem der Zorn auf dem Gesicht steht, aber er beugt sich über die Akten, blättert, ernennt einen siebenköpfigen Ausschuss unter seinem und des Vizeinquisitors Vorsitz, dieser soll von nun an Johanna in ihrem Gefängnis aufsuchen und die noch zu klärenden Punkte ergänzen. Inzwischen sei es Aufgabe der übrigen Kollegen, die Anklage auszuarbeiten, wobei dann jeder – er blickt viel sagend auf – seine Meinung vorbringen könne.

Am Abend dieses Sonntags wurde Nikolaus von Houpeville in der Burg von Rouen festgesetzt, man sprach davon, ihn zu ersäufen; Bruder Isambert wurde gedroht, wenn er fortfahre, dem Hexenweib Zeichen zu machen, werde er in der Seine verschwinden. Jean Lohier machte sich aus dem Staub und entkam nach Basel, Lafontaine fügte sich, und Lemaire sagte zu einem Amtsbruder: «Ich sehe wohl, dass der Tod darauf steht, wenn man nicht nach dem Willen der Engländer verfährt.» Wer noch blieb, fügte sich.

Tags darauf nahm Cauchon Beaupère und Thomas de Courcelles mit ins Gefängnis. Beaupère zeigte den rechten Eifer, und Courcelles war eingeschüchtert, er würde keine dummen Fragen mehr stellen.

«Johanna, sag uns, wenn du gegen den Glauben gesündigt hast, würdest du dich dem Urteil der Kirche unterwerfen?»

«Die Priester sollen meine Antworten nachlesen und mir sagen, ob darin etwas gegen den Glauben ist.»

«Du unterwirfst dich also unserer heiligen Kirche mit allem, was du getan hast?»

«Ich glaube wohl an die Kirche, aber was meine Taten und meine Aussagen anbelangt, stütze ich mich auf unsern Herrn Jesus Christus.»

«Wir sprechen von der Kirche, verstehst du, und fragen, ob du dich unterwirfst?»

«Mir scheint, dass unser Herr und die Kirche eins sind, und man sollte keinen Unterschied machen. Warum tut Ihr das?»

Cauchon gab sich heute väterlich: «Siehst du, das ist so: es gibt die triumphierende Kirche, worin Gott ist mit seinen Heiligen und Engeln und den geretteten Seelen. Und dann gibt es die streitende Kirche, mit dem Papst und seinen Kardinälen, Prälaten, Priestern und allen guten Christen. Sie kann nicht irren, weil sie vom Heiligen Geist geleitet ist. Wir fragen dich nun, ob du dich dieser streitenden Kirche unterwirfst?»

«Ich bin zum König von Frankreich geschickt worden von der siegreichen Kirche da oben. Ihr unterwerfe ich mich in allem, was ich getan habe. Über die streitende Kirche, über die Ihr mich fragt, werde ich Euch jetzt nichts sagen.»

Courcelles wollte sich nicht zufrieden geben, aber Cauchon winkte ab. Er fragte, ob Johanna glaube, dass sie ihre Eingebungen verlieren würde, wenn sie heirate, worauf das Mädchen erwiderte, darüber sei ihr nichts gesagt worden.

«Hast du auch im Krieg nie ohne deine Stimmen gehandelt?»

«Darüber habe ich Euch schon geantwortet. Lest Euer Buch nach und Ihr werdet es finden.» Sie dreht sich auf die Seite, die Ketten rasseln, aber zugleich hört Cauchon ein Stöhnen.

«Johanna, bist du krank?»

«Ja, man hat mich vergiften wollen.»

Die drei Männer sehen sich an, Frage und Furcht in den Augen. «Du glaubst doch nicht, dass du sterben musst?»

«Ich wäre längst gestorben ohne meine Stimmen.»

Draußen vor den dicken Mauern des Turmes läutet es zum Angelus, Johanna rührt sich nicht mehr ... Ist es Schlaf, Gebet oder Erschöpfung? Die Wachen rufen: «Habt acht!», Warwick kommt sporenklirrend über die Treppe herauf. «Wann ist es endlich so weit, dass man sie verbrennen kann?», fragt laut die Stimme seines Adjutanten.

«Das möchte auch ich wissen ... Ah, Bischof, Ihr. Ich dachte eben, wenn wir im Heiligen Land mit jedem Sarazenen so viel Umstände gemacht hätten ... Wie steht es denn?»

«Sie ist krank, Herr Graf.»

«Das auch noch! Ihr haftet mir, dass sie am Leben bleibt, verstanden, Bischof.»

Johanna fieberte. Bis von Paris ließ man Ärzte kommen, der «schöne Prozess», den Cauchon versprochen, durfte nicht durch vorzeitigen Abgang der Angeklagten verdorben werden. Die Ärzte ließen zur Ader, erschöpft lag Johanna auf einem gnädig gewährten Lager aus Stroh. Das Fieber wollte nicht weichen. Täglich mehrmals machte Cauchon seine Krankenbesuche.

«Mir scheint, dass ich bald sterbe, Herr von Beauvais.» Nie spricht sie den peinlichen Namen des Bischofs aus, immer redet sie ihn mit dem Namen seiner Diözese an. «Gottes Wille geschehe. Ich bitte nur, dass man mir die Sakramente gewährt und mich in geweihte Erde legt.»

Cauchon mäßigt seine Stimme, er gibt ihr einen Ton von väterlichem Vorwurf. «Zuerst musst du dich der Kirche unterwerfen. Willst du das?»

«Ich kann nur wiederholen, was Ihr schon von mir gehört habt.»

«Wie sollen wir dir dann den Trost guter Katholiken gewähren? Aber ich glaube, du wirst bald wieder gesund sein, nicht wahr?» Angst liegt in seiner Stimme, und die Angst ist echt.

Abends, als er noch einmal nachsehen kommt, von Unterwerfung und dem Trost der geweihten Erde spricht, – ist Trost nicht mehr nötig. «Wenn ich sterbe und Ihr begrabt mich nicht in geweihter Erde, wird Gott die Seinen schon finden», sagt sie zuversichtlich.

D'Estivet, ein Mann, der sich in der Stille der Nacht als Beichtiger einzuschleichen versucht hat und den das Volk einen bitterbösen Mann nennt, begleitet heute Cauchon. Er ergrimmt. «Gott soll dich finden? Wo deine Stimmen von Satan, Belial und Behemoth kommen?» Er will, da er endlich auch einmal zu Wort kommt, zu einer längeren Rede ansetzen, doch Cauchon legt ihm die Hand auf den Mund und beugt sich zu Johanna nieder, die mit geschlossenen Augen auf ihrer Pritsche liegt.

«Wir haben dir doch klargemacht, dass deine Stimmen Irrtum sind, beichte es, oder wir müssen dich der weltlichen Gerichtsbarkeit übergeben, damit sie dich als Hexe verbrennt.» Er wartet. Sie antwortet nicht. Auch die Todesfurcht kann diesen Trotz nicht besiegen.

«Habt Ihr je so etwas erlebt, d'Estivet?», fragt Cauchon, als sie die Treppe hinuntersteigen.

«Nein! Ich glaube, dieser Teufel wird nur der Folter weichen. Warum geht Ihr nicht dazu über?»

«Weil die Folter dem Ansehen eines Prozesses Abbruch tut.»

Johanna genas, aber sie war noch blass und schwach, als man sie zur nächsten Sitzung führte. Die Ärzte hieß Cauchon in ihrer Nähe bleiben, und von da ab waren sie Beisitzer im Prozess, obwohl sie nicht recht wussten, was sie dabei sollten. Dass dieses Mädchen nicht nur gesund, sondern stärker und zäher war, als die meisten Männer, stand außer Frage. Und Hellsicht galt nicht als Krankheit, es gab Hellsichtige genug, auf dem Land, in der Stadt, und in beiderlei Geschlechtern.

Man schrieb Kardienstag, den 27. März. Die Anklageschrift war mit vereintem Bemühen fertig gestellt worden. «Da du nicht gebildet bist und dich in der Schrift und in der Materie nicht auskennst, um selbst richtig antworten zu können, bieten wir dir an, unter den hier versammelten Richtern einen zu wählen, der dich beraten wird.» Cauchon war heute milder denn je, die Krankheit Jeannes war glücklich vorübergegangen, bald würde man am Ziele sein.

«Ich danke Euch, aber ich halte mich wie bisher an den Rat meines Herrn Jesus Christus.»

«Wie du willst.»

Lemaire wurde aufgefordert, die Anklageschrift zu verlesen, und der Vizeinquisitor erhob sich, er sah übernächtigt und mitgenommen aus.

Siebzig Artikel waren es, die er, erst mit erhobener Stimme, dann immer eintöniger herunterlas, siebzig Artikel, deren jeder todeswürdige Verbrechen enthielt. Es wimmelte darin von Worten wie «Hexe, falsche Prophetin, Teufelsbeschwörerin, Abergläubige, Magierin, Schismatikerin, Gotteslästerin, Apostatin, grausame Blutvergießerin, skandalöse Verumglimpferin des weiblichen Geschlechts, Schänderin menschlicher und göttlicher Gesetze, Verführerin von Fürsten und Völkern.»

Johanna hörte zu, ohne sich zu rühren, blass, aber aufrecht.

«Was hast du zu sagen?», fragte Cauchon, als Lemaire endlich fertig war.

«Was meine Stimmen anbelangt, brauche ich keinen Rat, weder von einem Bischof noch einem Priester. Ich stütze mich auf das, was ich gesagt habe. Ich bin eine gute Christin, ich verneine alles, ausgenommen, was ich schon zugegeben habe. Was die Anklagen betrifft, berufe ich mich auf Gott.»

«Und wenn die streitende Kirche dir sagt, dass deine Stimmen teuflische Eingebungen sind?»

«Dann werde ich mich nicht auf die Kirche stützen, sondern auf unsern Herrn Jesus Christus.»

«Willst du dich also nicht der Kirche unterwerfen, die auf Erden ist?»

«Doch, ich glaube mich ihr unterworfen, aber in erster Linie Gott.»

«Willst du damit sagen, dass du auf Erden keinen Richter hast, und dass der Papst nicht dein Richter ist?»

«Ich werde Euch nur sagen, dass ich einen guten Richter habe, und das ist Christus, auf den allein ich mich stütze.»

Die Sitzung wurde aufgehoben – Ostern stand bevor.

Kammern des Schreckens

Zwei Jahre sind es her, seit sie nach Chinon gekommen war. Karl sitzt auf seinen Schlössern an der Loire, nie hat er einen Brief geschrieben, nie Geld sammeln lassen für das Mädchen, dem er alles schuldet, und das vor den Richtern in Rouen seine Sache vertritt, wie es kein Baccalaureus der Jurisprudenz besser könnte. Er betet für sie – und er zweifelt: war sie von Gott gesandt oder nicht? Jener Schäfer Wilhelm, den Reginald empfohlen, damit er sie ersetze, hat viel Böses über sie ausgesagt. Wilhelm allerdings hat nichts zuwege gebracht, und inzwischen ist er selbst von den Engländern gefangen, in einen Sack gesteckt und in die Seine geworfen worden. Karl weiß, dass das Volk an Jeanne glaubt, er weiß auch, dass die Feldhauptleute ihm zürnen: der Bastard von Orléans erscheint nicht bei Hof, Alençon hat ihm sagen lassen, man müsse gegen die Normandie marschieren, um die Jungfrau zu befreien, Gilles und La Hire sind nie mehr zu sehen. Trémouille ist froh, dass das Mädchen gefangen sitzt, nie wird er Geld beschaffen, um ihm zu Hilfe zu kommen. Ohne Johanna wagt keiner mehr eine Schlacht gegen die Engländer.

«Es ist nicht nötig», erklärt Reginald, «wir werden uns friedlich mit ihnen vergleichen. Ein allgemeiner Kongress wird bald zustande kommen.» Karl glaubt ihm gern, der Krieg war nie seine Sache.

In Tiffauges kommt, knapp vor Ostern, La Hire eines Abends angeritten. «Gilles, wir müssen die Jungfrau befreien, auf eigene Faust, par mon martin. Ich habe ein paar Dutzend handfeste Leute beisammen, wenn du dich anschließt, machen wir einen Überfall auf Rouen.»

Gilles de Rais ist in all den Monaten seither für niemand zu sprechen gewesen, er lebt auf seinen Schlössern, hat Prelati bei sich und mischt in seinen Kellern Tinkturen, die Gold erzeugen sollen. Er sucht noch ganz anderes, aber davon erfährt kein Mensch.

«Bedford hat sein ganzes Expeditionsheer um Rouen konzentriert. Die Jungfrau liegt im Herzogsschloss. Wie sollen wir mit ein paar Leuten durchdringen zu ihr?»

«Wir sind Hunde, wenn wir es nicht versuchen.»

«Weniger als Hunde. Aber warum hat sie mich Trémouille nicht töten lassen? Das ist es eben, was mich beschäftigt, La Hire: sie hat die Engel reden hören, und doch war am Ende der Teufel Trémouille stärker als sie. Kann es sein, dass der Teufel größere Macht hat als die Engel?»

La Hire zog an seinem Schnurrbart. «Parbleu, Gilles, du gefällst mir nicht. Es handelt sich um das Mädchen, das uns geholfen hat und das sie verbrennen werden, wenn wir sie nicht befreien. Was hat das mit Engeln und Teufeln zu tun?»

Gilles lehnte sich zurück, nachsichtig lächelnd. «Sehr viel, La Hire. Wenn sie nur ein Mädchen ist wie andere auch, von Gott verlassen oder vielleicht nie von ihm gesandt, dann lohnt es nicht der Mühe.»

«Beim Sakrament, du bist der gleiche Schuft wie Karl!»

«Sieh an, du lästerst wieder, genau wie damals, bevor Johanna kam. Vielleicht ist alles eine große Täuschung gewesen. Ich aber suche die Wahrheit, ich suche die Kraft, die im Universum wirkt, ob mit Gott oder gegen Gott, es gilt mir gleich.»

La Hire schlug sich erst auf den Schenkel, dann rückte er Gilles zu Leibe und klopfte ihn so derb auf die Schulter, dass dieser wehleidig das Gesicht verzog. «Du bist ein Narr. Du weißt so gut wie ich, dass Johanna mehr getan hat als wir alle. Ob Wunder oder nicht – du hast mit diesen deinen verdammten Ohren gehört, dass sie prophezeit hat, was kein Mensch im Voraus wissen konnte.»

Gilles legte die Spitzen seiner bleichen Finger aneinander, um eitel die wohlgeformten Nägel zu betrachten. «Ich habe auch mit diesen meinen verdammten Ohren gehört, dass Johanna gefangen genommen worden ist, sich ergeben musste und angekettet liegt wie irgendeiner von uns, wenn er Pech hat. Sie soll dreiste Antworten geben – Mut hat sie immer gehabt. Aber mehr bringt auch sie nicht fertig. Ihr Engel – wenn es ein Engel war – hat keine Macht.»

La Hire trommelte gegen den Fensterladen, den Rücken zum Zimmer gewandt. «Gut, wenn du gottverlassen bist, will ich es nicht sein. Es soll von La Hire nicht heißen, dass er die Jungfrau im Stich gelassen hat. Wenn ich dabei umkomme, gilt es mir gleich. Ich neide dir nicht das Leben, das du weiterleben wirst.»

Er schied ohne Gruß und verritt noch in der Nacht, Gilles aber ging in seinem Kellergewölbe zwischen Feuerstellen und Tischen voll Handwerkszeug auf und ab, wog und mischte, setzte sich, öffnete Folianten, aber die Gedanken ließen sich nicht zwingen. Nebensächlich war alles, nichtig und schal, selbst das Streben nach Gold. Johanna ... Unter allen Sünden, die er begangen haben würde, wenn er einst vor Gottes Richterstuhl trat, würde die eine nicht sein: dass er ihr Schaden angetan. Gilles musste an Vater Alain denken und die Beichte im vergangenen Jahr. War es wirklich nur ein Jahr her oder zwei? Damals hatte er Trémouille ermorden und Johanna ihr Geheimnis entreißen wollen. Jetzt war Vater Alain tot, gestorben in seiner Sakristei, nach der Messe, am Tag vor Michaeli. Johannas Kraft hatte Trémouille geschützt, aber nun lag sie selbst gefangen. Trémouille triumphierte, sie war unterlegen – und er?

Er hatte abgeschlossen mit allem. Wenn es noch etwas gab, das ihn halten sollte auf dieser öden, langweiligen Erde unter Menschen, die nichts anderes kannten als ihre kleine Lust und ihren kleinen Schmerz, dann musste etwas kommen, das niemandem noch begegnet war, eine himmelschreiende Sünde, eine gotteslästerliche Tat.

Die Engel schwiegen. Hatten sie nicht sogar Johanna verraten? Vielleicht sprachen dafür die Geister der Finsternis, jene, die es wagten, selbst gegen Sankt Michael aufzustehen.

«Prelati! Prelati!» Seine Stimme hallte zu den oberen Stockwerken hinauf, aber ihm war, als riefe er die Mächte der Hölle. «Prelati, was sagst du? Wie erringt man die Kräfte der Finsternis?»

Prelati kam in seinem langen, schwarzen Kleid und betrachtete Gilles' Kinn, über dem seit neuester Zeit ein blauschwarzer Bart wuchs und den blutroten Mund verdeckte. Er sah die Augen in ihrem harten Glanz, und ehe er antwortete, bekreuzigte er sich. Lange hatte er es kommen sehen, nun war es so weit. «Herr, Ihr betretet damit den Weg des Bösen, wisst Ihr das?»

«Hast du Angst, Prelati?» Höhnisch kniff Gilles die Augen zusammen. «Noch hast du die Wahl: verlass mich oder bleib. Wenn du aber bleibst, werden wir bald beginnen.»

Der Florentiner dachte an das fürstliche Leben, das man in Tiffauges führen konnte, er dachte an des Herrn de Rais verführerische Gaben – und an des Herodes' grässliches Ende.

«Herr Baron», stammelte er, aber Gilles hielt den Finger an die Lippen.

«Besinn dich bis morgen. Denn der Weg, den ich gehe, kennt kein Zurück.»

In den Jahren, die folgten, sind an die 250 neugeborene Kinder in den Kellern des Marschalls Gilles de Rais verschwunden, zehn Folianten füllten sich mit seinen Verbrechen, als Ritter Blaubart geistert er durch die Märchen der Völker – Gilles de Rais, in seiner Jugend der untadelige Waffengefährte Johannas. Er wurde, neun Jahre nachdem Jeanne d'Arc geopfert worden war, mit Prelati zum Feuertod verurteilt, nur seine adlige Geburt sicherte ihm den Strang. Es heißt, in den letzten Lebenstagen, als das Urteil schon gesprochen war, habe er einen so ergreifenden Anblick von zerknirschter Umkehr geboten, dass selbst die Eltern seiner Opfer mit ihm zum Richtplatz zogen. «In extremer Ausgestaltung haben wir bei Gilles de Rais das erste Beispiel eines Doppellebens vor uns», sagt Emil Bock in seinen Aufsätzen in «Michaelisches Zeitalter». «Die nächtlich-satanische Seite seiner Existenz steigerte sich: er wurde zum schwarzen Magier … Solch infernalische Steigerungen des Bösen im Menschenwesen sind schließlich auch nur zu verstehen, wenn man den Blick auf das richtet, was im Geistgebiete gleichzeitig geschieht. Geschieht Großes im Übersinnlichen, so ist der Mensch entweder stark genug, um sich zum Gefäß und Diener dafür zu machen, oder aber er versagt und fällt dem andern Extrem anheim: das höllische Gegenfeuer zu dem Himmelsfeuer wirkt durch ihn hindurch.»

*

Die Anklageschrift Johannas, durch all die Wochen zu einem großen Faszikel von 67 Artikeln angewachsen, sollte nun in prägnante Form gebracht und zu zwölf schlagenden Punkten reduziert werden. Cauchon baute dabei hauptsächlich auf Professor Nikolaus Midy und Thomas de Courcelles, beide verstanden sich auf die Formulierungskunst. Diese zwölf Hauptanklagepunkte würden dem Inquisitor von Paris und der Universität zur Begutachtung vorgelegt werden; Bischof Cauchon hielt streng darauf, dass die Form des Prozesses bis zuletzt in jeder Richtung einwandfrei genannt werden konnte.

Die Schrift, die zustande kam, ist sehr verschieden von dem, was wir heute eine Anklageschrift nennen, und nach unserer Meinung mag sie töricht, lächerlich verdreht und in kindischer Art entstellt sein. Tatsache ist, dass sie von scharfsinnigen Köpfen verfasst war zu dem Zweck, die ersten Gelehrten aus vier Fakultäten von Johannas Verworfenheit zu überzeugen, und dieses Ziel auch bei einer ganzen Anzahl von ihnen erreicht hat.

Es hieß in Artikel I, dass «dieses Weib im Alter von dreizehn Jahren Sankt Michael, die heilige Katharina und Margareta gesehen und sprechen gehört haben will. Mit siebzehn Jahren verließ sie ihres Vaters Haus gegen seinen Willen und verband sich mit Söldnertruppen, mit denen sie Tag und Nacht lebte. Dieses Weib erklärt, sie sei vom Himmel gesandt, und weigert sich, sich dem Urteil der streitenden Kirche zu unterwerfen.» Artikel II stellt fest: «Dieses Weib war, als sie ihren König in Chinon besuchte, angeblich von Sankt Michael und seinen Heerscharen begleitet.» Artikel III: «Dieses Weib glaubt so fest an die Existenz von Sankt Michael, als sie glaubt, dass unser Herr Jesus Christus für uns starb und litt.» Artikel IV: «Dieses Weib behauptet, so genau zu wissen, welche Ereignisse in Zukunft eintreten werden, als wenn sie schon eingetreten wären; dass sie aus der Gefangenschaft befreit und wunderbare Dinge in den kommenden Jahren von den französischen Armeen vollbracht werden. Sie will einen Menschen erkennen, ohne ihn je vorher gesehen zu haben, und ein Schwert entdeckt haben, das in der Erde versteckt war.» Artikel V: «Sie behauptet, dass sie auf Gottes Befehl Männerkleider angelegt hat, in dieser Kleidung ging sie zu den Sakramenten, und nichts in der Welt wird sie veranlassen, sie abzulegen.» Artikel VI: «Dieses selbe Weib hat die Namen Jesus und Maria und das Kreuzeszeichen auf ihre Briefe gesetzt.» Artikel VII: «Das Weib ist in ihrem siebzehnten Jahr aus ihres Vaters Haus fort und zu dem Herrn von Vaucouleurs gegangen.» Artikel VIII: «Dieses selbe Weib hat sich aus freiem Willen von einem sehr hohen Turm herabgeworfen, weil sie lieber sterben als in die Hände der Feinde fallen wollte; wenn sie darin gesündigt hat, will sie wissen, dass ihr vergeben worden sei.» Artikel IX: «Dieses selbe Weib behauptet, dass die heilige Katharina und Margareta sie ins Paradies führen würden, wenn sie ihre Unschuld bewahre.» Artikel X: «Dieses selbe Weib will wissen, dass die heilige Katharina und Margareta die französische Sache begünstigen und gegen die Engländer sind, und dass sie zu ihr französisch und nicht englisch sprachen.» Artikel XI: «Dieses selbe Weib hat Sankt Michael, die heilige Katharina und Margareta angebetet und sich mehrfach vor ihnen verbeugt. In diesen Dingen hat sie niemals von irgendeinem Priester Rat angenommen. Das Geheimnis ihres Königs wird sie nie preisgeben, es sei denn auf das Gebot Gottes.» Artikel XII: «Dieses Weib hat sich nicht der Entscheidung der streitenden Kirche unterworfen, weil es erklärt, es sei ihm unmöglich, anders als in Übereinstimmung mit Gottes

Willen zu handeln, der sich ihr in direkter Eingebung kundtut, unter Außerachtlassung des Glaubensartikels ‹… Et Unam Sanctam Ecdesiam Catholicam …› In diesen Angelegenheiten hat sie nie die Autorität der Kirche befragt.»

So gut und so sparsam Cauchon seine Mitarbeiter ausgewählt hatte, es gab unter ihnen doch zwei, welche die schlagende Beweisführung gefährden konnten. Cauchon beeilte sich daher, die Artikel abzusenden, und nur Manchon, der als Schreiber amtierende Pfarrer, schrieb eine kleine Anmerkung dazu: die Akten seien nicht gut abgefasst und teilweise von den Aussagen verschieden. Diese Anmerkung ist zur Ehre Manchons noch heute erhalten. Die Verfasser der zwölf Punkte hatten nicht unterschrieben, und Thomas de Courcelles, der später eine Leuchte der Theologie wurde, bewies bei dem zweiten Prozess. dem Rehabilitationsprozess, ein schlechtes Gedächtnis, indem er behauptete, diese Fassung habe ihm nie vorgelegen.

«Habt Ihr denn nicht die ganzen Prozessakten eingeschickt?», wurde Pierre Cauchon von einem der Kollegen gefragt, und der alte Bischof von Avranches schüttelte den Kopf, als Bruder Isambert ihm den Vorgang berichtete. «Ich glaube nicht, dass man richtig gehandelt hat. In solchen Dingen halte ich es mit Euerm großen Ordensbruder Thomas von Aquino, der Glaubensdinge vom Papst oder einem allgemeinen Konzil entschieden wissen wollte.» Der gute Bischof von Avranches war sicherlich kein politischer Kopf.

*

Cauchon wurde in diesen Tagen zum ersten Mal von der Neugier ergriffen, als er zu Jeanne ins Gefängnis trat. «Sprechen deine Stimmen auch über deine Richter?», fragte er.

«Ja, meine Stimmen sagen mir öfters etwas über Euch, Herr von Beauvais.»

Was es denn sei, wollte Cauchon wissen.

«Das will ich Euch später sagen, allein.» Sie blickte auf Lemaire, der daneben stand, aber da er nicht die Diskretion hatte, sich zurückzuziehen, hat Johanna für sich behalten, was sie über den Mann, der ihr unerbittlichster Feind war, wusste und dachte. Cauchon konnte schließlich nicht allzu großes Interesse dafür zeigen, was der Teufel von ihm hielt.

Der in aller Sanftheit so fest verschlossene Mund, die nicht zu erschütternde Sicherheit einer Neunzehnjährigen begannen Cauchon Tag und Nacht zu verfolgen, der Hass zündete in seinem Blut, und sein zielbewusster Kopf drohte zu unterliegen. «Johanna, selbst die Apostel haben ihre Schriften dem Urteil der Kirche unterworfen! Und du unterwirfst dich nicht?»

Sie war noch nicht ganz wiederhergestellt von ihrer Krankheit – die Ärzte hatten bestätigt, es sei eine Fischvergiftung gewesen – aber die Stimme klang so mutig wie nur je: «Und wenn das Feuer schon für mich angezündet ist, werde ich Euch nichts anderes sagen!»

Der Bischof gab sich keine Rechenschaft mehr, wie weit es besser war, dass sie widerrief oder nicht, er dachte nicht mehr an die «Schönheit» seines Prozesses, ihn quälte die helle mutige Stimme, ihn jagten die klaren, durch nichts zu beirrenden Augen, selbst seine Träume waren vergiftet. Sollte eine Hexe stärker sein als er selbst? Das Feuer, das Feuer … Es war klar, dass sie nichts so sehr fürchtete wie dieses Element. Einmal würde sie brennen – doch dann war es für immer vorbei. Er aber wollte sie zittern und um Gnade betteln lassen, er wollte sie vor sich knien sehen und schreien lassen vor Schmerz, um endlich die Unterwerfung zu erlangen: das Eingeständnis, dass sie log, dass sie täuschte, dass sie verdammt war, dass sie nicht Engel, sondern Teufel rief …

Warum versucht Ihr es nicht mit der Folter?, fragten einige der Kollegen. Bisher hatte er stolz erklärt, die schöne Form des Prozesses solle durch diese Maßnahme nicht beeinträchtigt werden. Nun fragte er selbst mit mühsam geheucheltem Gleichmut: «Ich habe, da nichts anderes ihr helfen kann, an die Folter gedacht. Ich bitte, sich zu äußern.»

Sieben von zehn der Befragten waren dagegen; drei sprachen mit

Eifer davon, dass die Folter Johannas Gesundheit und Seele nur gut tun könne. Cauchon hörte sie an und schlug einen Vergleich vor: man könne es zunächst mit der Drohung versuchen. Er selbst werde die Prozedur überwachen.

Lemaire, den Vizeinquisitor, hat er mitgenommen, man tut nicht gut, ohne Zeugen zu sein. Er steht in der Folterkammer, als Johanna hereingeführt wird. Wichtig ist, sie von allem Anfang an zu beobachten, sagt er zu Lemaire.

Die Kammer ist voll von Rädern, Schraubstöcken, Spießen und Geißeln, das Feuer ist angezündet, der Henker mit aufgestülpten Hemdsärmeln macht Zangen heiß. Johanna war nicht gefasst auf den Anblick, ihr Atem bleibt stehen, der Mund öffnet sich, sie starrt auf Cauchon und dann auf den Henker … Seit zwei Monaten wird sie täglich durch Stunden verhört, Nächte und Tage sind eine Qual. Aber dieses hier – das Feuer, der Bischof … Sie stöhnt.

Cauchon ist hochrot im Gesicht, der Inquisitor totenblass. «Nun, Johanna, wie wäre es, wenn wir dich unter die glühenden Zangen brächten? Siehst du, manchmal gibt der Teufel sein Opfer frei, wenn man ihm Schmerzen bereitet.» Er sieht sie an aus schmalen Augenspalten, keine Regung ihres Gesichts, kein Zucken der Hände kann ihm entgehen.

«Und wenn Ihr mir die Glieder zerreißt, dass die Seele entflieht, werde ich Euch nichts anderes sagen! Und wenn ich anderes sagen würde – gleich danach würde ich erklären, dass Ihr mich gezwungen habt!» Die Trübnis der Furcht hat sie verlassen, mit zurückgebogenem Kopf und entschlossenem Blick steht sie vor ihm.

«Haben deine Stimmen dich seit gestern besucht?» Es kann nicht anders sein, als dass der Böse ihr den Nacken steift.

«Ja. Der Erzengel Gabriel.» Der Name schwingt zuversichtlich durch diese Kammer menschlicher Verbrechen. Lemaire wendet sich ab, der Henker bläst grimmig das Feuer hoch.

«Was hat er dir gesagt?»

«Ich habe gefragt, ob ich verbrannt werde, und die Stimme hat mir erwidert: Verlass dich auf den Herrn, er wird dir helfen.» Ihre Augen leuchten wie zwei kleine Sterne.

Glühende Eisen kommen näher, der Henker ist bereit, fragend sieht er den Bischof an. Der zögert. Dann geht er langsam zur Tür, öffnet sie und ruft die Wächter. «Führt sie ab.»

«Die Tortur würde nichts helfen», sagt er schwer atmend zu Lemaire, «die Seele dieses Weibes ist zu sehr vom Teufel verhärtet. Was ist Euch, Lemaire?»

«Nichts. Ich würde nur gern an die frische Luft gehen.»

Die Göttin Justitia

Drei Tage später ließ Warwick den Bischof von Beauvais zu sich rufen, und als dieser das Gelass betrat, noch ehe der Page die Tür vollends geschlossen hatte, begann der Engländer auf und ab zu gehen, die Fäuste zu ballen und zu schreien. «Das habt Ihr von Eurer Langsamkeit! Könnt ihr Pfaffen nie tun, was man euch sagt? Verdammte Schweinerei. Und was geschieht, wenn Karl, dieser Feigling, endlich Hosen anzieht? Glaubt Ihr, wir können jahrelang unsere besten Truppen um Rouen zusammenziehen?»

Dem Bischof war noch kein Sessel angeboten, aber jetzt warf sich Warwick in den Lehnstuhl, ohne sich um sein Gegenüber zu kümmern. «Nun, ich will wissen, wie lange es noch dauert?»

Cauchon hielt es in Verhandlungen mit großen Herren jeweils für richtig, umso mehr Ruhe, Schonung und Milde walten zu lassen, je gründlicher der andere sich vergaß. Er setzte sich umständlich. «Graf Warwick, es tut mir leid, Eure Seele in Aufregung zu sehen. Wenn Ihr mich wissen lasst, worum es sich handelt, könnte ich vielleicht helfen.»

«Ach was, habt Ihr nichts gehört? Heute Mittag wird jeder Spatz es von den Dächern pfeifen. La Hire mit ein paar handfesten Kerlen ist in die Stadt eingedrungen, um Johanna zu befreien.»

Nun vergaß Cauchon doch seine Haltung, die Aufregungen der letzten Zeit begannen an seinen Kräften zu zehren. «La Hire?», rief er. «Johanna? Um Gottes Willen. Und jetzt?»

Warwick blinzelte aus seinen zornigen Augen zu dem Bischof

herüber und weidete sich an dessen Schreck, es war Balsam auf sein hitziges Gemüt. «Natürlich haben unsere Leute ihn gefangen, er sitzt im Turm und wird mir so bald nicht entkommen. Wer aber sagt, dass sich die Sache nicht wiederholt? Die Bürger haben ihm Vorschub geleistet, die ganze Normandie ist gegen uns, weil Ihr Euch immer noch besinnt, eine Hexe gottlos zu nennen! Weil Ihr Euern schönen Prozess haben wollt! So lange hat man sich in Konstanz nicht einmal mit Johann Hus aufgehalten.»

Cauchon ordnete die Falten seines violetten Gewandes und hob dann beleidigt die Augenbrauen. «Wie unsere Amtsbrüder in Konstanz verfahren sind, kann ich nicht beurteilen. Jedenfalls sollte unser Prozess, das dürfte Euch erinnerlich sein, Graf Warwick, in aller Form abgewickelt werden. Auch der Herzog von Bedford –»

«Halt, Bischof. Lasst den Herzog von Bedford aus dem Spiel!»

«Nun, ich denke, unter uns könnten wir die Dinge beim Namen nennen. Aber wie Ihr wollt. Ich erlaube mir zu bemerken, dass über die Rechtlichkeit eines kirchlichen Prozesses, über Form und Zeit seines Ablaufs, nur wir, die Bestellten der Kirche, entscheiden können. Wenn es lediglich darum hätte gehen sollen, eine Hochverräterin zu beseitigen: das natürlich konnte man einfacher haben, Graf Warwick. Wo Ihr Euch aber an die Autorität der Kirche gewandt habt, weil nur ihr Urteil die Kraft besitzt, durch Europa zu tönen und Karl auf immer zu vernichten, müsst Ihr Geduld aufbringen. Die Kirche scheut Blut, und die Kirche hat einen langen Atem. Ehe sie eines der Schäflein verdammt, muss vor aller Augen feststehen, dass es nicht zu retten war.»

Warwick tippte mit einer Reitgerte halb ungeduldig, halb versöhnlich an Cauchons Arm. «Ihr wollt damit nicht sagen, dass Ihr Johanna noch heilig sprechen werdet, wie?» Er lachte im Wohlbehagen eines schnell verrauchten Zornes, aber Cauchon saß steif und beleidigt auf seinem Stuhl.

«Euer Spott, Graf Warwick, trifft den Unrechten. Ich sehe, meine Arbeit von elf Monaten wird verachtet. Wenn Ihr einen besseren Vorsitzenden haben wollt –»

«Unsinn», polterte Warwick, «Ihr Franzosen versteht keinen Spaß. Hallo, was gibt's?» Ein Diener hob den Vorhang, aber schon trat Bedford würdig auf etwas zu kurzen Beinen und sehr kleinen Füßen schreitend, ins Zimmer. Hinter ihm erschien ein Herr im Gewand des Gelehrten.

«Dank für die Botschaft, Warwick, in Betreff La Hire. Gut, dass Ihr hier seid, Bischof. Übrigens – Ihr kennt unsern englischen Freund? Dr. Peter Macaulay, ein Rechtsgelehrter aus Oxford.»

Peter und Cauchon verneigten sich voreinander, und nachdem Bedford das Zeichen gegeben, setzte man sich. «Da La Hire den Versuch unternommen hat», begann der Herzog in seinem eintönigen Französisch, «ist anzunehmen, dass von seiten Karls kein Überfall zu befürchten ist. Es war, wie ich dachte, ein ganz persönlicher Befreiungsversuch. Dennoch müssen wir darauf gefasst sein, dass solche Versuche sich erneuern könnten. Man muss ferner die Stimmung der Stadt in Rechnung setzen, die» – Bedford wandte sich an Cauchon und hob seine Hakennase – «durchaus ungünstig ist. Man hört, dass einige Richter nicht mit Euch übereinstimmen, Herr Bischof.»

Cauchon legte seinerseits den Kopf zurück. «Herr Herzog, ich habe Euch davon unterrichten lassen, dass unsere in voller Eintracht verfasste Anklageschrift zur Begutachtung nach Paris abgegangen ist. Sobald von dort Bescheid kommt, kann unser Urteil gesprochen werden. Es folgt daraufhin noch eine öffentliche Aufforderung an Johanna, zu widerrufen. Das Volk soll sich mit eigenen Augen und Ohren überzeugen, dass die kirchlichen Richter bis an die äußersten Grenzen des Möglichen gegangen sind. Dann wird unsere Verdammung gesprochen und das Weib Euch zur Bestrafung übergeben.»

«Wenn sie aber widerruft, was dann?»

«Dann wird sie zu lebenslänglichem kirchlichem Gewahrsam verurteilt und Frankreich hat aus ihrem eigenen Mund die Bestätigung, dass Karl sich von Teufelsmächten leiten ließ, und nur verdammt sein kann, wer ihm anhängt.»

Der Herzog von Bedford besann sich einen Augenblick. «Letzteres scheint mir das wünschenswertere zu sein. Könnt Ihr es nicht erreichen, dass sie widerruft?»

«Und am Leben bleibt?», entrüstete sich Warwick, dem Cauchon über die Achsel hinweg erwiderte, bei Schmerzensbrot und Gnadenwasser werde man nicht alt, und außerdem schließe die kirchliche Haft nicht aus, dass der weltliche Arm sie wegen Hochverrats belange. «Aber verzeiht, Herr Herzog, ich ließ Eure Frage unbeantwortet: ob wir Johanna nicht dazu bringen können zu widerrufen? Wir haben alles versucht, selbst die Drohung mit der Folter. Ich war selbst anwesend.»

«Drohen allein hilft nicht», meinte Warwick wegwerfend.

Cauchon fuhr mit einem Spitzentuch übers Gesicht. «Auch die Tortur hat keinen Zweck. Sie würde hernach alles zurücknehmen und möglicherweise vor der Öffentlichkeit erklären, man habe sie zu Geständnissen gezwungen. Ich glaube, Ihr könnt Euch noch immer keine Vorstellung machen von der Verstocktheit dieses Wesens.» Der Bischof unterdrückte einen Seufzer. Nun wurde ihm gar noch zum Vorwurf gemacht, die Folter vermieden zu haben, und er hatte an jenem Abend in der Kammer sich etwas zugute darauf getan, der versucherischen Lust nicht Raum zu geben. So war es immer in der Welt: die besten Taten wurden verkannt.

Peter Macaulay hatte still auf seinem Stuhl gesessen und nur manchmal mit raschem Blick die Gesichter gemustert. «Verzeiht, darf ich eine Frage stellen, Herr Bischof? Ist unter all Euern Beisitzern kein Einziger, der die – nun, Ihr nennt es Verstocktheit des Mädchens anders deuten möchte? Der Beweis für das Gegenteil wäre nicht schwer anzutreten, will mir scheinen. Ganz abgesehen davon, dass es zur Kunst der Juristen gehört, alles beweisen zu können.»

Warwick ließ einen ungeduldigen Seufzer hören, Cauchon streifte den Fremden mit misstrauischem Blick, und nur Bedford blieb unbeweglich.

«Ihr meint, Herr Doktor, ob keiner meiner Amtsbrüder sich von der List des Teufels hat anstecken lassen? Doch, es gab einige, die zu Beginn des Prozesses nicht ganz standfest waren. Ich musste sie entfernen, man kann für derartige Prozesse nur völlig gewappnete Seelen brauchen.»

«Dr. Macaulay ist einer unserer besten Rechtsgelehrten in England, müsst Ihr wissen», erklärte der Herzog mit einem Anflug gönnerhaften Lächelns. «Er interessiert sich für diesen Fall und ist zu seinem Studium schon wiederholt nach Frankreich gekommen. Noch etwas, Macaulay?»

«Danke, nein. Es ist der Prozess der Kirche, nicht der von uns weltlichen Richtern. Und wie ich sehe, spricht der Herr Bischof als Theologe, nicht als Jurist.»

Cauchon verneigte sich leicht, als sei ihm Ehre angetan worden, aber es gelang nicht ganz, hinter lächelnden Lippen den Zorn zu verbergen. «Die weltliche Gerichtsbarkeit Englands wird dann an die Reihe kommen, Herr Doktor, wenn wir zu Ende sind. Darf ich mich verabschieden, Herr Herzog? Ich sehe, Ihr seid zur Jagd gekleidet. Gut Heil! Auch unser Wild wird bald zur Strecke gebracht sein.»

Man stand auf, er schritt würdig zur Tür hinaus, und erst, als sie sich hinter ihm geschlossen hatte, sagte Macaulay zu Bedford gewandt: «Es wird späterhin gut sein, vor der Öffentlichkeit zu betonen, dass nicht die Gerichtsbarkeit von England Johanna zur Hexe erklärt hat, sondern die Kirche – ja, vielleicht kann man nicht einmal das sagen. Es ist die Inquisition von Paris in prinzipieller Gegnerschaft, und England muss sie aus Staatsinteresse benützen.»

«Aber Macaulay, wo bleibt Euer politischer Verstand? Wir werden natürlich so weit wie möglich verbreiten lassen, die Kirche in ihrer Gesamtheit habe geurteilt, nicht die Inquisition von Paris! Karl muss vor ganz Europa unmöglich gemacht werden.»

Er habe an eine weitere Zukunft gedacht, erwiderte Macaulay nachdenklich, während Warwick einen Laut gelangweilter Empörung von sich gab. «Mir ist die Spitzfindigkeit der Pfaffen schon übergenug, sollen wir uns jetzt noch mit den Juristen herumschlagen?»

Der Herzog habe ihn um seine Meinung über den Prozess gefragt, sagte Macaulay, und ob er sich jetzt verabschieden dürfe? Sein Boot sei für heute Mittag bestellt.

«Es ist gut», lächelte Bedford, «dass Ihr nach England zurückgeht, sonst müsste ich Euch verhaften lassen. Wollt Ihr Euch das Schauspiel nicht ansehen, ich meine das Hexengericht?»

«Danke, ich verzichte. Die Hinrichtung ist eine Staatsnotwendigkeit, das sehe ich ein. Aber es tut mir Leid, dass wir unsere Hände im Spiel haben müssen.»

Da zeige es sich wieder, dass die gelehrten Köpfe Hochverräter seien, lachte Warwick, es heiße doch: Recht oder Unrecht – mein Land, worauf Macaulay die Achseln zuckte, als bäte er um Entschuldigung für eine Unabänderlichkeit.

«Die Göttin Justitia hat verbundene Augen», sagte er, «sie darf nicht sehen, ob einer Franzose oder Engländer ist oder Sarazene. Wenn man ihr die Binde wegnimmt, wird sie ein käufliches Weib … Ich danke für Eure Gastfreundschaft, Herr Herzog. Leben Sie wohl.»

Als er draußen war, schüttelte Warwick noch immer grübelnd den Kopf. «Ich verstehe nicht: wir sind doch im Recht, das ist klar!»

Bedford schwieg, ging langsam zur Tür und kam noch einmal zurück. «Warwick, wenn dieses Mädel uns gehören würde, hätte ich ein Heer aufgeboten, sie wieder zu gewinnen!» Er ging nun wirklich, aber von draußen kam eilenden Schrittes ein Bote entgegen.

«Herr Herzog. La Hire ist entkommen!»

«Nun also. Natürlich hat das Volk ihn befreit.»

«Ich fange ihn wieder ein, tot oder lebendig!»

Bedford und Warwick gingen nebeneinander die Treppe hinunter. «La Hire ist nicht wichtig», sagte der Herzog, «wichtig ist nur Johanna und dass jetzt das Urteil gesprochen wird. Lass La Hire laufen, er ist der einzige Ritter unter all den Memmen von Feldhauptleuten.»

In zweifachem Schreiben kam das Gutachten aus Paris: eines auf Französisch zu Händen Heinrichs VI., und ein anderes auf Latein, adressiert an Bischof Cauchon. In dem Brief an den Knabenkönig hieß es, man bitte untertänigst, diese Sache nun bald zu erledigen, denn die Verzögerung sei sehr gefährlich … Fürchtete die Inquisition in dieser letzten Stunde eine Einmischung des Kirchenkonzils von Basel?

Die Pariser Universität war in den beiden Fakultäten der Theologie und des Kanonischen Rechts völlig einig mit den Richtern von Rouen. Sie erklärten, dass Johannas Visionen entweder von ihr selbst erfunden oder das Werk Satans, Belials und Behemots seien. Sich als von Gott geschickt zu bezeichnen, bedeute Betrug, da sie ihre Sendung nicht wie Moses oder Johannes der Täufer durch Wunder beglaubigt habe. Durch Ungehorsam gegen die Kirche der Häresie verfallen, durch Männerkleidung und Abschneiden der Haare – die Gott zum Schleier ihres Hauptes bestimmt – in Apostasie gesunken, habe sie grausam und blutdürstig zum Kampf aufgefordert. Ihre Abreise aus Domrémy sei Frevel gegen das vierte Gebot, der Sprung in Beaurevoir Selbstmordversuch, und ihre Behauptung, sich im Stande der Gnade zu wissen, eine verwegene Herausforderung. In Anbetracht all dieser Verbrechen müsse genanntes Weib dem weltlichen Arm zur Bestrafung übergeben werden.

Cauchon beglückwünschte man zu seiner Wachsamkeit und Tüchtigkeit, mit Hilfe der jenes Weib dem Gericht zugeführt wurde, dessen verderblicher Einfluss bereits den Okzident zu vergiften drohe. Gott, der Hirte der Hirten, möge seine, des Bischofs, seelsorgerische Tätigkeit mit unvergänglicher Glorie belohnen.

Der also Belobte rief am 23. Mai seine Beisitzer zusammen – es waren an diesem Tage gerade fünfzig. Um der Barmherzigkeit gerecht zu werden, sollten Johanna die zwölf Artikel vorgelesen und ihr dann das Wort erteilt werden.

«Johanna, meine liebe Freundin», wurde sie heute angeredet und bei den «Eingeweiden Christi» beschworen. War sie nicht selbst ein

Soldat gewesen, der seinen König liebte? Zum Soldaten aber gehöre die Tugend des Gehorsams, wenn Siege errungen werden sollten. Also müsse man sich auch den Häuptern der Kirche unterwerfen, den Bischöfen und Äbten. «Bedenke, dass sonst deine Seele der immerwährenden Qual anheim fällt, und was deinen Körper betrifft, fürchte ich, dass man ihn zerstören wird. Davor bewahre dich Jesus Christus.» Cauchons Stimme zittert leicht, er sieht aus, als rührten ihn seine eigenen Worte. Wenn sie jetzt zugibt, wird es der größte Triumph sein, der sich erringen lässt. Alle Augen starren sie an.

«In Bezug auf alles, was ich getan habe, berufe ich mich auf das, was ich im Prozess sagte», erklärt das Mädchen. Sie gibt den Blick zurück, fest und klar. Fünfzig Männer sind es, die da sitzen und zur Lüge gestempelt haben, was für sie Inhalt und Reichtum ihres Lebens ist; fünfzig Theologen, von der Autorität des Priesters bekleidet! Und sie ist nichts als ein Bauernmädchen, das nicht lesen kann.

«Johanna, denke an die Gefahr, der du dich aussetzest!», ruft Cauchon. Seine Stimme klagt und seine Hände strecken sich ihr entgegen.

Einst hat Katharina von Alexandrien vor fünfzig Gelehrten gesessen, die alle Weisheit einer alten Zeit besaßen, und sie musste, neunzehnjährig und ungelehrt, für das junge Christentum zeugen …

«Wenn ich das Feuer angezündet sähe und den Holzstoß bereit, und den Henker dabei, mich ins Feuer zu werfen, und wenn ich schon im Feuer wäre: ich würde nichts anderes sagen, als was ich gesagt habe bis zuletzt!»

Fünfzig Richter haben es gehört, haben es gesehen und wissen Bescheid: Johanna wankt und weicht nicht. Es ist still im Raum, in der Maisonne, die durch ein geöffnetes Fenster scheint, leuchtet das junge Gesicht. Einst, in Alexandrien, vor tausend Jahren, haben die fünfzig heidnischen Professoren sich von Katharina, dem Mädchen, überzeugen lassen, gemeinsam mit ihr gingen sie in den Tod. Heute sind die fünfzig Professoren still, nie wird jemand wissen, was der

Einzelne dachte. Nur Manchon, der Schriftführer, wagt an den Rand seines Protokolls zu schreiben: «Responsio Johannae superba – großartige Antwort Johannas.»

Bischof Cauchon fragt: «Johanna, willst du wirklich nichts mehr sagen?»

«Nichts.»

«Dann müssen wir den Prozess für beendet erklären.»

Heute, im Jahre 1431 nach Christus, wird nur einer sterben für die Wahrheit, aber dieser eine Mensch soll unsterblicher werden als sie alle. Aufrecht geht sie, leise klirrend mit ihren Ketten, es ist ein Jahr, auf den Tag genau, seit der Gefangennahme von Compiègne.

Ich vergebe

Nun gab es endlich auch ein Schauspiel für die Stadt Rouen, das umso aufregender war, als es unerwartet angekündigt wurde. Man sollte die Jungfrau sehen! Auf dem Platz St. Ouen vor dem Friedhof würde sie vorgeführt werden, um zu bekennen oder zu leugnen. Die Schuster und Schneider verließen ihre Werkstätten, die Läden wurden geschlossen, keiner wollte später sagen müssen, er habe Johanna, die doch seit Monaten im Schloss gefangen lag, niemals von Angesicht gesehen. Auch wenn es schon stundenlang, bevor der Akt begann, so gedrängt war, dass man keine Hand mehr rühren konnte: zu sehen war das Mädchen doch, als es die hölzerne Estrade bestieg – mein Gott, in Hosen!

«Armes Kind, nicht einmal ein richtiges Kleid hat man ihr gegeben!», sagte eine mitleidige Stimme.

«Die Herzogin von Bedford selbst hätte ihr einen Rock geliehen. Aber sie will keine Weiberkleider tragen, der Teufel erlaubt es nicht.»

«Du Dummkopf, glaubst du, die Söldner hätten ihr kein Leid angetan, wenn sie herumliefe wie ein Weib? Hübsch und jung wie sie ist!»

«Recht habt Ihr, bedauern muss man ein Mädchen, das immer von Mannsbildern bewacht wird, eine Schande ist das, nichts anderes.»

«Warum ist sie mit Söldnern davongelaufen? Hätte daheim bei den Eltern bleiben sollen.»

«Auch wenn Gott ruft?»

«Versündigt Euch nicht, es war der Böse, der sie rief.»

«Sie schaut gar nicht aus, als ob der Teufel sie am Kragen hätte.»

«Willst du, dass man auch dich auf den Holzstoß stellt?»

«Still, da kommt der Bischof. Und der Lange dort, der Engländer, ist der Kardinal von Winchester. Der Pater mit der weißen Kutte muss der Inquisitor sein.»

«Freilich, das ist Pater Lemaire, kennt Ihr den nicht? Hinter ihm, der mit der spitzen Mütze, ist der Abt vom Mont St. Michel. Und dort kommt Graf Warwick. Du liebe Zeit, so viele vornehme Herren!»

Sie nehmen auf einer zweiten Estrade Platz, die Vertreter Englands, der Kirche und der Welt. Herolde geben ein Zeichen, das Murmeln der Menge legt sich. Ein Prediger tritt vor und beginnt mit laut tönender Stimme:

«O edles Frankreich, das du immer christlich warst, wie hast du so tief herabsteigen können, einer Irrgläubigen zu folgen! Du, Karl, der du dich König nennst, wie konntest du einer verabscheuungswürdigen Frau anhängen!» Er holt Atem, um fortzufahren, aber da ruft eine helle Mädchenstimme über den Platz.

«Nein, ich schwöre bei meinem Leben, dass mein König ein edler Christ ist!»

Pater Erard, der Redner, dreht sich herum: «Macht, dass sie schweigt!», befiehlt er grimmig den Wächtern. Dann legt er sein Gesicht in bekümmerte Falten. «Johanna, ich beschwöre dich zum letzten Mal, dich und deine Taten unserer heiligen Mutter, der Kirche, zu unterwerfen!»

Er hält ein, der große Platz ist so still, dass man die Möwen schreien hört. «Was meine Unterwerfung unter die Kirche anbelangt, habe ich meinen Richtern darüber geantwortet. Ich habe ihnen gesagt, dass man über mich an das Konzil von Basel berichten soll. Meine Taten habe ich im Auftrag Gottes verrichtet, und ich mache keinen Menschen dafür verantwortlich.

Wenn ich Fehler gemacht habe, sind es meine eigenen. Ich verlasse mich auf Gott!»

Jetzt erhebt Cauchon sich. «Johanna, du musst für wahr halten, was die Vertreter der Kirche über dich und deine Taten festgestellt haben.» Dreimal wiederholt er den Satz, er klingt mächtig über alle Köpfe hinweg. Aber gleich darauf kommt es zurück: «Ich habe nichts anderes zu sagen, als was ich schon gesagt habe.»

«Dann erklären wir dich für exkommuniziert, erklären dich als teilhaftig am Satan, aus der Kirche ausgestoßen ... Nicht mehr darfst du den Aussatz deiner Häresie unter die anderen Glieder der Kirche Christi tragen. Wenn du aber wahre Reue zeigen und widerrufen würdest –»

Was war das? Ein Lärmen und Rufen hob an, man konnte die Stimme des Bischofs nicht mehr hören. Pater Erard drängte sich zu Johannas Estrade, er hielt ihr ein Pergament hin. Unter den hohen Herren wurde es unruhig. Cauchon las etwas von einem Blatt ab, das den Engländern nicht zu passen schien. Fäuste erhoben sich, Warwick gebot Ruhe nach rechts und links, aber «Lügner» und «Ihr dient unserm König schlecht», schrie es dazwischen.

«Begnadigt sie! Johanna bereue!», rief es aus der Menge. Steine flogen gegen die Tribüne der Würdenträger, und dann sahen jene, die Johanna nahe waren, dass Pater Erard ihr eine Feder hinhielt.

«Unterschreib oder du wirst verbrannt!»

«Lieber will ich unterschreiben, als verbrannt werden!»

Er nahm ihre Hand und führte sie übers Papier.

«Sie hat bekannt! Recht so, Johanna!», schrie es. «Verrat!» «Skandal!», kam es von anderer Seite, man wusste nicht, wer schrie und wen man meinte. Zeugen bekundeten späterhin, Johanna habe in diesem Augenblick allgemeinen Aufruhrs und völliger Verwirrung laut den Erzengel Michael angerufen.

Die Herren auf der Tribüne wechselten hitzige Worte, dass man glauben konnte, jetzt und jetzt werde Bischof Cauchon tätlich angegriffen, aber er stand ruhig im Gewoge der anderen ... «Ich als Priester bin verpflichtet, barmherzig zu sein», rief er laut, doch mögen es nur die Umstehenden gehört haben. Söldner marschierten auf, man musste den gezückten Waffen weichen, Frauen stoben kreischend auseinander, und rasch leerten sich die Tribünen. Auch Johanna war verschwunden.

«Was ist denn geschehen?» «Johanna hat widerrufen!» «Was widerrufen?» «Nichts hat sie bereut und nichts widerrufen!» «Versteht Ihr, was geschehen ist?»

Keiner verstand es, aber es wurde nicht ruhig an diesem Nachmittag in Rouen, Läden blieben geschlossen, die Söldner hatten Befehl, Posten zu stehen, und im Schloss ging es hastig treppauf und treppab.

«Verflucht, was soll denn das heißen?», schrie Warwick Cauchon ins Gesicht.

«Wir haben ihre Unterschrift, dass sie widerruft!»

«Ich habe ganz andere Worte von ihr gehört – und das Volk auch. Sie hat sogar Karl den besten Christen genannt!»

«Aber die Unterschrift ist gegeben –»

«Wo sie doch nicht schreiben kann!»

«Pater Erard hat ihr die Hand geführt.» Cauchon zog ein dichtbeschriebenes Blatt aus den Falten seines Gewandes und hielt es Warwick unter die Nase.

«Das alles soll sie im Augenblick gelesen haben – wo sie nicht lesen kann? Und was nun?»

«Von uns aus wird sie zu lebenslänglichem Schmerzensbrot und Gnadenwasser begnadigt. Von uns aus!» Er lächelte verbindlich. «Was nicht hindert, dass sie eurerseits wegen Hochverrats verurteilt werden kann.»

«Schererei ohne Ende.» Warwick murrte, aber Cauchon strich sich salbungsvoll und befriedigt über die Hände. «Wir haben damit alle Wünsche des Herzogs von Bedford erfüllt, er kann zufrieden sein. Die Frau Herzogin hat eben einen Schneider ins Gefängnis geschickt, der Johanna Frauenkleider anfertigen soll. Auch darin hat sie nachgegeben.»

«Ich spucke auf Eure Frauenkleider. Meinetwegen geht sie nackt. Es dreht sich um Frankreich, nicht um Weibermoden!»

Cauchon kniff den Mund zu, hochmütig und verletzt. Am Ende hatte man, wenn die Arbeit glücklich getan war, noch Grobheiten einzustecken. «Könnte ich den Herrn Herzog sprechen?», fragte er kühl.

«Nein, er ist verreist.»

Das war an einem Donnerstag. Am Sonntag wurden in aller Frühe Pfarrer Ladvenu und Bruder Isambert bei Bischof Cauchon gemeldet. Er liebte beide nicht, er sah seit langem, dass ihre Seelen falschem Mitleid Raum gaben, aber nun, da es galt, die reuig Bekennende klug zu behandeln, hatte er ihnen diese Sorge aufgetragen.

«Herr Bischof, Johanna hat wieder Hosen angezogen. Der Schneider der Frau Herzogin hat sich an ihr vergreifen wollen. Auch ein englischer Adjutant und zwei Wächter wurden frech. Den Schneider hat sie geohrfeigt.»

Cauchon erwiderte kein Wort, er stülpte sich das Barett auf, rief zwei Bewaffnete und eilte ins Schloss. Unbewacht über die Straßen zu gehen, war nicht mehr ratsam, gestern hatten englische Söldner Jean Beaupère im Schlosshof mit Stöcken bedroht, vorgestern war Isambert knapp ihren Fäusten entgangen, und Manchon getraute sich nicht mehr auf die Straße, ohne dass Warwick ihm englische Bewachung sandte. Die Kirchenleute trieben falsches Spiel, hieß es unter den Söhnen Albions.

Das Mädchen fand er mit verschwollenem, rotgeweintem Gesicht in den alten schwarzen Hosen angekettet auf dem Strohsack liegen.

«Johanna, was soll das? Wer hat dir gesagt, dass du wieder Männerkleider tragen sollst?»

«Ich habe sie freiwillig angezogen, mir sind sie lieber.»

«Aber du hast geschworen, sie abzulegen.»

«Ich habe es nicht geschworen.»

«Doch, du hast unterschrieben.»

«Weil man mir sagte, dann komme ich in kirchliches Gefängnis. Man hat nicht gehalten, was man versprochen hat. Wenn man mich in ein anständiges Gefängnis bringt, mit einer Frau, die mich bewacht, und wenn man mich zur Messe gehen lässt, werde ich tun, was Ihr wollt.»

Sie sprach, von Schluchzen unterbrochen, Cauchon glaubte einen verdächtigen Unterton herauszuhören und dachte, es sei besser, sich gleich Klarheit zu verschaffen. Gut, dass Beaupère und Courcelles eben eintraten, sie konnten Zeugen sein.

«Jeanne, hast du seit Donnerstag deine Stimmen gehört?»

«Ja, Gott hat mir durch sie sagen lassen, wie unrecht ich tat. Ich habe ihn verraten, um mein Leben zu retten.»

Drei Männer beugen sich nieder, um deutlicher zu hören. «Die Stimmen haben mich gewarnt, schon lange vor Donnerstag, dass ich abschwören werde. Und nun habe ich es getan. Oh, ich habe gesündigt!»

«Bestehst du darauf, dass Gott dich gesandt hat?»

«Wenn ich sagen würde, dass er es nicht getan hat, würde ich verdammt sein. Die Wahrheit ist, dass er mich geschickt hat.»

«Du willst also wieder behaupten, was du vor dem Donnerstag behauptet hast?»

«Meine Berater sagen, ich habe großes Unrecht getan, zu unterschreiben. Ich habe es nur aus Angst vor dem Feuer getan.»

Das Feuer! Es war seit früher Jugend Johannas Schreckbild, im Feuer hatte sie Dörfer in Asche sinken sehen; wenn es ein Element gab, das sie fürchtete, war es das Feuer. Nun ist auch diese letzte Furcht besiegt.

Cauchon rafft sich auf, er kann es nicht glauben, dass ihr Widerruf, dieser sein höchster Triumph, ihm noch einmal entgleiten soll. «Aber Johanna, entsinne dich, du hast vor uns und vor allem Volk geschworen, du habest dich getäuscht, als du sagtest, du hörest die Heiligen sprechen.»

«Ich habe das nicht geschworen.»

«Aber deine Unterschrift, Johanna, hier steht sie doch!» Er hält das Pergament vor ihre Augen, es ist, als ob er weinen wolle.

«Alles, was ich am Donnerstag tat, habe ich aus Furcht vor dem

Feuer getan. Und ich habe nichts zu widerrufen, was gegen die Wahrheit sein könnte.» Ihre Stimme ist trotzig, die Tränen sind versiegt.

Beaupère und Courcelles sehen sich an: Also doch, sagen ihre Blicke. Nur Cauchon gibt es nicht auf. «Du fürchtest nicht mehr das Feuer?», fragt er mit bohrendem Blick.

Sie hält ihm stand, ganz ruhig und gelassen. «Ich will lieber, dass alles auf einmal zu Ende ist.»

Er richtet sich auf, man hört ihn atmen, es klingt wie ein Stöhnen. «Gut, dann müssen wir nach Recht und Gerechtigkeit handeln.»

Am Ausgang zum Seitenflügel steht Warwick mit einigen der Seinen. «Nun, Bischof?»

«Sie hat den Widerruf zurückgenommen.» Ehe Warwick erwidern kann, fügt er hinzu: «Das bedeutet, dass sie als rückfällige Ketzerin Eurer Justiz übergeben wird. Ich lasse jetzt die Richter einberufen zum endgültigen Urteilsspruch. Dann könnt Ihr sie haben. Nun, Graf Warwick?» Cauchon lächelt, aber seine Mundwinkel zucken im Krampf. «Gute Jagd, meine Herren!» Auch dieses Wort hat einer gehört, der es später aussagen sollte.

Das Urteil der versammelten Richter – es waren 30 Doktoren der Theologie, 40 Juristen, 6 Bischöfe und 7 Mediziner – lautete einstimmig. Alle schlossen sich der von Cauchon vorgeschlagenen Formel an: «Man möge die rückfällige Häretikerin der weltlichen Gerichtsbarkeit übergeben und diese bitten, mit Milde zu verfahren.» Nur zwei unter den Richtern sprachen sich dahin aus, die Klausel «Milde» fallen zu lassen.

*

Es ist vier Uhr morgens, am 30. Mai 1431. Im Schloss zu Rouen schläft noch alles, nur der Schritt der Wachen klappert auf den Fliesen im Hof. Bedford und Warwick haben ihren Dienern aufgetragen, sie um sieben Uhr zu wecken. Der kleine König Heinrich soll heute schlafen, so lange er will, und dann nur im Garten des Schlosses spazieren gehen. Die Mauern sind dick, so hört man nicht, dass es an dem Eingang, der zum Turm der Gefangenen führt, lebendig wird. Zwei geistliche Herren verlangen Einlass.

«Nun, wird es heute endlich?»

Ladvenu, die Hände in den Ärmeln seines Rockes versteckt, nickt nur, und der ehrwürdige Herr Toutmouillé, den der Inquisitor zu seiner Vertretung geschickt hat, mustert die beiden Wachen mit unsicherem Blick. «Im Namen des Herrn Bischofs», sagt er, und die Engländer treten zur Seite.

«Es ist nichts mehr zu machen», meint der eine der beiden Söldner, während die geistlichen Herren die Stiege hinaufgehen. «Die Truppen sind schon im Anmarsch, achthundert Mann. Der Scheiterhaufen ist fertig, so hohen habe ich noch keinen gesehen. Die ganze Nacht haben die Schreinersleute an den Tribünen geschafft. Hast du es nicht hämmern hören?»

«Doch, aber mir ist nicht wohl dabei.»

«Ach was, es ist nicht die erste Hexe, die man verbrennt, und wird nicht die letzte sein. Nur, so viel Umstände hat man noch mit keiner gemacht. In Paris haben wir im letzten Herbst zwei verbrannt, die eine hat auch den französischen Karl verführen wollen, heißt es.»

«Aber dieses Mädchen ist etwas anderes. Ich sah doch selbst, wie einer unserer Ritter sich an ihr vergreifen wollte, am letzten Freitag, als sie den Rock anzog. Sie hat sich tapfer gewehrt wie ein rechtschaffenes Mädchen, trotz allem Hunger und Elend. Danach wollte sie wieder Hosen anziehen, und jetzt heißt es, sie sei rückfällig geworden. Sie selbst hat nie jemand verklagt, nicht den Ritter, nicht den Schneider und keinen von den Unsern. Wenn's nach mir ginge –»

«Still, sie schreit –»

Man hörte es durch den ganzen Turm und über die Treppen herab: Johanna schluchzte und schrie wie ein verzweifeltes Kind. «Ach, dass man so schrecklich grausam an mir handelt! Dass man meinen Körper verbrennt, der doch unschuldig ist! Lieber siebenmal enthauptet werden als verbrennen!»

Die Wächter sahen sich an. War das der Teufel, der von ihr wich? Oben im Turm räusperte sich Herr Toutmouillé. «Johanna, fasse dich, du stirbst, weil du nicht gehalten hast, was du versprachst, und weil du zu deiner alten Bosheit zurückgekehrt bist.»

Die Hände waren jetzt freigebunden, sie griff sich an die Haare und zerrte daran. «Ich rufe Gott zum Zeugen an, dass man mir unrecht tut!»

«Willst du mir beichten, Johanna?»

Das Schluchzen ließ nach, die Hand fuhr über die Augen: «Ja.»

Toutmouillé trat zur Seite, er flüsterte mit den Wachen, unterdes kniete das Mädchen vor Ladvenu. «Ich habe gesündigt vor Gott und den Menschen. Ich habe unrecht gehandelt, als ich unterschrieb. Ich wollte mein Leben retten. Ich war zornig, ich war ungeduldig …»

Ladvenu horcht mit ganzer Seele, er ist ein einfacher Mensch und hält auch Johanna für eine einfache Seele. Mochte Gott wissen, wieso sie nichts als lässliche Sünden beichtete, wenn alle Doktoren von Paris sie für eine Hexe hielten. «Nichts weiter hast du zu sagen, Johanna? Bedenke, dass du heute noch vor Gott treten wirst.»

«Nichts weiter, hochwürdiger Herr.»

Er schlägt das Kreuz über ihr. «Hast du noch einen Wunsch, Johanna?»

Sie sieht ihn an mit den rot verweinten Augen, voll Erstaunen. «Werdet Ihr mir nicht das Sakrament reichen?»

Das Sakrament für eine Verdammte, Exkommunizierte, den Leib des Herrn für eine Häretikerin! Ratlos, hilflos, dreht er sich um. «Herr Toutmouillé, habt Ihr gehört?»

«Unglückselige!», sagt Toutmouillé, der Vertreter des Inquisitors. «Wer soll dir das Sakrament reichen?»

Da geht ein Lächeln über ihr Gesicht, das gleiche Lächeln, das Johann von Orléans gegolten hat, als er vom Winde sprach, der sich nicht drehen würde; das Alençon gesehen, als er meinte, die Stadt sei noch nicht sturmreif; als Karl behauptete, man komme nicht bis Reims.

«Fragt den Bischof, und er wird es erlauben.»

Bischof Cauchon, den Unbeirrbaren, der nie wankt und nie zweifelt, der sie gestern noch verurteilt hat? Wohl war es gelegentlich vorgekommen, dass man reuigen Ketzern den letzten Trost gewährte, aber Johanna war nicht reuig, sie trotzte wie am ersten Tag.

«Wenn Ihr meint, Herr Toutmouillé?», sagt Ladvenu, «so könnten wir zum Bischof gehen.» Beide sind froh, aus diesem Gefängnis zu kommen, froh, dass niemand anderer als der Bischof die Verantwortung trägt.

Es dauerte eine kleine halbe Stunde, dann sahen die Wachen Herrn Ladvenu wiederkommen, einen Messknaben mit einer Klingel und einem Licht in den Händen. Er schritt würdevoll, in sich versunken, man konnte nicht zweifeln: die Hexe sollte getröstet werden.

Im Morgendämmern, das die Zelle spärlich erhellte, knieten die Wachen nieder, ein paar andere, die auf der Treppe gelungert, schlichen sich herein und beugten die Köpfe. Durch die Totenstille klangen nur die Worte des Priesters, der die Hostie auf Johannas Zunge legte. Hurtig, wie zwei kleine Bächlein, aber lautlos und friedlich, liefen aus ihren halb geschlossenen Augen Tränen über schmal gewordene Wangen. «Ich reichte ihr den Leib des Herrn», sollte Pfarrer Ladvenu 25 Jahre später aussagen, «sie empfing ihn demütig, mit allergrößter Andacht, unter einem Strom von Tränen, es fehlen mir die Worte, es zu schildern.»

«Komm, Johanna, zieh dieses Kleid über.» Es war ein schwarzes, hemdartiges Gewand mit einer schwarzen Kapuze, das Kleid der Büßerinnen, das man ihr reichte.

«Ja, jetzt ist es Zeit. Und dieses?»

«Das musst du aufsetzen.» Eine papierene Mitra, mit der man Sünder verspottete, sollte das Haar decken.

«Was steht darauf geschrieben?»

Bruder Isambert, der Dominikanermönch, der ihr während manches Verhörs zugenickt hatte, war in die Zelle getreten. «Häretikerin, Rückfällige, Apostatin, Irrgläubige», las er halblaut, aber er wusste nicht, ob sie es hörte. Kein Wort kam von ihren Lippen, und ihre Blikke gingen über ihn hinweg. Das schwarze lange Kleid, die weiße Mitra – sie war so verändert … Nicht mehr das knabenhafte Mädchen im Pagenwams und halblangem Haar – auch nicht eine Büßerin …

Eine Tür knirschte, die Wachen riefen. Cauchon trat herein in feierlichem Gewand, ein blinkendes Kreuz auf der violetten Seide, das Haupt erhoben, die Hände gefaltet.

Johanna trat vor ihn, zum ersten Mal ohne Ketten, mit ihrer hohen Mitra reichte sie über ihn hinaus. «Bischof, ich sterbe durch Euch. Ich fordere Euch vor Gott!», sagte sie laut, dass alle es hörten, und ängstlich starrte Isambert in des Bischofs Gesicht, fürchtend, er wusste nicht welche Rache. Aber dann fiel ihm ein, dass Johanna auf Erden nichts mehr geschehen könne außer dem einen, Fürchterlichen, das auf dem Marktplatz ihrer wartete. Und jetzt wusste er auch, wem sie glich: einem Wesen aus anderer Welt, jenseits von Mann und Weib, von Furcht und Hass und Zeitlichkeit.

Rings im Viereck waren die englischen Söldner aufmarschiert, mit fliegenden Fahnen und in voller Bewaffnung. Sie mussten die Menge zurückhalten, die immer wieder, stoßend und schreiend, den Platz in der Mitte überfluten wollte, der doch frei bleiben musste rund um das hohe, kunstvoll aufgebeigte Machwerk aus Reisigbündeln, Pech und Schwefel. Ganz Rouen war gekommen, jung und alt, und von der Umgebung alle Bauern und Handwerksleute, die es rechtzeitig erfahren hatten, was sich heute Besonderes tat. An die zehntausend Menschen schätzten die Söldner. Es war für das armselige Gefährt des Henkers nicht leicht, durchzukommen. Die zwei Pferde zogen gut, aber die Menge vertrat den Weg, Frauen, die riefen, man hörte nicht was, Jungen, die pfiffen, und Kinder, die weinten.

«Siehst du sie, dort mit der Mütze? Das ist der Bruder Isambert, der neben ihr sitzt, und Herr Ladvenu.»

«Lasst mich durch, ich will die Hexe sehen!», schrie eine Frau aus dem Irgendwo. «Zurück! Platz da!» An die hundert englische Söldner gingen vor dem Karren, rechts und links und hintendrein, sie schlugen jetzt mit Knüppeln nach der Menge. Ein Mann im Priesterkleid – war es nicht einer von des Bischofs eigenen Leuten? – schlüpfte trotzdem durch. «Ich muss zu ihr, ich muss!»

Er erkletterte den Wagen und halb sich an der Brüstung haltend schrie er: «Jungfrau, verzeiht mir!» Es war Loiselleur, einer von jenen, die vor Wochen, verkleidet als königstreue Franzosen, zu ihr ins Gefängnis gekommen waren, um sich als Beichtiger auszugeben. «Bittet für mich heute abend!»

Sie sah auf ihn nieder, bewegte die Lippen, aber schon wurde er von den Söldnern gepackt und auf die Füße gestellt. «Was treibt Ihr, Verräter? Packt Euch!»

«Heute abend», sagte Johanna zu Isambert gebeugt, «wo werde ich heute abend sein?»

«Johanna, hoffst du nicht auf den Herrn?»

«Doch, mit Gottes Gnade werde ich im Paradiese sein.»

Der Karren bog um die letzte Ecke, der Alte Marktplatz tat sich auf. «Ah, ist es hier, wo ich sterben muss?»

Man hielt bei einer Estrade neben dem Scheiterhaufen. Weil er so hoch war, hatte man eine kleine Stiege anbringen müssen. Das war auf ausdrücklichen Befehl geschehen – je höher der Scheiterhaufen, desto langsamer starb das Opfer. Auch sollten alle Leute auf die Rechnung kommen und das warnende Schauspiel recht deutlich sehen. Ein Pfahl stand in der Mitte der Reisigbündel, daran war die Inschrift befestigt: «Johanna, die sich die Jungfrau nennen ließ, Lügnerin, Verräterin des Volkes, Abergläubige, Gotteslästerin, Götzenanbeterin, Teufelsbeschwörerin, Apostatin, Schismatikerin, Häretikerin.»

Jetzt begannen sich auch die drei Tribünen zu füllen, es fehlte keiner von den Richtern, den englischen Herren und Magistratspersonen, es glitzerte von Gold und raschelte von Seide. Man spricht und nickt zur Rechten und Linken, man hat Zeit, niemand braucht mehr zu eilen. Achthundert Bewaffnete umgeben den Platz, das Urteil ist gefällt, das Opfer wartet, es fehlt nur noch der letzte Akt. Vom Münster schlägt es neun.

Neben Jeanne, die zwischen der weißen Kutte Isamberts und dem schwarzen Rock Ladvenus in langem dunklem Kapuzenkleide vor dem Scheiterhaufen steht, hat ein Prediger Aufstellung genommen. Er soll die Einleitung sprechen und hat den Text aus dem ersten Brief des Apostels Paulus an die Korinther gewählt: «Wenn ein Glied leidet, leiden alle Glieder.» Er führt nicht etwa aus, dass mit dem Leidenden auch die anderen mitfühlen, sondern dass ein verfaultes Glied abgetrennt werden müsse von der Kirche und der christlichen Menschheit. «Johanna, zieh hin in Frieden, die Kirche kann dich nicht mehr verteidigen! Sie übergibt dich der weltlichen Gerichtsbarkeit», sind die Worte, mit denen er endet, sie hallen weit über den Platz. Ob wohl da und dort einer merkt, wie schamlos erlogen sie sind?

Jetzt hat Bischof Cauchon das Wort. In wohl vorbereiteter Rede zählt er Johannas Sünden und Laster auf. Aber die Menge langweilt sich, längst weiß man alles. Köpfe bewegen sich und Münder, die Söldner rasseln mit den Waffen. Die Sonne steigt am Himmel, es wird heiß. Unbeweglich in ihrem langen Kleid steht Johanna vor dem Scheiterhaufen. Cauchon ermüdet nicht, er spricht vom Samen der Pestkrankheit, genannt Häresie, die sich an die Glieder der Kirche heftet und dem Satan Einlass gewähren kann; von der Größe der Sorge, die man tragen muss, diese Pest von den anderen Gliedern des mystischen Leibes Christi fernzuhalten; von den Kirchenvätern; von ihm selbst, Pierre Cauchon, durch göttliche Barmherzigkeit Bischof von Beauvais; von Jean Lemaire, dem Vertreter der hohen Inquisition, von allen Richtern, die in diesem Fall die Verbrechen der Götzendienerei, der Teufelsanbetung herausgefunden haben; von Johannas Widerruf und endlichem Rückfall. Er hat sich die Worte seit langem zurechtgelegt, sie kommen flüssig und dennoch beschwörend von seinen Lippen, aber die Sonne brennt heiß – wie heiß wird es erst sein, wenn man den Scheiterhaufen entzündet? Die Söldner haben seit dem Morgengrauen bereitstehen müssen, sie spüren den Hunger im Magen.

«He, ihr Pfaffen», ruft einer, «sollen wir hier vielleicht Mittag essen?» Ein paar andere lachen dazu und wieder andere murren. Cauchon wendet sich strafend um, ehe er seine Rede zu Ende führt.

Dann ertönt ein Kommando. Englische Söldner treten vor, zwei Magistratsbeamte nehmen Johanna in die Mitte: die Kirche hat das Opfer der weltlichen Gerichtsbarkeit übergeben. Endlich ist es so weit.

Ein paar Schritte noch, hinauf über die Stufen zu dem Holzstoß. Noch einmal dreht sie sich um, die Söldner geben sie frei.

Nur Isambert und Ladvenu steigen mit dem Mädchen bis ganz hinauf, doch Johanna braucht keine Hilfe, ihre Füße gehorchen dem Willen bis zur letzten Stufe ihrer Passion. Sie steht am Pfahl und wird angebunden.

Von oben herab tönt die silberne Stimme, die Gilles de Rais entzückt hat, die Stimme, von der Gui de Laval sagte, sie erinnere an ein göttliches Wesen. In den drei Monaten des Prozesses hat sie mehr sprechen müssen als in den neunzehn Jahren vorher.

«Was immer ich getan habe, ob ihr es für gut oder schlecht anseht, fällt nicht auf meinen König zurück.» Sie weiß, dass ihre Vernichtung auch Karl gilt; ihr letztes Wort soll Schutz für ihn bedeuten. «Ich vergebe meinen Richtern und den englischen Herren.» Sie weiß, dass zwei Mächte sie verurteilt haben, jede für sich und doch beide gemeinsam; aber sie kennt die fünfte Bitte des Vaterunsers. «Ihr Priester rund um mich her, will jeder eine Messe für mich lesen?» Sie weiß, dass Dinge sich vollziehen, jenseits von Schuld und Fehl der Menschen, die unvernichtbar sind. «Ich vergebe das Unrecht, das man mir angetan hat.» Sie verzeiht – und muss doch zeugen für das, was ihres Lebens Inhalt war. «Ich vergebe ...»

Von der Tribüne der großen Herren hört man plötzlich ein Schluchzen und dann einen Schrei. «Halt ein, um Christi Willen!» Man reckt die Hälse, dreht sich um. Es ist ein breitschultriger Ritter in prächtigem Mantel, der über die Brüstung springen will. «Ich habe sie verkauft!», schreit er wie ein Mensch, der den Verstand verliert.

«Wer ist das?»

«Der Graf von Luxemburg.»

Warwick winkt hastig, ihn hinweg zu geleiten, dabei streift er des Bischofs von Winchester Gesicht, der hält die Hände vor die Augen. Er beugt sich zur Rechten, um nach Cauchon zu sehen – wahrhaftig, auch ihm läuft eine Träne herunter. «Macht Schluss!», ruft Warwick zum Holzstoß hinüber. Aber Jeanne spricht zu Ende, als wäre nichts geschehen.

Der Vertreter des Magistrats erwacht aus tiefem Traum, als er hört, dass sie schweigt, er rafft sich zusammen. «Führt sie hinauf!», sagt er heiser zu den beiden Sergeanten, und «Tu deine Pflicht!» zu dem Henker Thierrasche.

Jetzt beginnt ein Stoßen und Drängen auf den Tribünen, die geistlichen Herren schieben sich zum Ausgang und durch die Menge: was noch folgt, ist nicht ihres Amtes, die Kirche scheut Blut. Man hört Johanna rufen: «Gebt mir ein Kreuz, dass ich darauf hinsehen kann.»

Ein englischer Söldner nimmt zwei Holzstückchen aus dem Reisig, bindet sie zusammen und reicht sie ihr hinauf. So mochten einst römische Legionäre an den Toren der Arena den Opfern der Löwen ihre letzten Wünsche halb gutmütig, halb spöttisch erfüllt haben. Das Feuer beginnt zu knistern, es frisst sich im Nu durch Pech und Schwefel. Isambert und Ladvenu stehen noch in ihrer Nähe.

«Bringt euch in Sicherheit, ich danke euch!»

Es prasselt im Reisig, die Flammen lodern höher, fassen das Kleid … Ihre Stimme hört man noch durch den schwarzen Qualm, sie schreit jetzt.

«Ich bin keine Irrgläubige, meine Stimmen waren von Gott, alles was ich getan habe, habe ich auf seinen Befehl getan!»

Das ganze Gerüst ist eine einzige dunkle, qualmende Säule mit spitz züngelnden, zischenden Flammen, man kann Johanna nicht mehr sehen. Und doch hören alle sie noch einmal rufen.

«Heiliger Michael … Jesus … Jesus …»

«Treibt den Rauch auseinander», schreit es von der Tribüne der

Herren. Es soll nicht heißen, sie sei entronnen. Thierrasche, der Henker, von der Hitze in Schweiß gebadet, wedelt mit großen Tüchern, zwischen Rauch und Feuer sicht man einen zusammengesunkenen, halb verbrannten Leib. Frauen schreien und fallen in Ohnmacht.

«Seht dort in den Flammen den Namen Jesus!», ruft ein Mann, und unter den Söldnern, die rings um den Holzstoß stehen, wankt einer und fällt seinem Nebenmann in die Arme. «He, was ist dir?» Seine Augen stehen offen, sie blicken entgeistert ins Feuer. «Die Taube – siehst du sie nicht? Sie fliegt!»

«Du solltest lieber einen tüchtigen Schluck tun. Komm, die Hexe ist tot.»

Auf einmal hatten sie es alle eilig. Die Tribünen waren geleert, die Söldner marschierten ab, die Menge verlief sich. Es war Zeit zum Mittagessen. Nur der Henker und seine Gehilfen blieben zurück, um nach den letzten glimmenden Hölzern zu sehen und die Asche einzusammeln, die in alle Winde verstreut werden sollte.

Zwei der englischen Beamten bogen um die nächste Ecke, sie gingen in Richtung des Schlosses. «Endlich!», sagte der eine, «jetzt werden wir Ruhe haben.»

Der andere, er war der Sekretär des Herzogs von Bedford, blickte scheu um sich. «Wollte Gott, dass ich einmal dorthin komme, wo sie jetzt ist.»

Am Nachmittag klopfte es an die Pforte des Dominikanerklosters. Thierrasche, der Henker, stand vor der Tür und bat, dass man Bruder Isambert holen lasse.

«Was ist, Thierrasche?», fragte der Mönch, der mit flatternder Kutte die Treppe herabkam.

Der Henker drehte die Mütze zwischen den Fingern, er roch nach Schnaps und seine Augen schauten entsetzt aus dem roten, faltigen Gesicht. «Bruder Isambert, das Herz – das Herz –»

«Um Gottes Willen –»

«Es lag in der Asche, ganz unversehrt und voll Blut ... Glaubt mir, ich habe es nicht an Feuer fehlen lassen.»

«Was habt Ihr getan mit Johannas Herz?»

«Die Engländer warfen es in die Seine.» Er schüttelte den Kopf, müde und ratlos. «Alles andere ist verbrannt, auch das kleine Kreuzchen, wisst Ihr, das der englische Sergeant ihr hinaufgereicht hat. Bruder Isambert –» er näherte seinen Mund dem Ohr des Mönchs, und dieser neigte sich wie bei der Beichte – «Gott wird mir nie verzeihen, ich habe eine Heilige verbrannt.»

Isambert sah still in die Ferne. «Es wird ihr ergehen wie der heiligen Margareta. Auch sie hatte ein kleines Kreuzchen bei sich, als der Drache sie verschlang. Aber das Kreuz wuchs und spaltete den Drachen. Ihr habt Recht, Johanna war eine Heilige, und Ihr, Meister Thierrasche, seid der Erste, der es ausgesprochen hat.»

*

Ausschau

Der Herzog von Bedford starb, wie es hieß an gebrochenem Herzen über das verlorene Frankreich. Talbot fiel im letzten Gefecht auf französischer Erde. Danach blieb als einziger Platz auf dem Festland lediglich die Stadt Calais in englischen Händen. Der Knabenkönig Heinrich VI. hat nie über Frankreich geherrscht.

Noch ehe die sieben Jahre vergangen waren, von denen Johanna gesprochen, zog Karl VII. kampflos in Paris und Rouen ein, er führt in der Geschichte den Namen «der Siegreiche». Nach Johannas Sieg bei Patay ist keine einzige große Schlacht mehr geschlagen worden. Karls Feldhauptleute lieferten, zerstreut und vereinzelt, von Provinz zu Provinz ihre Gefechte, die Engländer zogen sich Stück für Stück zurück. Reginald schloss zwischendurch einen Frieden, aber er starb, ehe er sich mit den Engländern vergleichen konnte..

Es kam alles genau so, wie die Jungfrau verheißen hatte. Doch breitete sich in den Jahren nach ihrem Tod verängstigtes Schweigen über ihre Erscheinung, ihre Bilder, die das dankbare Volk in den Kirchen aufgestellt hatte, verschwanden, nicht ein Einziges dieser Zeit ist auf uns gekommen. Nur die brave Stadt Orléans feierte ihre Jungfrau an jedem 8. Mai mit Mysterienspielen, zu denen einmal, nicht lange vor seinem schrecklichen Ende, auch Gilles de Rais erschien, um sich in seiner ehrenhaften Rolle dargestellt zu sehen. Der Vater Jakob d'Arc war im gleichen Jahr wie seine Tochter aus Gram gestorben, doch die Mutter verlor nicht den Mut. Sie kam, als Orléans ihr ein Haus anbot, um mit einem ihrer Söhne dort zu wohnen, sie schrieb an den Papst in Rom und beschwor König Karl, als dieser 1448 Orléans besuchte und im Hause des Schatzmeisters Boucher abstieg. Damals war Trémouille tot, längst in Ungnade gefallen, verfeindet mit allen am Hof und knapp einem Attentat seiner früheren Freunde entgangen. Auch La Hire war gestorben, auf eigene Faust kämpfend bis zum Schluss, verschuldet bis auf seine Lanze und sein Schwert.

Der Umschlag kam, als Karls Gewissen endlich erwachte. Zwei Jahre nach Johannas Tod hatte er Agnes Sorel, eine Hofdame der Königin, zur Freundin gemacht, die er mit Ehren und Schlössern überhäufte. Es hieß, dass sie auch seine Tatkraft angestachelt habe, und er seinerseits entzog jedem die Gunst, der über Agnes Sorel ein missgünstiges Wort wagte. Ob sie für die tote Jungfrau gesprochen hat? Wir wissen nur, dass sie am 9. Februar 1450 starb und sechs Tage später Karl «durch die Gnade Gottes König von Frankreich», an den Theologen Guillaume Bouillé, Rektor der Universität zu Paris, schrieb, er wünsche die Wahrheit über jenen Prozess zu erfahren, den die Engländer, seine alten Feinde, Johanna der Jungfrau gemacht hätten, denn es seien aus Hass «verschiedene Fehler» vorgekommen. Der Brief war in Rouen diktiert.

Darauf begann zu Paris der Rehabilitationsprozess, der sich über Jahre erstreckte. In diesem Prozess wurden erstmals Zeugen gehört, es sagten alle aus, die noch lebten, von Johann von Orléans und dem Herzog von Alençon bis zum einstigen Pagen Louis, von dem Augustinerpater Paquerel bis zu Pfarrer Manchon, einem der Schriftführer im Prozess; der Dominikaner Isambert, Raoul von Gaucourt wie auch Johannas eigene Brüder, ja sogar einstige Richter. Nur die Mutter Isabelle hatte gebeten, sie von allen Sitzungen zu dispensieren. Es waren an die 70 Zeugen. Vieles, was das Mädchen gesagt und getan hatte, kam damals erst ans Licht, doch manches ist dunkel geblieben, vor allem die Rolle, die Karl VII. gespielt hatte nach dem Abzug aus Saint Denis und während Johannas Gefangenschaft. Das konnte nicht anders sein zu Lebzeiten dieses Königs.

Den Vorsitz führte ein französischer Kardinal und der Inquisitor von Frankreich. Im Juli 1456 wurde das Urteil über Jeanne d'Arc von Papst Calixtus III. feierlich widerrufen.

Es hieß, dass von den Hauptrichtern des einstigen Verurteilungsprozesses zu Rouen die meisten eines unnatürlichen Todes gestorben seien, doch hat Quichérat festgestellt, dass einige von den Totgesagten noch jahrelang unbehelligt weiterlebten. Flavy, der Stadtkommandant von Compiègne, wurde allerdings wenige Jahre später getötet, Nicolas Midi, einer der grimmigsten Gegner unter den Richtern, starb an Aussatz, und Bischof Cauchon endete, obwohl mit Ehren überhäuft, in seinem Palast zu Rouen plötzlich und unaufgeklärt unter den Händen seines Barbiers.

Doch auch Johannas nächster Gefährte, der Herzog von Alençon, der noch im Rehabilitierungsprozess treulich für sie ausgesagt, endete im Zwielicht. In dem Jahr, als Gilles de Rais hingerichtet wurde, soll er sich plötzlich verändert, dem Spiel, Trunk und der Magie ergeben haben, zweimal wurde er wegen angeblichen Hochverrats zum Tode verurteilt und wieder begnadigt. Johann von Orléans dagegen blieb der untadelige Ritter bis zuletzt, ja es hieß von ihm, er sei der letzte Ritter gewesen.

Die Engländer fanden, erst nachdem Frankreich für sie verloren war, zum Welthandel und Weltreich, sie wurden Vorkämpfer der modernen Naturwissenschaft, Technik und Industrie. Johannas Taten hatten nicht nur Frankreich gerettet, sondern auch England die Wege gewiesen.

Der zweite Kampf, den Jeanne d'Arc zu führen hatte, der Kampf gegen die gottfern gewordene Intellektualität der Menschen, ist heute noch im Gang. Sie stand als Rätselgestalt am Beginn eines neuen Zeitalters, in dem die Menschen entdeckten, dass man nach Osten kam, wenn man lange genug nach Westen segelte, und dass die Sonne unserer Erde Millionen von Schwestersonnen besitzt; eines Zeitalters, das über das Weltbild hinauswuchs, das durch Jahrtausende den Weisesten der Weisen als wahr gegolten hatte. Unbekannte Kräfte begannen sich dem Bewusstsein des Menschen zu erschließen, durch die er lernte, die sichtbare Natur zu beherrschen bis zur Möglichkeit ihrer Vernichtung. Innerhalb dieses Weltbildes ist Johannas Rätsel nicht gelöst worden. Es steht, Erkenntnis fordernd, immer noch vor jedem heutigen Menschen, der in den göttlich-geistigen Einschlag der Geschichte nicht nur fühlend, sondern verstehend eindringen will, und nicht jenem Analphabeten Christian Morgensterns gleichen möchte, der mit der Fibel unter dem Kopfkissen das Leben verschläft.

Quellen

Jules Quichérat, Procès de Condamnation et de Réhabilitation de Jeanne d'Arc, Paris 1841/49, 5 Bde. Aperçus Nouveaux sur Jeanne d'Arc, Paris 1850.

A. Vallet de Viriville, Procès de Condamnation de Jeanne d'Arc, französ. Übertragung mit Anm., Paris 1867.

Joseph Fabre, Procès de Rehabilitation de Jeanne d'Arc, franz. Übersetzung der latein. Zeugenaussagen, Paris 1888.

G. Du Fresne de Beaucourt, Histoire de Charles VII, 1881/91.

John Lamond, Joan of Arc and England, London 1927.

Andrew Lang, The Maid of France, London 1908.

V. Sackville-West, Joan of Arc, London 1936, deutsch 1937.

Camille Schneider, Edouard Schurés Begegnungen mit Rudolf Steiner, Basel 1933.

Rudolf Steiner, Okkulte Geschichte, 6 Vorträge, Stuttgart 1910/11. Dornach 1956.

–, Christus und die geistige Welt, 6 Vorträge, Leipzig 1913/14. Dornach 1960.

–, In Vorträgen 1914–1919 in Paris, Berlin, Wien, Prag, Bremen, München, Stuttgart, Zürich u. a. O.

Steppensohn,
dessen Gott der Ewige Blaue Himmel ist

Barbara Bartos-Höppner

Rettet den großen Khan

Vom Kampf des Tatarenfüsten
Kutschum um sein Reich Sibir
280 Seiten, gebunden

Groß und mächtig war das Reich der Mongolen im Mittelalter, mehrere Jahrhunderte lang. Bis nach Polen und Ungarn war das wilde Steppenvolk aus Asien vorgedrungen. Auch das Land der Russen beherrschten sie. Von ihnen wurden sie Tataren genannt. Doch im 16. Jahrhundert wandte sich das Los …

Der Herbststurm aus der Wüste Gobi tobt über die Steppe. In einer finsteren Nacht trifft der russische Arzt Mitja Jelnikow auf einen Tataren, der in völliger Einsamkeit seine Schafe hütet, und übernachtet in dessen Jurte. Wer ist dieser seltsame Mann? Und warum bedroht er ihn? Nach langem innerem Ringen lüftet der Hirte vor dem Arzt das Geheimnis seiner Identität, und es entfaltet sich die tragische Lebensgeschichte des Fürstensohnes Daritai, die zugleich den unaufhaltsamen Niedergang tatarischer Kultur und tatarischer Macht beschreibt.